TRAIN
DISCUSS
PRACTICE

A COMPREHENSIVE HANDBOOK
FOR RESEARCH CAPABILITY CULTIVATION FOR VOCATIONAL SCHOOL TEACHERS

培训·研讨·实践

中职教师
课题研究能力培养
全景指南

李敏捷　主编

化学工业出版社
·北京·

内容简介

本书是北京市信息管理学校基于市规划办立项课题《中职教师课题研究能力培养实践研究》，对"科研种子教师培养项目""科研骨干教师培养项目"和"课题负责人培养项目"等多个科研专题项目实践经验的梳理与凝练。本书对中职教师课题研究能力指标体系，对应的八门培训课程及课标，集培训、研讨、实践于一体的课题研究能力培养模式，包含反应、学习、行为、成果四个层次的评估模型进行了全面、系统的构建和介绍。书中配有大量的实践样例和配套资源，不仅能够让读者看到科研项目的实施效果，也为同类学校培养教师课题研究能力提供了实践经验和培训资源，有利于提升教师课题研究能力的培养质量。

本书不仅适合中职教师和中小学教师学习课题研究的知识、流程和方法，也为中职学校、中小学开展教师课题研究能力培养提供了科学、系统、直观、完整的实践经验和实施策略，具有一定的应用和推广价值。

图书在版编目（CIP）数据

培训·研讨·实践 ：中职教师课题研究能力培养全景指南 / 李敏捷主编． -- 北京 ：化学工业出版社，2025． 6． -- ISBN 978-7-122-48026-2

Ⅰ．G718.3

中国国家版本馆 CIP 数据核字第 2025J6316Q 号

责任编辑：李彦玲　　　　　　　　文字编辑：任欣宇
责任校对：李雨晴　　　　　　　　装帧设计：王晓宇

出版发行：化学工业出版社
　　　　　（北京市东城区青年湖南街 13 号　邮政编码 100011）
印　　装：河北延风印务有限公司
787mm×1092mm　1/16　印张 16¾　字数 338 千字
2025 年 7 月北京第 1 版第 1 次印刷

购书咨询：010-64518888　　　　售后服务：010-64518899
网　　址：http://www.cip.com.cn
凡购买本书，如有缺损质量问题，本社销售中心负责调换。

定　　价：78.00 元

本书编委会名单

主 编　李敏捷

参 编　杨金静

　　　　张靖云

　　　　钟 玲

　　　　王 蕊

前言

PREFACE

从事教师队伍建设二十余年，编纂一本系统化、可落地的教师课题研究能力培养指南的夙愿，始终萦绕于心。

这份执念源于对职业教育转型的深切洞察。二十年来，从规模扩张到内涵发展，从"教书匠"到"双师型研究者"，中职教师角色的重塑已成为职业教育高质量发展的关键命题。课题研究能力作为连接理论与实践的关键纽带，是教师实现专业跨越的核心竞争力。通过开展课题研究，教师能够系统梳理实践中遇到的真实问题，将碎片化经验升华为可推广的成果；在产教融合的改革实践中，课题研究更成为破解难题的有效路径，促进教师从知识传授者向实践型研究者转型。

一、从困境到突破的实践探索

课题研究能力在教师成长、学生培养、学校发展等方面发挥着重要作用，然而中职教师在开展课题研究的过程中普遍面临着知识断层、培训断层与资源断层的三重挑战。

教师自身知识结构的断层：职前缺储备，职后缺积淀。 多数中职教师毕业于师范院校，职前教育往往聚焦专业技能与教学法训练，鲜少涉及科研方法论、数据统计分析等课题研究核心素养的系统学习。步入职场后，教师又深陷"工学矛盾"的漩涡，碎片化学习难以支撑科研能力构建的需求。这种先天不足与后天失调的叠加，导致许多教师面对课题申报时大脑空白、无从下笔。

学校科研培训体系的断层：零散化供给，功利化定位。 多数中职学校尚未建立完整的科研能力培养体系，教师培训往往停留在"专家讲座""填报讲解"等浅层形式，缺乏从选题论证、方案设计到成果转化的全流程跟踪指导。骨干教师、全体教师的培训需求混为一谈，导致培训内容与教师实际需求错位。很多学校存在"重立项轻过程、重结题轻转化"的情况，将课题研究异化为职称评聘的"敲门砖"，教师陷入为达成功利目标而研究的低效循环。

社会支持资源的断层：缺乏针对性，缺少实用性。当下的图书市场中多数相关书籍将重点放在指导教师如何开展课题研究上，其内容多围绕课题研究流程阐述每个环节如何具体操作，或是围绕特定的研究主题进行分析，鲜少有人从"如何培养"这一角度著书立说。因此对于中职学校以及中小学而言，开展教师课题研究能力培养时很难找到适配的指导书籍或实用的培训指南，致使培养工作举步维艰，阻碍了教师科研能力的提升。

幸运的是，我校一直秉承"科研立校"的理念和"科研工作日常化，日常工作科研化"的传统，对科研工作高度重视。从人员上，配备了科研副校长、科研主任和3名专职科研干事；从政策上，成立"科研种子教师培养项目""科研骨干教师培养项目""市区级课题负责人培养项目"，专时专用开展科研骨干培训；从资金上，聘请专家、购买书籍、外出学习等各项培训费用都有充足的保证。基于上述保障与支撑，我和科研管理团队以市规划办立项课题研究为理论框架，建立科研骨干教师培养机制，经过五年持续探索与实践，系统构建了涵盖指标体系、课程体系、培养模式及评价机制的中职教师课题研究能力全流程培养体系。

这套模式在本校及内蒙古对口支援学校共同应用，累计培养科研骨干教师50余名，孵化各级课题62项，教师发表课题成果论文近百篇，产生了大量适用于培训的资源。本书正是这一探索的结晶，旨在为中职和其他基础教育阶段教师提供一本"看得懂、学得会、用得上"的课题研究能力培养全景指南。

二、从理论到实践的完整闭环

全书共十章，以"目标构建—模式开发—培训实践—效果评估"为主线，构建教师科研能力培养的完整生态链。

理论奠基：构筑研究能力培养的底层逻辑（第一章）。本章涉及"为什么培养""培养什么""怎么培养"三个维度。首先阐述了教师课题研究能力培养的重要意义，之后对中职教师群体的研究能力现状和需求进行了调研，并在此基础上研究了中职教师课题研究能力指标体系，开发了对应8项具体能力的8门课程，构建了集培训、研讨和实践于一体的培训方式，并组建了项目组和课题组，为开展培养实践做好了理论上和人员上的充分准备。

能力进阶：提供八大核心模块的实战解析（第二章至第九章）。作为本书的核心内容，本部分围绕八门培训课程和教师开展课题研究的八大核心能力展开，包括选题能力培养、文献综述能力培养、理论应用能力培养、方法运用能力培养、方案设计能力培养、方案实施能力培养、资料整理能力培养和成果呈现能力培养。每章均采用"概念解析—'训研践'培养—阶段成果呈现"的三段式结构，既讲解教师具备该项能力应掌握的理论知识，又呈现对教师进行该项能力培养的详细步骤，还提供同行能够直接使用的模板成果。

效果评估：科学量化培养成效（第十章）。传统培训往往止步于"结业证书"，本书引入柯氏四级评估模型，构建多维评价体系，从调查教师参与度与满意度、考查知识与能力掌握情况、分析日常工作表现、跟踪长期行为变化四个方面，进行反应层、学习层、行为层和结果层全面评价，并通过实际案例展示评价过程和成果。最后也对本书应如何使用进行了总结和反思，给出了具体建议。

资源宝库：从模板到案例的一站式支持（阶段性成果和附件）。正文的第三部分——阶段性成果和附件收录了大量模板和样例，涵盖教师开展课题研究和学校从事课题管理的全流程文件，包括课题申报书、开题报告、各阶段研究计划表、中期报告、资料收集整埋和分析的方法、结题报告等几十份材料。这些资源均源于真实的课题研究和管理实践，教师和科研管理者可"拿来即用"，具有高度的指导性和可操作性。

三、四大创新破解传统培训困局

量身定制：直击中职教师的真实需求。与市面上泛泛而谈的"科研指南"和高深的"科研导论"不同，本书精准锚定中职及中小学教师群体，案例均选自日常工作领域，内容适配；避开晦涩的学术用语，用二次体验直观呈现复杂理论，易读易学；针对基础教育阶段教师的短板，加大文献综述撰写、教育理论应用、科研方法运用、研究数据分析等模块的讲解和分析，针对性强。

理论指导：构建科学严谨的培养体系。为保障培训的科学性和有效性，不论是理论构建、培养实践还是效果评价，全部遵循科学理论和模型的指导。如以德尔菲法研发指标体系，以"胜任力模型"构建培训内容，以"721法则"和成人学习理论指导培训实践，以"柯氏四层评估模型"构建评价体系。为培训建设了8门课程，规范开发了课程标准和课程资源，尽力做到每个培训环节都严谨规范。

全景覆盖：打造"学—研—做—评"的闭环生态。从课程建设来看，完成了培养目标、课程设计、资源建设等全部要素的开发；从培训内容来看，包含了"发现并规范地表述问题—学习理论和方法并设计解决问题的方案—依据方案开展实践尝试解决问题—科学全面地梳理和呈现成果"的课题研究全流程；从培训方式来看，采用了培训、研讨、实践的多样化手段；从评价体系来看，做到了量化质性结合、短期中期长期兼顾、知识能力态度并重，真正做到了全景覆盖。

实操赋能：从"纸上谈兵"到"落地生根"。突破传统培训"重理论轻实践"的痼疾，建立了"输入—转化—输出"三维赋能机制：在专家授课、研读教材和学习补充资料等丰富输入的基础上，以课题研究为载体，着力于引导教师将所学知识转化为实际操作能力，并以课题研究成果生成、教师课题研究能力提升为输出。参训教师采用"做中学"的方式，沉浸式体验科研的各个流程，深度领悟理论知识的应用价值与场景。同时，在实践探索中，教师能够敏锐捕捉新问题，进一步深化对知识的理解与应用，构建起理论引领实践、实践反哺理论的良性互动循环，切实提升教师解决实际问题的能力和科研实践水平。

四、让科研之光照亮教育田野

本书的诞生，凝聚了很多人的智慧与心血。在此，我们心怀感激，向所有支持、参与这一探索的同行者致以最诚挚的谢意。感谢学校领导，从资金、人员、政策等各方面提供保障，让课题研究的种子得以生根发芽、茁壮成长；感谢参与项目培训的各位专家，以深厚的学术底蕴和丰富的实践经验为教师课题研究能力培养保驾护航，以智慧与热忱助力教师克服科研之路上的重重困难。特别要感谢所有参训学员，五年风雨兼程，大家用坚持与热爱书写了最动人的篇章。犹记得初次申报课题时的迷茫无措，开题受阻时的辗转反侧，数据分析时的秉烛达旦，结题答辩时的忐忑与自豪。大家在失败中反思，在挫折中坚韧，在突破中蜕变，最终将零散的思考转化为系统的成果，将个体的经验升华为集体的财富，以行动诠释了"实践型研究者"

的担当。

本书虽以中职教师为直接研究对象，但其内核适用于更广阔的群体。基础教育阶段的中小学教师，若渴望通过课题研究破解教学难题、实现专业成长，可从中汲取系统的方法论支持；中小学科研管理人员若希望构建科学规范的科研管理和培训体系，亦可参考书中培养模式与评价机制，实现从经验管理到科学治理的转型。我们期待这本书能够成为基础教育阶段一线教师与科研管理者的"案头指南"，让科研之光照亮更多教育实践的角落。

课题研究能力的培养，绝非一蹴而就的终点，而是教师终身发展的起点。展望未来，我们期盼更多教师走出"舒适区"，以科研思维直面教育变革的挑战，将课堂的"问题场"转化为研究的"试验田"；我们呼吁更多学校打破"孤岛式"科研，构建开放共享的协作生态，让成果在交流中迭代，让经验在碰撞中升华。本书是北京市信息管理学校科研团队集体智慧的结晶。由学校科研副校长李敏捷主编，科研主任杨金静、科研干事张靖云、钟玲和王蕊参编。

尽管本书力求严谨，但受限于自身专业水平和时间的仓促，疏漏与不足在所难免。我们诚挚欢迎各位专家和读者朋友提出宝贵意见与建议，您的批评指正将是我们持续完善的动力。愿此书成为一粒火种，点燃更多教育者的科研热情；更愿与您携手，以匠心与热爱，共同谱写教育高质量发展的时代新篇！

科研之路，道阻且长；行而不辍，未来可期。

李敏捷

2025 年 4 月

实研培
践讨训

目录
CONTENTS

第一章

科学系统的培训对中职教师课题研究能力提升至关重要

如果你想让教师的劳动能够给教师带来乐趣，使天天上课不至于变成一种单调乏味的义务，那你就应当引导每一位教师走上从事研究这条幸福的道路上来。

—— （苏）苏霍姆林斯基

中等职业教育承担着高中阶段教育和职业技能教育的双重使命，在衔接教育与就业、提升国民素质以及服务地方经济等方面发挥着不可替代的作用，是我国教育体系的重要组成部分。中职教师通过对学生进行知识的传播、技能的传授、素质的培育来培养高素质技能型人才，中职教师整体素质的高低直接影响着其推动职业教育发展、促进教育公平和服务社会进步等功能的发挥。研究能力是衡量教师综合素质的重要指标，但职前培养和职后培训的双重不足使中职教师的研究能力存在普遍偏低的现象。建立具有针对性、系统性、可操作性和实效性的中职教师研究能力培养体系具有现实的必要性和迫切性。

一、充分认识中职教师研究能力培养的重要意义

（一）促进专业发展和素质提升

中职教师在一定阶段具有相对固定的工作内容和相对稳定的知识体系，这种工作特性往往容易阻碍教师对新知识的获取和转化。研究能力的培养有助于打破这一桎梏，对于教师的个人成长和职业发展具有重要意义。通过开展教育教学研究，不但能够促进教师教育学、心理学等理论知识的学习，完善其知识结构；也能够帮助教师掌握科学的方法、规范的流程，提升其学术水平；还可以引导中职教师了解行业动态、掌握前沿技术，深化其专业知识体系。理论水平、科研素养以及专业能力的提高必然带来中职教师综合素质的整体提升。

同时，从教师生涯发展来看，教师在从新手转为熟手，熟悉了教学内容和教学技巧后，容易对繁琐重复的工作产生厌倦。如美国心理学家波斯纳所说的，如果一个教师仅仅满足于获得经验而不对经验进行深入的思考，那么，即使是有 20 年的教学经验，也许只是一年工作的 20 次重复，永远只能停留在一个新手教师的水准上。而从事教育教学研究，学习和探索带来的提升、沉浸其中带来的乐趣、成果荣誉带来的成就感，能够有效缓解教师的职业倦怠，促进教师的专业发展，丰盈教师的职业体验。

（二）提升学生质量和职教水平

中职学生具有一系列的鲜明特点。多数学生在初中阶段的学习中遇到了困难，学习兴趣和学习方法都比较欠缺，学习基础较为薄弱。同时部分学生自我效能感较低，自律性和自我调控能力不足，需要重塑良好的行为习惯。该群体还具有个性化、多样化和差异性的特征，每个学生都有自己的特点和需求。而中职学生的学习一般聚焦于专业领域，强调动手能力和实操能力的培养，学习内容有鲜明的实践性和职业性。因此中职教师必须具备较强的研究能力，能够开展深入和广泛的研究，有针对性地开展教育教学工作，

才能保障人才培养质量。

中职教师作为教学活动的主体，其研究能力直接影响到教学内容的更新、教学方法的创新以及教学效果的提升。通过专题研究，中职教师可以深入了解行业需求和新技术新工艺，更加精准地把握职业标准，并将研究成果融入课堂教学，使教学内容更加贴近岗位实际，与企业零距离接轨，提升学生职业素养和就业竞争力；通过开展研究，教师能够发现教学中的问题和不足，探索更加有效的教学模式和方法，提升学生的学习兴趣和动机，提高课堂教学的互动性和实效性，保障学生的培养质量，增强职业教育的吸引力。

（三）推动专业建设和学校发展

专业建设是学校发展的核心。中职教师的研究能力对于专业的设置、调整和优化具有至关重要的作用。通过深入研究行业发展趋势、市场需求以及岗位特点，教师可以为专业建设提供科学依据，推动专业结构的优化和升级；可以构建更加科学合理的课程体系，并及时调整课程设置和教学内容，确保学生掌握符合岗位需要的专业知识和实践技能；可以将研究成果转化为案例、学材、教材、教学工具和设备等，丰富专业教学资源；还能在专业建设过程中发现存在的问题和不足，提出针对性的改进措施，促进专业的持续健康发展，提升专业的内涵建设水平和市场竞争力。

中职教师的科研活动是学校工作的重要组成部分，也是衡量学校办学水平的重要指标之一。通过培养教师的研究能力，可以激发其参与科研的积极性和水平，推动学校科研项目的申报和实施。中职教育注重产教融合，具备较强研究能力的教师能够更好地理解企业的需求，与企业共同研发新产品、新技术和新工艺，密切学校与市场的联系。更多的科研项目和更深入的校企合作能够产生更多教育教学成果，从而有效提升学校的实力和影响力，为学校的长远发展奠定坚实基础。

（四）服务经济发展和社会需求

中职教育作为职业教育的重要组成部分，其最重要的人才培养目标便是为地方经济发展和行业企业提供技术技能型人才。通过培养教师的研究能力，能够显著提升其教育教学能力，使毕业生具有更扎实的专业技能和更高的职业素质，提高其在劳动力市场的竞争力，促进经济的持续健康发展。

中职教育具有鲜明的职业性和实践性。通过开展研究，中职教师可以深入了解行业的前沿动态和市场需求，与企业合作开展技术研发和成果转化，为行业提供技术支持和咨询服务，参与企业员工培训项目，从而增强社会服务能力。特别是在农村振兴、小微企业扶持等领域，中职教师的专业服务和指导能够显著提升地方经济的活力和可持续性。

二、精准调研中职教师研究能力现状和培训需求

习近平总书记在北京大学师生座谈会上指出："人才培养，关键在教师。教师队伍素质直接决定着大学办学能力和水平。"这一论述同样适用于中等职业教育。研究能力作为教师综合素质的重要组成部分，在中职教育中却未得到足够重视。与教育教学能力培养相比，中职学校在教师科研能力培养方面，从认识层面到培训时间、内容、方法等都存在明显不足，严重制约了中职教师科研能力的提升。因此，中职学校迫切需要对教师开展系统且有针对性的培训，以切实提升教师的研究能力和科研素养。

深入了解中职教师开展课题研究的意愿，剖析其科研素养各构成要素的实际状况，把握教师对科研培训内容和方式的需求，对于精准设计教师科研能力培养方案、提高科研培训效能、增强教师教育教学反思和研究能力具有重要意义。所以，在研发培训内容、构建培训模式前，开展调查研究十分必要。

（一）针对中职教师特点设计问卷开展调研

本次调研围绕中职教师的科研观念、研究能力以及培训需求三方面展开信息收集。首先，通过广泛查阅大量文献，对科研观念、研究能力以及培训需求的内涵和外延进行深入分析。梳理文献发现，多数研究者认为科研观念涵盖科研价值、科研意愿、科研效能感等方面。由于研究群体、领域和侧重点不同，研究能力的定义呈现多样化。本项目从过程视角出发，将研究能力定义为个体在教育教学研究过程中展现出的本领或技能，采用文献查阅能力、科研设计能力、数据处理能力、论文写作能力等研究活动的能力水平来衡量。结合中职教师特点，把中职教师研究能力定义为以教育问题为认识对象，依据科学理论，运用恰当方法，有计划、有系统地认识教育现象、探索教育规律、解决教育问题的能力，具体包括问题意识、理论素养、规划能力、实施能力和总结能力五个要素。从后期开展培训的实践需求考虑，将科研需求分为内容需求和形式需求两个维度。

基于上述概念化操作，确定了调研的维度，包括科研观念、研究能力、培训需求三个一级维度，以及科研价值、科研意愿、科研效能感、问题意识、理论素养、规划能力、实施能力、总结能力、内容需求、形式需求等十个二级维度，具体如表 1-1 所示。

表1-1　调研问卷维度设计

一级指标	二级指标	题项
科研观念	科研价值	教师是否应该做科研、科研的意义 / 作用
	科研意愿	自己是否应该做科研、自己是否有做科研的愿望
	科研效能感	自我感觉、实际效果

续表

一级指标	二级指标	题项
研究能力	问题意识	发现问题、转化成课题
	理论素养	教育理论、文献综述
	规划能力	选择研究方法、设计研究框架、安排时间人员资金
	实施能力	执行计划、动态调整、收集资料、分析数据
	总结能力	报告撰写、论文撰写
培训需求	内容需求	选题及题目表述、常用教育理论及模型、文献检索及综述、常用研究方法、常用工具软件、研究报告的撰写、论文撰写
	形式需求	专题讲座、自我研修、小组讨论、实践＋诊断

明确分析维度后，借鉴已有相关问卷，结合本项目和调研对象实际情况，编制初步的调查问卷和访谈提纲初稿。邀请 10 名教师对初稿进行试填和讨论，根据反馈意见补充完善题项，再次试填并反复修改，最终形成《中职教师科研能力现状和培训需求调查问卷》及《中职教师科研能力现状和培训需求访谈提纲》。

通过问卷星向中等职业学校 237 名专任教师发放电子版问卷，回收 229 份。剔除答题不完整、测谎题答题矛盾等不合格问卷，得到有效问卷 221 份。运用软件对数据进行整理、统计和分析。

（二）基于数据分析中职教师研究意识和能力

1. 中职教师具有科研意愿但效能感不足

在对教师科研观念的调查中，设置多个问题了解教师对科研的看法。对于"教师在日常工作之外还应该从事课题研究"，62.4% 的中职教师明确支持，仅 12.6% 明确反对；95.5% 的教师肯定"课题研究能够提升理论水平，凝练实践成果，对教师有重要意义"；97.4% 曾参与课题研究的教师认为研究对工作效果提升及自身能力发展有价值。这表明中职教师对教育教学研究的价值有较为积极的认知，普遍认可课题研究对自身素质提升和工作开展的重要性。

然而，科研意愿调查结果显示，愿意申报科研课题并开展研究的教师比例仅为51.1%，近一半教师不愿意参与，整体科研意愿并不强烈。在科研效能感方面，当被问及"是否能够独立、规范地完成一项课题研究"时，仅有约三分之一的教师认为自己具备此能力，40.7% 的教师认为自身能力一般，近四分之一的教师对自己完成课题研究的能力缺乏信心，科研效能感相对薄弱。

综上可见，中职教师对科研的价值有明确的认知，多数教师认为在日常从事教育教学工作之外，还应该从事教育教学研究，科研并不只是大学老师或者专职科研工作者的任务；从事过课题研究的绝大多数教师都认为研究能够提升自身专业水平，对日常工作的效果提升有很大的促进作用。但由于很多中职学校近些年缺少新教师引进，教师群体普遍年龄偏大，一些教师身体健康状态存在一定问题；同时中职教师课时量整体较多，且多科目授课现象普遍，三分之一以上的教师要承担班主任工作，导致中职教师从事教育教学研究的意愿并不高。

2. 中职教师研究能力各维度均有待提升

通过对教师研究能力相关题项的数据梳理（见表 1-2），能够清晰洞察中职教师在课题研究各项能力上的实际状况。

表 1-2　教师研究能力相关题项数据

	问题描述	非常同意	同意	一般	不同意	非常不同意
1	能够把工作中产生的问题转化为研究课题	9.5	28.1	50.2	11.3	0.9
2	掌握并能够应用教育理论和模型	5.9	11.3	28.5	48.4	5.9
3	能够正确检索文献和规范撰写文献综述	7.2	26.2	51.6	13.6	1.4
4	掌握多种科研方法并能应用在研究中	3.2	12.7	53.4	23.5	7.2
5	能够根据课题研究实际设计研究方案	3.6	25.3	54.8	14	2.3
6	能够科学收集研究资料进行数据分析	0.5	7.2	38.9	40.7	12.7
7	能够规范地撰写课题研究报告	5.4	32.1	43	18.1	1.4
8	能够全面科学地梳理研究成果	2.7	28.1	38.9	25.3	5

注：数据为各选项在整体中的占比

在"能够把工作中产生的问题转化为研究课题"方面，仅 9.5% 的教师表示非常同意，28.1% 同意，二者相加近 40%，但仍有超半数教师选择"一般""不同意""非常不同意"。这表明虽然部分教师具备一定的问题转化能力，但整体水平并不理想。实际教学中，许多中职教师虽身处丰富的教育实践场景，能感知到诸多问题，却缺乏将这些问题精准提炼、转化为研究课题的能力，难以找到研究的切入点。

对于"掌握并能够应用教育理论和模型"，仅有 5.9% 的教师非常同意，11.3% 同意，而高达 54.3% 的教师认为自己存在较大不足（选择"一般""不同意""非常不同意"）。教育理论和模型是课题研究的重要基石，这一数据反映出中职教师在理论储备和应用能力上的严重欠缺。这可能导致教师在研究过程中缺乏理论深度，难以从理论高度剖析教育现象、指导研究实践。

在"能够正确检索文献和规范撰写文献综述""能够根据课题研究实际设计研究方案"方面，同意和非常同意的比例均未超 35%，多数教师选择"一般"。这说明教师在文献检索、综述撰写和研究方案设计能力上存在明显短板，在开展研究时，可能无法有效获取前人研究成果，也难以制定出科学合理的研究规划。

"掌握多种科研方法并能应用在研究中""能够科学收集研究资料进行数据分析""能

够全面科学地梳理研究成果"这几项，同意和非常同意的比例均较低，且分别有23.5%、40.7%、25.3%的教师明确表示不同意或非常不同意。科研方法的掌握与应用、数据的科学收集分析以及成果的有效梳理，是确保研究质量的关键环节，数据显示中职教师在这些方面能力尤为薄弱，极大地限制了研究的科学性和严谨性。

综合来看，中职教师在课题研究相关的各项能力方面均有待提升。尽管在"课题转化能力"和"报告撰写能力"上相对有一定基础，但整体水平仍无法满足高质量课题研究的需求。在教育理论应用、科研方法掌握、数据处理以及成果梳理等核心能力上，存在明显不足。这不仅影响教师个人的科研成果产出，也不利于中职教育教学的高质量发展。为提升中职教师的科研能力，后续培训应重点针对这些薄弱环节展开，通过系统的课程设置、实践指导等方式，帮助教师弥补能力短板，提高科研素养，从而推动中职教育科研水平的整体提升。

（三）中职教师对科研培训内容和形式有明确需求

从表1-3可以看出，教师对科研方法和数据分析软件（如SPSS、EXCEL等）的培训需求最为突出，对教育理论和模型、研究成果的撰写与梳理等方面的培训需求也较高。

表1-3　培训内容需求问卷调查结果

培训内容	需求比例	培训内容	需求比例
A. 选题及题目表述	43.9	E. 常用工具软件	58.4
B. 常用教育理论及模型	48.9	F. 研究报告的撰写	47.5
C. 文献检索及综述	42.1	G. 研究成果的梳理	47.1
D. 常用研究方法	63.8	H. 其他	0.5

从表1-4可以看出，教师对培训形式的需求相对均衡，讲座、实践、研讨、自修等形式的需求量均达到50%以上。

表1-4　培训形式需求问卷调查结果

培训形式	需求比例	培训形式	需求比例
A. 专题讲座	57.5	D. 实践＋诊断	56.1
B. 自我研修	50.2	E. 其他	0.5
C. 研究讨论	51.1		

此外，课题组对10位有课题研究和科研培训经历的教师进行访谈，进一步挖掘教师在培训内容和形式方面的深层次需求。在培训内容上，教师们希望对教育教学理论和模型进行系统培训，包括整体框架介绍和常用理论的深入解读，并明确理论在研究中的应

用方法；在参考文献方面，期望得到规范撰写参考文献的指导，以及如何聚焦研究题目、使其落地并体现中职学生专业特点的方法；在研究方法上，希望学习问卷设计、调查实施、访谈技巧以及行动研究、实验研究等具体方法的系统培训；同时，还希望通过培训提升检索、阅读、写作、逻辑思维和沟通等多方面能力。在培训形式上，教师们更倾向于理论与实践相结合，边学边练，在实践过程中获得专家一对一指导，借鉴优秀教师的经验，并通过小组讨论及时解决研究过程中的困惑。

综合问卷和访谈结果可知，中职教师在知识结构上普遍缺乏教育教学理论，期望通过培训补充相关理论和模型知识，使研究更具科学性；希望系统学习问卷调查、访谈、行动研究、实验研究等科研方法，确保研究的规范性；对文献检索与综述、研究成果梳理与呈现等方面也有一定需求。在培训形式上，教师更青睐理论与实践相结合、在实践中学习的方式，专家一对一指导、榜样示范、小组研讨等形式也备受期待。

三、系统开发中职教师研究能力培养课程体系

（一）构建中职教师研究能力指标体系

1.运用文献研究法梳理中职教师研究能力的内涵和外延

运用文献研究法，对30多篇文献进行梳理和分析，通过逐步聚焦的过程梳理出中职教师科研能力的内涵、外延及特点（表1-5）。

表1-5　中职教师科研能力内涵、外延及特征

内涵	是教师承担和完成课题研究所具备的各种能力。指以教育问题为认识对象，依据科学的理论，运用恰当的方法，有计划、有系统地认识教育现象、探索教育规律、解决教育问题的能力。它来源于教育实践又在实践基础上有所超越和升华
外延	发现问题的能力：发现教育实践中的问题；将问题转化为课题 预测和设计的能力：检索、使用文献；寻找适合的理论和模型；选择适当的研究方法；形成研究方案 获取和筛选的能力：收集数据和资料，并进行有效筛选的能力 实施和操作的能力：制定计划并根据实际推进情况调整计划；分析数据形成结论 书面表达的能力：撰写研究报告；撰写论文；整理成果材料
与大学教师相比	目的在于创造性地解决实践问题而不是构建理论；突出校本、现场、体验、反思；结果是教学行为和学生表现的改善而非理论的构建和成果的发表
与研究生相比	是实际的科研操作能力而非潜在的一般能力，侧重从实际问题出发去改变教学实践而非对源于理论和知识的构想进行验证；从时间观来讲，是面向当下的，而不是面向未来的

续表

与普教教师相比	不但要在教学实践中，而且要在专业实践过程中进行科研活动；关注企业需求，善于从社会的基本需求和热点问题上寻找课题；产学研结合，将科研成果引入课堂，利用新的科技成果不断充实教学内容，提高人才培养质量

通过文献研究发现，学者对科研能力的界定主要分为产出视角、过程性视角及综合视角三种不同类型。鉴于产出视角聚焦科研成果，而综合视角中科研素养的培养很难在短期内实现，因此，本研究的科研能力聚焦过程性视角。

基于文献研究可以看出，不同类型人员的科研能力侧重点也有不同，如大学教师、研究生等人员的科研能力更聚焦科研产出，而中职教师的科研能力以解决教育教学中的实际问题为目的，更聚焦应用和实践。

此外，文献研究结果显示，同普教教师相比，中职教师在进行科研活动时，还需善于从社会需求和热点问题上寻找课题，并注重产教结合，提高人才培养质量，促进社会发展，彰显中职教育特色。

2. 运用文献研究法初步整理中职教师研究能力的指标

继续使用文献研究法，对中职教师研究能力的外延进行梳理。美国学者安德里亚等人提出的从"界定研究问题"到"为未来计划：保持、修正或改变干预"的7个步骤的研究过程、詹妮弗等人提出的从"选择合适的研究问题"到"改变教学实践"的5个步骤的研究过程，美国教育家玛瑞安提出的按兴趣形成探究问题、全面调查并作出完整记录、收集和分析数据、检验原先的假设和想法、寻求理论依据、与研究组讨论结果、向同行和学生陈述研究观点、完成研究报告的过程，以及中国学者通过研究得出的问题意识（包括寻求解决现实问题、将问题转化为研究课题）、进行课题规划设计的能力、梳理和总结相关文献的能力、选择并运用恰当方法的能力、总结归纳形成最终研究成果的能力，都突出体现了教师科研能力重当下能力而非潜能、重问题意识而非构想设计、重实践经验而非理论知识的特点。

通过归纳文献中的相关内容，初步形成中职教师开展课题研究所需的能力指标集合（表1-6），为下一步开展专家调研做好准备工作。

表1-6　文献梳理得出的中职教师科研能力指标

科研能力指标	科研能力指标内容
中职教师科研能力	兴趣形成探究问题，寻求解决现实问题，将问题转化为研究课题，界定研究问题，选择合适的研究问题，梳理和总结相关文献，根据已掌握的信息预测未来变化，进行课题规划设计，寻求理论依据，选择并运用恰当方法，全面调查并作出完整记录，获取与筛选信息，收集和分析数据，落实调整各个环节，检验原先的假设和想法，为未来计划：保持、修正或改变干预，与研究组讨论结果，向同行和学生陈述研究观点，总结归纳形成最终研究成果，完成研究报告，改变教学实践

3.运用德尔菲法确定中职教师研究能力指标

运用德尔菲法，确定中职教师研究能力指标体系（图 1-1）。

首先是专家遴选。共有 24 名专家参与了咨询和调研，涵盖市区专职科研管理人员、与中职学校有过合作经验的高校专家、中小学科研室管理人员和中职学校科研骨干教师等四大类与课题研究相关的专业人员。其中 6 名市、区级专职科研管理人员均来自市、区级教育科学研究院，且长期从事教育科研管理和研究工作；6 名高校专家均为副教授，与中职学校有较多的合作经验，对中职教育较为了解；6 位中小学科研室管理人员来自海淀区 6 所中小学和中职学校，了解学校的科研管理工作；6 名中职学校科研骨干教师均具有课题研究经验，且科研经历较为丰富。

接下来开展专家咨询。通过"问卷星"发放咨询问卷，并对指标设置了"新增"项，便于专家进行修改或替换。回收问卷后，依据专家对指标的修改意见，对指标内容进行了修改完善。通过四轮调研，专家意见达到收敛，共识率 87%，最终形成了中职教师研究能力指标体系。

中职教师研究能力共有 4 项二级指标（确定选题的能力、设计方案的能力、开展实践的能力和表达成果的能力），12 项三级指标（表 1-7）。

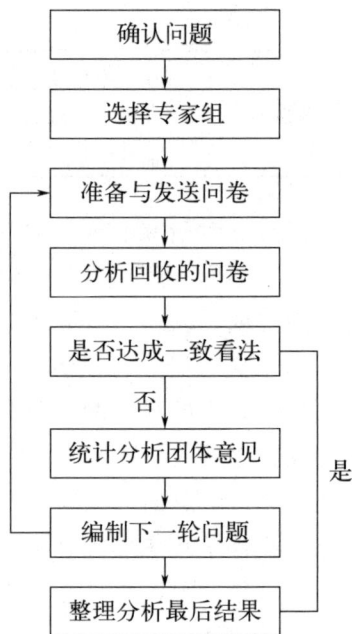

图 1-1　德尔菲法流程图

表 1-7　中职教师科研能力指标体系

Ⅰ	Ⅱ	Ⅲ	
中职教师科研能力	确定选题的能力	发现问题	能够发现中职教育实践中的难点和热点问题
		问题转化	能够将实践问题转化和表述为研究课题
	设计方案的能力	文献学习	能够检索并使用文献，撰写综述并得出结论
		理论支撑	掌握常见理论和模型并能够在研究中运用
		方法运用	掌握常用研究方法并能够正确运用
		方案制定	能够形成研究设计并制定具体的可执行方案
	开展实践的能力	计划修订	能够根据实际情况调整计划使之更合理
		计划落实	能够在方案的指导下开展教育教学实践
		数据分析	能够正确收集并运用软件分析数据形成结论
	表达成果的能力	报告撰写	能够依据研究发现撰写各阶段研究报告
		论文撰写	能够依托课题研究撰写规范的实证型论文
		成果呈现	能够把其他成果梳理编纂成可推广的成果

(二) 基于胜任力模型构建中职教师研究能力课程体系

基于胜任力模型，结合中职教师研究能力现状和培训需求的调查结果，以及中职教师研究能力指标体系的内容，从组织、人员、业务、环境四个层面对中职教师从事课题研究需要具备的知识和能力进行全面分析，形成基于胜任力的"中职教师研究能力培养"培训内容分析（图 1-2）。

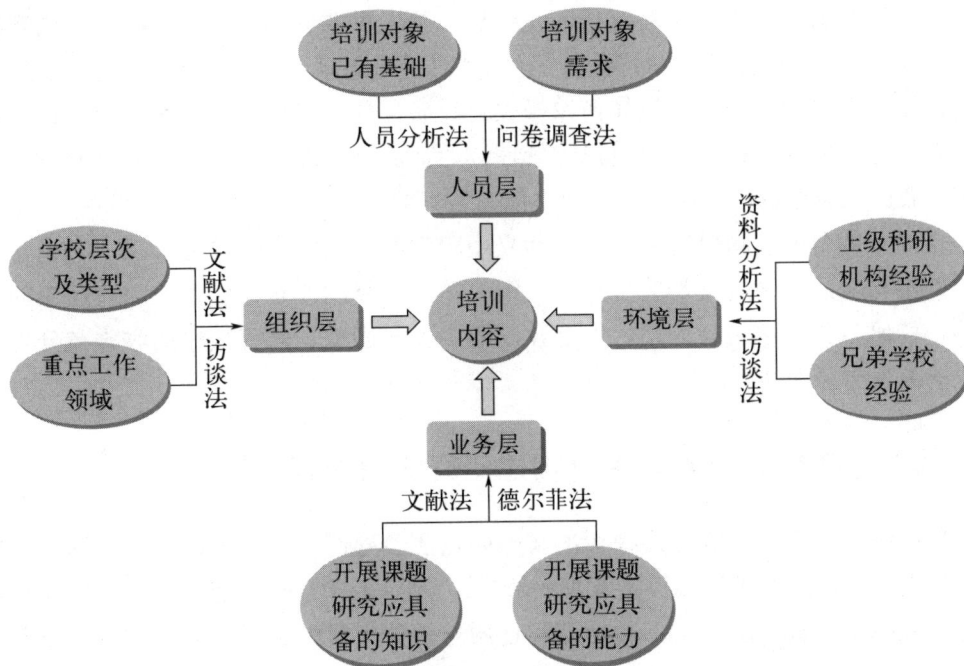

图1-2　基于胜任力的"中职教师研究能力培养"培训内容分析图

在组织层面，重点关注学校类型、层次以及核心工作领域对教师开展课题研究的要求。以职业教育、高中阶段、一线教师和教育教学工作为特征，通过查阅文献和开展访谈，得出中职学校的课题研究是教师对教育教学工作进行反思的一种应用型研究，目的在于解决问题而不是构建理论，校本、现场、体验、反思与实践为其最大特点，教师要创造性解决实践问题，课程体系中应突出问题意识、方案规划以及实施过程中的反思总结等内容。

在人员层面，培训对象的知识和能力基础、培训意愿和需求，是设计培训内容的重要参考。通过人员分析发现，中职教师的知识结构中理论基础比较薄弱，研究设计缺少教育教学理论和模型的指导；思辨式、经验性的总结较多，规范使用科研方法开展实证研究较少；多数研究直接陈述研究设计，缺少对前人文献的收集和分析。而问卷调查中，中职教师在教育理论、科研方法、文献综述、规范的科研流程等方面的培训需求也相对集中。

业务层是设计培训内容最重要的依据，重点包括开展课题研究应具备的知识和能力两个方面。通过文献法和德尔菲法，得出了开展课题研究需要具备选题、设计、实施和总结四大方面能力，需要掌握如何确定研究问题、如何表达课题、如何检索、梳理文献并进行综述、如何选择研究理论并应用、如何选择研究方法并使用、如何制定与执行方案、如何收集与分析数据、如何撰写论文和报告、如何梳理与呈现研究成果等相关知识和技能，这些构成了课程体系的主体。

环境层重点关注上级科研机构和其他学校科研部门开展课题研究能力培养的做法、经验。通过开展访谈和进行资料分析，发现目前绝大多数的培训设计较随意，内容较零散。同时也有个别项目，如"海淀区科研种子教师培养项目""海淀区科研骨干培训项目"等，按照课题研究流程，以如何选择教育科研课题、如何进行课题研究设计、如何进行开题论证、如何进行课题研究过程管理、如何做好课题结题、如何提炼教育科研成果、如何做研究成果推广等作为教师研究能力培养的内容，可作为有益的借鉴。

综合以上四个维度的研究和分析，确立中职教师研究能力的课程体系。共包含科研课题的确定与表述、开题报告的撰写与汇报、参考文献的检索与综述、教育理论的学习与应用、科研方法的学习与运用、课题计划的实施与调整、研究数据的收集与分析及研究成果的梳理与呈现 8 门课程。

（三）基于标准模板和培养项目构建研究能力课程标准

借鉴中职文化课、专业课课程标准（一般包括课程性质与任务、课程目标、课程结构、课程内容、学业质量和课程实施几大部分），结合教师培训特点，研发出中职教师科研能力课程标准模板（表 1-8），包括课程性质与任务、课程目标、课程内容与要求及课程实施四大部分。

表 1-8　中职教师科研能力课程标准模板

《×××》课程标准
一、课程性质与任务
二、课程目标
三、课程内容与要求
四、课程实施 （一）师资队伍 （二）课程资源 （三）评价标准

基于前期开展的科研专题培养项目和工作实践，梳理各级各类科研培训过程中的内容，结合市、区级相关科研培训内容（如"海淀区科研骨干培养项目""海淀区科研种子教师培养项目"等），以及科研专著中的相关内容（如《教师研究方法导论》《实证研究：计划与设计》《与教师同走科研路》等），初步形成中职教师科研能力课程标准内容。

基于"校级科研种子教师培养项目"和"校级科研骨干教师培养项目"等科研专题项目的实施，对中职教师科研能力课程标准的内容进行补充、修改和完善，最终形成中职教师科研能力课程标准（见附录）。

四、科学构建中职教师研究能力培养模式

（一）确定中职教师研究能力培养模式的构建依据

为保障中职教师研究能力培养的科学性、先进性和可行性，梳理、筛选了适用的理论模型，并应用于中职教师研究能力培养实施模型的构建过程。主要包括以下三个理论。

成人学习理论：成人学习理论是指结合成人教育的指导思想和培训学习理论，以成人的生理心理特征、学习欲望和系统为基础而总结出的专门针对成人培训的教育理论。成人学习遵从四个法则：效果法则——学习需要在愉快的环境和氛围中进行；练习法则——学习需要通过大量的练习来加深印象；联想法则——理论联系实践有利于成人对认知对象的掌握；有备法则——成人往往在有需求的时候才选择学习，有一定的目的性。

基于成人学习理论及成人学习的独特特点，在借助科研专题培养项目提升中职教师科研能力时，需充分考量教师参与科研培养、提高科研能力的意愿和实际需求，以此确定参训教师人选。在开展科研专题培训时，以校级课题研究为依托，围绕课题研究全流程展开系统培训，使教师在提升科研能力的同时，能够运用所学解决教育教学中的实际问题，实现理论与实践的深度融合。在8门课程的学习内容设计中，通过多样化的练习形式巩固教师所学，增强学习和实践效果，营造和谐、共赢的研讨氛围，助力教师逐步成长与提升。

"721"培训法则：人类"70%的学习"来自真实生活经验、工作经验、工作任务与问题解决，这是所有学习和培训计划的最重要方面；"20%的学习"来自反馈，以及与角色榜样一起工作并观察和学习该榜样；"10%的学习"来自正规培训。法则强调四点：学习主体对学习而言非常重要；学习的根基是真实的实践；反馈是学习不可或缺的环节；同伴是重要的学习资源。

在培养中职教师研究能力的过程中，借鉴7-2-1法则分配中职教师研究能力培养实施模型里"训""研""践"各部分内容，其中培训部分的内容占比为10%、研讨部分占比为20%，实践部分占比为70%。

学习金字塔模型：学习金字塔模型用数字形象显示了采用不同的学习方式，学习者

在两周以后还能记住内容（平均学习保持率）的多少。学习金字塔的创始人爱德加·戴尔提出，学习效果在30%以下的几种传统方式（包括听讲、阅读、视听和演示）都是个人学习或被动学习；而学习效果在50%以上的几种方式（包括讨论、实践和教授他人），都是团队学习、主动学习和参与式学习。

在培养中职教师研究能力的过程中，对于培训内容和实施方式，以团队学习、主动学习和参与式（包括线上线下集体研讨、课题组学习与开展课题研究实践活动等）为主，以讲座、阅读、视听和科研模范示范等被动学习方式为辅。

（二）构建中职教师研究能力培养模式的内容

在上述三个教育理论的指导下，结合中职教师特征和课题体系内容、特点，初步形成"训·研·践"耦合式科研能力培养实施模型（图1-3）。

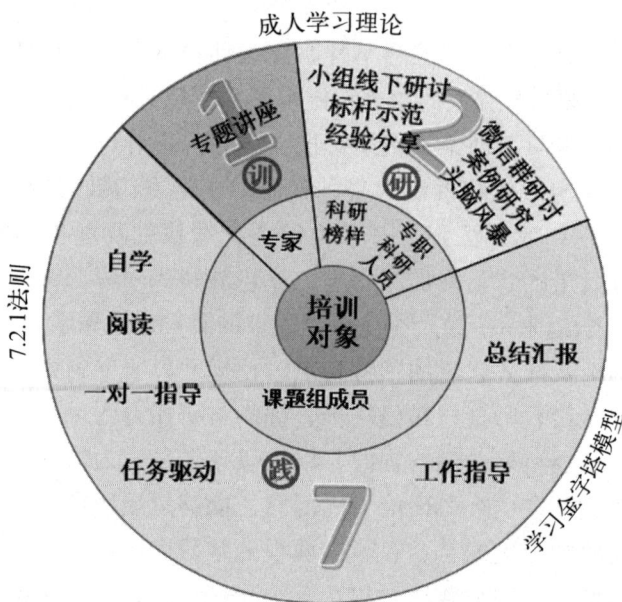

图1-3 "训 · 研 · 践"耦合式科研能力培养实施模型

中职教师研究能力培养实施模型的第一层是队伍建设。在参训学员之外，培训队伍由三部分人员构成：专家讲师团队，由具备较高理论素养、擅长科研工作的高校教师和专职科研人员构成，主要负责课程体系中各门课程的讲授以及实践过程中各个环节的指导；研讨和服务团队，包括校内教师中的科研榜样、科研管理人员，他们能为学员提供标杆和示范并全程参与培训活动，既能与参训学员开展各个主题讨论，又能为学员提供指导和服务；实践团队，指参训学员的课题组成员，他们和参训学员一起开展课题研究，把培训中学到的知识和技能应用于实践。

第二层是实施过程，由专家培训、同侪研讨、课题组实践三个耦合的环节组成。专家培训（约占整体培训课时的 10%）侧重知识的传授，通过专题讲座等方式，重点讲解教育教学理论、文献的检索和综述、科研方法及数据分析、研究方案设计、论文和报告撰写等课程内容；同侪研讨（约占整体培训课时的 20%）兼顾知识的巩固和技能的生成，通过小组线下讨论、微信群线上讨论、头脑风暴、案例研究、标杆示范、阶段汇报等方式，巩固专家传授的知识，反复模仿和练习，形成课题研究各个环节所需的技能；课题组实践（约占整体培训课时的 70%）侧重技能的形成，通过任务驱动完成课题研究、阅读自学、接受一对一指导等方式，以参训学员为核心，带领课题组成员开展教育教学研究实践，形成课题研究能力。

（三）中职教师研究能力培养模式具有鲜明特点

1. 培训模式具有较强的针对性

为确保培训切实满足中职教师的需求，项目组开展了大量深入且全面的前期准备工作。通过广泛查阅各类学术文献，深入了解国内外在教师研究能力培养方面的研究成果和实践经验，把握该领域的研究动态和发展趋势；挑选典型代表开展访谈活动，与中职教师进行面对面交流，掌握他们在科研工作中的实际困难、困惑以及对培训的期望；设计并实施调研，涵盖中职学校的各个层面，包括教学一线的教师和科研管理人员等。通过这些多维度的数据收集方式，全面精准地了解中职学校的实际情况、中职教师的特点以及他们对科研能力提升的真实需求。

基于这些详实的数据和信息，在制定培训目标时，紧密围绕中职教师在研究工作中面临的实际问题和职业发展需求，确保目标具有明确的指向性；在开发培训内容时，充分考虑中职教师现有的知识结构、教学经验以及科研基础，选取与之紧密相关且实用的内容；在选择培训方式时，结合中职教师的工作节奏和学习习惯，采用他们易于接受且能够有效参与的方式。这种全方位的针对性设计，能够更好地契合中职教师的实际情况，从而有效激发并持续保持教师参与培训的学习动机，使培训效果得到充分保障。

2. 培训设计具有高度的科学性

培训模式以一系列成熟且被广泛认可的理论和模型为坚实依据进行设计。成人学习理论充分考虑了成人学习者的生理心理特征、学习动机和学习方式，确保培训过程符合中职教师作为成人学习者的特点，使学习效果最大化。"721"法则合理分配培训、研讨和实践的比例，突出实践在学习中的核心地位，同时重视反馈和同伴学习的作用，构建了一个科学的学习体系。学习金字塔模型则为培训方式的选择提供了明确指导，强调团队学习、主动学习和参与式学习的重要性，摒弃传统低效的被动学习方式。柯氏四层评估模型从反应层、学习层、行为层和结果层四个维度对培训效果进行全面评估，确保培训质量和效果的可衡量性和持续性改进。

在设计过程中，运用多种科学方法收集数据。文献研究法帮助梳理前人的研究成果，为培训设计提供理论基础；人员分析法深入了解培训对象的特点和需求；资料分析法整合各类相关资料，挖掘有价值的信息；访谈法和问卷法则直接获取中职教师的反馈和意见。同时，借助 EXCEL、SPSS 等专业工具对收集到的数据进行深入分析，挖掘数据背后的潜在信息和规律。根据学员在培训过程中的实时反馈，及时对培训方案进行调整和修正，不断优化培训设计，从而确保整个培训设计的科学性和最终结果的有效性。

3. 培训内容具有突出的系统性

培训内容围绕两条关键主线展开精心设计，即理论提升和问题解决。这两条主线相辅相成，共同构建起一个逻辑严密、全面系统的课程体系。在理论提升方面，深入剖析与中职教育科研相关的各类理论知识，帮助教师夯实理论基础，提升理论素养，为科研工作提供坚实的理论支撑。在问题解决方面，紧密结合中职教师在日常教学实践中遇到的实际问题，引导教师运用所学理论和方法去解决这些问题，实现理论与实践的深度融合。

课程体系按照"发现并规范地表述问题—学习理论和方法并设计解决问题的方案—依据方案开展实践尝试解决问题—科学全面地梳理和呈现成果"的逻辑顺序进行设计。首先，培养教师敏锐的问题意识，使其能够精准地发现教育教学中的问题，并将其规范地表述为科研课题。接着，引导教师学习相关的理论知识和科研方法，根据问题设计出切实可行的解决方案。然后，鼓励教师依据设计好的方案积极开展实践活动，在实践中检验和完善方案，尝试解决实际问题。最后，指导教师科学全面地梳理研究过程和成果，并以规范的方式呈现出来，为后续的教学实践和科研工作提供经验借鉴。这种系统的课程体系设计，涵盖了课题工作的各个环节，使教师能够全面、深入地掌握科研方法和技能，提升科研能力。

4. 培训过程具有鲜明的实践性

培训模式高度重视实践在教师科研能力培养中的关键作用。在每个专题的培训中，当理论讲授环节完成后，不停留在知识的传授层面，而是引导教师将所学理论知识应用到实际操作中。除了组织同侪研讨，通过教师之间的交流互动进一步巩固所学知识外，专门安排了 70% 的时间用于开展实践活动。

在实践过程中，教师们在"做中学"，将理论知识与实际操作紧密结合，实现理论的应用和技能的转化。这种实践导向的培训方式，让教师在实际操作中亲身体验科研工作的各个环节，深刻理解理论知识的内涵和应用场景，从而更好地掌握科研方法和技能。同时，在实践过程中，教师还能够不断发现新的问题，进一步深化对知识的理解和应用，形成一个理论指导实践、实践反馈理论的良性循环，有效提升教师的科研实践能力和解决实际问题的能力。

（四）开展中职教师研究能力培养模式实践

1. 组建专业项目管理团队

为保障中职教师研究能力培养项目的顺利推进，首先组建由学校科研副校长、科研主任、科研干事和科研带头人构成的项目团队。科研副校长凭借其宏观管理经验和对学校科研发展方向的把握能力，统筹项目全局，制定整体战略规划，协调学校内外部资源，为项目的开展提供政策支持和组织保障。科研主任则负责具体项目计划的制定与执行，监督项目进度，确保各项任务按计划有序进行。科研干事承担着繁琐的日常事务，如资料收集与整理、会议组织安排、信息沟通传达等，保障项目的基础工作高效运转。科研带头人凭借自身丰富的科研经验和较高的学术水平，为项目提供专业指导，引领科研方向，在科研方法、课题选题等关键环节为教师提供切实有效的建议。他们共同协作，承担起项目的组织、管理和服务工作，确保项目的各个环节紧密衔接、顺利实施。

2. 选拔参训教师建立课题组

根据前期调研了解到的教师科研意愿和基础情况，挑选 15 名左右有强烈科研意愿的教师。这些教师作为项目的核心参训人员，不仅自身对科研有热情，还具备一定的学习能力和团队协作精神，能够在培训过程中发挥积极作用。每位被挑选出的教师再分别带领另外 5 名左右的教师，分别组成多个课题组。通过这种分组方式，形成互助协作的科研团队，促进教师之间的交流与合作。在团队中，教师们可以相互学习、分享经验，共同面对科研过程中遇到的问题，提升整体科研能力。

3. 按照计划开展全面培训

以这 15 人为核心开展"科研骨干教师培养项目"，以"训·研·践"耦合式科研能力培养实施模型为途径，以八门精心设计的课程为主要内容，对教师进行课题研究能力的全面培训。在培训过程中，专家培训环节由专家讲师团队通过专题讲座的形式，系统传授教育教学理论、文献检索与综述、科研方法与数据分析、研究方案设计以及论文和报告撰写等专业知识，为教师打下坚实的理论基础。同侪研讨环节通过小组线下讨论、微信群线上交流、头脑风暴、案例研究、标杆示范和阶段汇报等方式，促进教师之间的思想碰撞，巩固专家传授的知识，让教师在反复的模仿和练习中，逐步形成课题研究各个环节所需的技能。课题组实践环节则以任务驱动，让教师在完成课题研究的过程中，通过阅读自学、接受一对一指导等方式，将所学知识应用于实践，带领课题组成员开展教育教学研究实践，切实提升课题能力，实现从理论知识到实践能力的转化。

4. 科学全面评估培训效果

运用柯氏四层评估模型对教师研究能力培养的效果进行全面、科学的评估。在反应层，通过问卷调查、现场访谈等方式，收集教师对培训内容、培训方式、培训师资等方面的满意度和意见建议，了解教师对培训的第一感受，及时发现培训过程中可能存在的问题，为后续改进提供依据。学习层评估则通过考试、作业、撰写心得体会等方式，考查教师对培训知识和技能的掌握程度，检验教师是否真正学到了科研相关的理论和方法。行为层评估重点关注教师在培训结束后，回到工作岗位上的实际行为变化，观察教师是否将培训所学应用到日常教学科研工作中，如是否能够更熟练地开展课题研究、运用科研方法解决教学问题等。结果层评估聚焦于教师科研成果的产出以及对学校教育教学质量的提升效果，例如教师发表论文的数量和质量、课题研究成果的推广应用情况、学生学习成绩和综合素质的提升等，从多个维度全面衡量培训对教师和学校的实际价值。

第二章

如何培养教师的
选题能力

对一个问题良好的界定，已经将
问题解决一半了。

——（美）约翰·杜威

教育研究课题是具有一定研究价值（教育实践价值和教育科学理论价值），又可操作的教育问题，或者说是可操作的教育科研问题。中职教师在课堂教学、专业建设以及学生管理中常常面临很多困惑和问题。将这些问题转化为科研课题，可以帮助教师深入研究教育教学工作中的难点和痛点，反思和总结实践经验从而形成教育智慧，是一种高效的问题解决策略和专业成长途径。恰当地确定一个选题并准确地表述它，不仅有助于研究者清晰地界定研究的目标和内容，还能确保研究活动的针对性和有效性。教师应学习和运用正确的方法来确定适合的选题，保障研究的可行性和必要性，保障研究的顺利实施和取得相应的预期成果。

一、什么是选题能力

选题能力就是教师在教育科研活动中，能够准确识别问题、合理确定研究方向、清晰表述研究主题的能力。它包含两个核心要素：一是课题的选定能力，即教师能够从纷繁复杂的教育现象中提炼出有研究价值的问题，并结合自身的专业背景和实际条件，确定适合的研究课题；二是课题的表达能力，即教师能够用准确、精练的语言，将研究课题的目标、内容、方法等要素清晰表述出来，以便与他人交流和分享。

（一）课题的选定

1. 选题标准的把握

（1）价值性

选题应面向教育实践的需要，以及教育科学自身发展的需要。这要求教师在选题时，既要考虑其理论意义（学术价值），也要考虑其实践意义（应用价值）。教师的课题选题应始终围绕学校和教师们迫切需要解决的问题，找准教育科研与教育教学实践的最佳结合点。

（2）科学性

选题必须建立在可靠的实践基础和理论基础之上。实践基础是指研究问题应来源于教育实践，具有针对性；理论基础则要求选题应以教育科学基本原理为依据，确保研究的科学性和规范性。

（3）创新性

创新性是科学研究的本质特征。选题应具有新意和时代感，能够解决前人未曾解决或尚未完全解决的问题。这要求教师在选题时，要充分了解国内外相关研究的现状，寻找新的研究视角和方法。

（4）可行性

选题应具有现实可能性，即研究者应具备进行研究的条件。这包括主观条件（如教师的知识结构、研究能力和兴趣等）和客观条件（如研究资料、经费、时间等）。

2.选题途径的拓展

从教育教学实践中选题：教师应关注课堂教学、学生发展和自身发展中的问题，这些问题往往是课题研究的最佳来源。

从教育改革热点中选题：随着经济社会的发展和教育改革的推进，新的研究热点不断涌现。教师应关注这些热点，从中寻找研究课题。

在专业研究者引领下选题：与专业研究者合作，可以开拓思路，找到科学、可行的选题。

根据课题指南选题：从全国教育科学规划领导小组或地方教育科学研究领导机构制定的课题指南中选题，有助于获得资助和支持。

从校本研究中选题：在校本研究中选择问题，既方便教师的研究，也能丰富学校大课题的研究内容。

（二）课题的表达

课题的表达能力与课题选定能力同样重要，是教师在教育科研活动中不可或缺的重要技能。它要求教师能够清晰、准确地表达研究课题，使他人能够迅速理解研究的主题、目的和重要性。

1.课题名称的表述技巧

课题名称是课题研究的核心标识，它不仅需要准确反映研究主题和内容，还应具备吸引力和可读性。以下是一些有效的课题名称表述技巧。

明确性：课题名称应直接、明确地反映研究主题，避免使用模糊或含糊不清的词汇。例如，使用"基于……的研究"句式，可以清晰地表达研究的核心内容。

规范性：课题名称应符合学术规范，避免使用非正式或口语化的表述。同时，应注意语法和拼写错误，确保课题名称的专业性和准确性。

简洁性：课题表述应简洁明了，避免冗长和复杂的句子结构。尽量用一句话（陈述式句型）具体描述课题的名称，确保能够在有限的字数内传达出研究的核心内容。

完整性：课题表述应包含研究的问题、研究的对象和研究的方法三个要素。这有助于明确研究的范围和目标，为后续的研究工作提供清晰的指导。

创新性：在保持明确性和简洁性的基础上，课题名称可以适度体现创新性，以吸引读者的注意力。例如，通过引入新的概念、理论或方法，使课题名称具有新颖性和独特性。

2.提高课题表述能力的方法

明确研究目标：在选题阶段，应明确研究的目标和范围，确保课题表述能够准确地反映出研究的核心问题。

查阅文献资料： 通过查阅相关的文献资料，了解国内外的研究现状和前沿动态，为课题表述提供有力的理论支持。

借鉴优秀课题： 可以借鉴一些优秀的课题表述，学习其表述方式和技巧，提高自己的课题表述能力。

加强练习和反思： 通过不断地练习和反思，逐步提高自己的课题表述能力。可以尝试撰写不同领域的课题表述，以拓宽自己的视野和思路。同时，也要注重接受他人的反馈和建议，不断改进自己的表述方式。

课题选题中的课题表述能力至关重要。通过明确研究目标、查阅文献资料、借鉴优秀课题、加强练习和反思等方法，可以逐步提高自己的课题表述能力。同时，在课题表述中应注意避免常见问题，确保表述的准确性、规范性、简洁性、完整性和创新性。

综上所述，培养教师的选题能力需要从课题的选定能力和课题的表达能力两大方面入手。通过遵循一定的选题标准，不断拓展选题途径，以及掌握有效的课题表述技巧和方法，教师可以不断提升自己的选题能力，为开展高质量的课题研究奠定坚实基础。

二、如何培养选题能力

选题能力的培养是中职教师研究能力培养的第一个环节，旨在培养教师发现教育教学实践中的热点和难点问题，将其转化为研究问题，并表述为规范的科研课题的能力。选题决定研究的核心内容，也为后期进行文献检索和理论依据确定起到指明方向、限定范围的作用，是开展教师研究能力培养的起点。

通过专家培训、集体研讨、课题实践等培养途径，以期达到如下具体目标。

① 掌握课题的选题标准；

② 掌握课题名称的规范表达方式；

③ 能够梳理、总结教育教学实践经验，形成选题方向；

④ 能够发现教育教学中的问题，形成选题方向；

⑤ 能够通过文献等途径了解教育热点，形成选题方向；

⑥ 能够查找、使用选题指南，形成选题方向；

⑦ 能够清晰、准确、规范地表述选题内容；

⑧ 提升问题意识，激发科研热情。

在成人学习理论、721法则、学习金字塔模型等理论的指导下，根据需要将"训、研、践"有机结合。具体培训流程如下。

（一）训：开展理论培训，助力教师掌握选题的相关知识

1. 专家授课，引领教师学习选题的核心内容

术业有专攻。备课上课、批改作业、管理班级等教育教学实践是中职教师的主要工作内容，而专家在课题研究方面有深厚的理论积淀和丰富的实践经验。邀请适合的专家授课，深入浅出地为中职教师讲解选题的内容、原则、方法及技巧，是帮助教师选定研究问题并科学规范地将其表达出来的最便捷、最高效的手段。

市区教科院的教研员是完成课题选题培训最适合的人选。一方面，他们专职从事课题管理工作，对如何选题有高屋建瓴的理论认知；另一方面，他们自己也都从事课题研究，有丰富的实践经验；同时，他们了解职业教育的热点难点，对中职教师选题的主题和领域能够进行有针对性的指导。

选题是一个相对聚焦的主题，一般可以通过一次课（4课时）来完成讲授。主要内容一般包括什么是选题、课题来源、选题的原则、方法、注意事项等，同时应对教师课题研究的特点、职业教育选题的领域进行指导（图2-1）。授课内容应理论联系实际，鼓励教师的参与和互动。

2. 研读教材，完善教师选题的方法和技巧

专家授课可以帮助教师快速、高效地掌握选题相关的知识脉络和重要的知识点，但科研选题是一个复杂而重要的过程，教师还需进行更广泛的学习，以便达到深入领会基本概念、切实掌握选题方法的目的。培训中应精心为教师挑选一到两本适合的书籍作为教材，通过教师自学教材并完成读书笔记、课题组固定时间共读教材并开展讨论、项目组开展读书交流会让学员分享阅读收获等形式和手段，帮助教师完善知识结构，系统深入地掌握选题的相关方法和注意事项。

本专题推荐阅读大夏书系·教师专业发展之《教师如何做课题》第二章"如何选择恰当课题"，作者为华东师范大学教育学博士、上海师范大学教育学院博士后李冲锋。这本教材的这个章节对如何选择恰当课题的描述比较全面，对每个知识点的讲解非常详细，并附以具体的案例，操作性强。此外，还可以拓展阅读吴颖惠、严星林著的《与教师同走科研路》中的第二章"如何选择教育科研课题"作为补充。

样例 2-1

《教师如何做课题》第二章"如何选择恰当的课题"读书笔记

课题研究从选题开始，选题主要解决"研究什么"的问题。在一定程度上，选题决定了课题研究的价值和质量。作者从选题基本原则、发现研究问题、筛选研究问题和确定研究课题四个方面进行了详细的讲解。

何为选题 { 就是选择研究方向、研究问题和研究对象（研究的起点）

选题的来源 {
- 阅读文献，对已有研究文献的梳理、分析与提炼 { 教育经验升华 / 质疑文献 / 参照课题指南
- 学术交往 { 与专业研究人员互动 / 与同行的自由争论
- 教育实践的追问与调查 { 教育教学中的困惑 / 调查发现的问题
- 教育热点 { 上级部门主推的项目 / 教育教学改革前沿内容
- 学科交叉领域的问题

教育科研选题

良好选题的特征 {
- 科学性 { 选题要以教育科学的基本原理为根基（理论基础） / 选题要以一定的事实经验为根据（实践依据）
- 价值性 {
  - 理论价值 { 在理论上有突破和建树 / 对已有研究进行补充和完善
  - 实践意义 { 符合教育事业发展需要 / 为改进教育实践提供服务和借鉴
- 可行性 {
  - 清晰的研究问题
  - 确定研究变量
  - 界定研究变量的操作性定义
  - 关注样本的可获得性
  - 考虑数据收集的方法
- 创新性 {
  - 做别人未曾做过的研究
  - 进一步完善别人所做的研究
  - 把某种理论或方法应用到实践领域

课题的表述 {
- 准确（用语严谨，用学术用语，不应用"大白话"，不应用比喻句，不应让人产生歧义）
- 完整 { 研究对象 / 研究问题（内容） / 研究方法

职教选题领域 {
- 学校发展与建设研究 { 数字赋能学校改革与发展研究、中职学校管理研究、学校质量监测与评价机制研究
- 教学改革研究 { 学科教学研究、课程思政研究、教材研究、人才培养模式研究、职业生涯规划研究、学生实习管理研究、实训基地研究、创新创业教育研究
- 教育改革研究 { 学校特色德育活动研究、学生职业素养研究、劳动教育研究、美育研究、班级建设研究
- 教师培养研究 { 学校教师队伍建设研究、班主任队伍建设研究、名师培养研究、教师信息素养研究、青年教师培养研究
- 专业建设研究 { 特色高水平专业（群）建设研究、"岗课赛证"研究、中高职衔接课程体系建设研究、教学标准对接职业标准研究、专业在线精品课程研究

图 2-1 "教育科研选题"思维导图

　　首先，作者认为选题的基本原则是立足教学、大小适中、力求创新。从研究目的角度来看，教师课题研究的目的是解决教学实践中的问题，解决自己教学实践中所面临的个别问题和广大教师教学实践中所面临的共同问题；从研究资源优势角度看，教师的课题研究拥有教学实践的资源优势，教师在教学一线，面对大量的教学实践问题，拥有大量的教学实践资源；从研究可行性角度看，教师对教学实践问题比较容易把握，而且可以在自己的教学实践中展开研究，教学过程与研究过程可以合二为一，在研究时间、研究精力等方面都更有保障，更具可行性。课题的"大"与"小"，是指课题研究的内容和范围，不是指课题研究的价值。课题的"大"与"小"是相对的，因研究者的身份、研究水平和课题的发展状况及客观环境而不同。做大小适中的课题指选题要适合教师，选题要适合研究领域。选题时切忌跟风，跟风选题与选择热点课题是两回事。课题选择的创新，可从研究领域、研究角度、研究方法、研究材料等方面考虑，有一项新内容加入，就可能带来创新。

　　接下来，作者从三个方面阐述了选题的步骤。在发现研究问题方面，作者认为首先要树立问题意识，明确课题研究中的"问题"，是"需要研究讨论并加以解决的矛盾、疑难。"是从已知条件出发探索未知，寻求确切答案的问题，是实在性问题。问题的三要素是问题的给定（指一组已经明确知道的关于问题的条件的描述，这是问题的起始状态）、问题的目标（指关于构成问题结论的明确的描述，即问题要求的答案或目标状态）、问题的差距（指问题的给定与目标之间直接或间接的距离，必须通过一定的思维活动才能找到答案而达到目标）。问题的表现形式一种是疑问式，一种是陈述式。问题意识指人关注事物之间存在的矛盾及对其原因追究的心理品质。它表现为人对问题的关注与敏感。其次，要把握问题来源，要从相关领域（教材使用、教学设计、课堂教学、学生教育、教学反思、社会需求）发现问题，从问题产生方式（思维转向、视觉转换、学科交叉、两相比较、专题聚焦、理论运用）发现问题，从问题针对性发现问题，循前人未竟之问题、驳他人未善之问题、寻学界未涉之问题。

　　在筛选研究问题方面，作者认为第一，要区分问题与问题域，选题中容易出现的问题之一是把问题域作为研究对象，而不是聚焦于具体的研究问题，问题域是一个研究范围，其中有很多相关或不相关的问题，问题是在问题域之内的。第二，要辨别真问题与假问题，判断真假问题的标准是否客观真实地存在、是否揭示事物之间的真实矛盾、因果关系、是否具有可探讨的答案、是否具有可解决性、是否存在提法上的问题。第三，选题与课题研究中要辨析主问题、子问题和问题链，问题链的设计要关注问题链中的子问题目标是否明确，是否直接指向主问题？问题链的设计是否有利于主目标的实现，是否能建立逻辑关系？问题链中各子问题之间的关系是否清晰、得当，问题链是否具有层次性、递变性、情景性等特点？第四，选题过程中存在一些常见的问题，避免这些问题可以使选题更有价值。这些需要注意的问题主要表现在选题缺乏新意、选题缺乏价值、选题缺乏兴趣、题大小失当、选题不切实际等。

作者指出需要对课题名称作进一步的明确和规范，对课题进行论证，最后才能确定研究课题。在课题的表述上，要从表意不准确、表述不规范、对象不明确、口号式标题、文学色彩重、主副双标题、题目字数多等方面注意课题名称表述的问题；要准确表述课题名称，需要准确地使用概念，并且清楚地表述自变量与因变量的逻辑关系；课题名称的表述，要根据课题研究要突出或侧重的方面来确定，常见的结构模式有六种，可以根据具体情况灵活使用。题目初步选好后，还要作适当的论证，才能确定课题，选题论证的目的是确认所选题目是否合适，选题论证的内容主要集中在课题研究的价值（重要性、时效性、代表性、创新性）、所选课题的大小、课题研究的现状、课题研究可行性（客观条件、主观条件、研究时机）等方面。

（样例来源：参训教师读书笔记）

3. 拓展资源，丰富教师选题的知识和能力

在听课、读教材的基础上，为教师提供信息化资源，使其知识更丰富。

① 图书：《教师如何做课题》第二章"如何选择恰当课题"（作者：李冲锋 华东师范大学出版社）；

② 图书：《与教师同走科研路》第二章"如何选择教育科研课题"（作者：吴颖慧 严星林 北京教育出版社）；

③ 图书：《教师如何做研究》第一章"改进实践：中小学教育科研的指向"、第二章"行动研究：教师教育研究的定位"、第三章"从实践中来：研究问题的确定"（作者：郑金州 华东师范大学出版社）；

④ "中国大学 MOOC"课程：信息素养：开启学术研究之门专题二"研究选题的确定"（华南师范大学教授张倩苇、尹睿、水玲玲）；

⑤ 网络视频资源：教育研究选题、设计与课题申报（北京师范大学教师教育研究所宋萑教授）；

⑥ 网络视频资源：职教课题申报的来源和设计思路（浙江省教育科学研究院副院长程江平）；

⑦ 网络视频资源：中小学教师如何选择课题和研究方法（伊林娜）；

⑧ 网络视频资源：教育科研微讲座 1 "课题选题从哪里来？"（江苏省教育科学规划领导小组办公室主任、特级教师董林伟）；

⑨ 各级各类申报通知与课题指南（申报立项单位为北京市教育科学规划领导小组办公室、北京市教育技术学会、北京市职业教育学会、海淀区教育科学研究院、学校教科室等）。

（二）践：课题组成员筛选问题，初步确定研究方向与范围

通过听课、读书和拓展学习，教师已经掌握了选题的知识和方法，接下来就要将这些理论应用到研究实践中去。

确定科研课题应按照从"宏观"到"微观"，从"笼统"到"具体"，从"模糊"到"确切"的原则，因此课题组首先要从讨论、筛选、确定研究领域入手。在组织讨论前，课题负责人应明确目标和原则，并下达具体筹备任务。课题组成员一方面可以结合自己的专业背景和研究基础，筛选几个自己工作中想解决的困惑和问题；另一方面要开展文献调研，学习职教的政策法规和会议精神，了解职教领域的前沿动态和热点问题。在此基础上课题组成员各自进行深入思考，罗列与研究主题相关的关键词，筛选可能的研究领域，形成讨论备用材料。

在进行了充分准备的前提下，课题负责人组织召开小组会，针对本组的选题领域以及要研究的核心内容、预期的研究成果进行研讨。在讨论过程中，课题负责人要确认每位成员都有机会发言，分享自己会前收集的资料和对研究领域的看法。鼓励成员之间就不同观点进行碰撞和讨论，以激发创新思维和形成多元视角。在充分讨论、协商的基础上，选择最多人感兴趣、最具有可行性、最能产出成果的主题，就研究问题和内容达成初步共识。

样例 2-2

培训前几个课题组的初步选题

序号	课题名称
1	信息化在教育领域的应用研究
2	学生责任感的培养研究
3	互联网金融专业课程开发
4	中职专业课课程思政模式研究
5	项目教学提升学生学习兴趣的实践研究
6	学生毕业作品设计能力提升研究

（三）研：课题负责人汇报，项目组针对各组选题的情况进行指导

召开学校科研管理人员（包括科研副校长、科研主任、科研干事）、学校科研带头人、全体课题负责人（即被培训教师）参加的研讨会，课题负责人介绍本组的研究选题，科研管理人员和科研带头人针对每个选题进行问询、质疑和指导，给出建设性意见，并最终确认其选题或给出更换选题的建议。

教师在确定选题时常见问题包括以下几点。

1. 选题过于宏观，缺少可操作性

如"信息化在教育领域的应用研究"，不管是"信息化"还是"教育领域"，概念的内涵过于丰富，研究范围过大，难以确定具体的研究内容和方向，很难在有限时间内取得对应的成果。

2. 选题过于笼统，缺少针对性

如"学生责任感的培养研究"，不同年龄阶段，不同专业方向的学生，其责任感的内涵和培养途径都不尽相同。研究对象表述不清，研究内容不够明确，往往导致研究过于笼统，无从下手。

3. 问题已经被解决，缺少创新性

如"项目教学提升学生学习兴趣的实践研究"，虽然选题的老师本人对项目教学缺乏了解，但"项目教学"作为一种教学方法，经过前人的多年研究，其概念内涵、操作流程、执行策略等方面已经相对成熟，业界早已达成了基本共识。老师要做的是检索资料开展学习和实践，而不是立项课题开展研究。

4. 选题与自身角色不符，缺少可行性

如一位老师深感自己缺乏做班主任方面的有效培训，申请立项"中职学校班主任有效培训模式研究"，但由于其身份是班主任，而这个选题立足的是管理者视角，一旦真正开始研究，会遇到很大的困难和问题。不建议中职一线教师开展理论研究而应聚焦实践研究，也是从研究应与自身角色和特长相符出发得出的结论。

鉴于以上问题，建议中职教师从自身实际情况出发，从工作中遇到的最迫切需要解决的问题出发，从教育热点与日常工作的结合出发，大处着眼而小处着手，详细界定研究对象和范围，探究解决问题的具体途径，细化研究方法和内容，最终形成研究选题。

（四）践：课题组修改并确定选题，尝试进行规范表达

针对项目组提出的意见和建议，课题组进一步开展讨论，修改完善或重新选择研究领域。在这个过程中，课题组可以从问题的缘起、研究对象和范围、研究内容、解决问题的途径等角度进行思考和讨论，以细化选题。

样例 2-3

从问题出发细化研究选题

序号	问题起点	研究对象 / 范围	解决问题的途径 / 研究内容
1	学生基础薄弱，学习兴趣和效果有待提升	中职英语听说课	iSmart 平台，混合教学
2	学生的职业责任感重要但重视程度和培养效果都有很大提升空间	中职学前专业	中华优秀传统文化故事
3	如何综合评价学生的职业能力培养情况	中职金融专业	形成科学、全面的指标体系
4	专业课学习过程中重知识和能力轻情感态度价值观培养	中职航空服务专业	课程思政
5	学生毕业设计作品市场化产品化程度不够	中职艺术设计类专业	研发能够投入生产的毕业设计作品标准
6	班级里有很多学生由于各种原因不能融入集体，主动或被动边缘化	中职学校	能够吸引和接纳边缘学生的活动设计

在研究领域确定后，课题组应用所学知识，按照要求对选题进行初步表述。

样例 2-4

几个课题组研究选题的初步表达

序号	选题
1	基于 iSmart 平台的中职英语听说教学实践研究
2	关于中华优秀传统文化故事培养中职学生职业责任感的研究——以学前专业为例
3	中职金融专业学生职业能力评价指标体系研究
4	中职《民航客舱服务》课程思政研究
5	中职艺术设计类专业毕业设计产品化实践研究
6	接纳边缘学生的中职班级活动设计研究

（五）研：课题负责人汇报，项目组针对各组表达的情况进行指导

课题负责人把本组的选题面向科研管理人员和科研带头人进行汇报，包括课题的确切名称、问题的缘起、主要研究内容以及可能产生的研究成果。项目组成员通过质询、讨论，给出意见和建议。

教师在表达课题时常见的问题包括以下几点。

1. 以论文的方式陈述课题，表达不规范

如"运用中华优秀传统文化故事培养中职学前教育专业学生职业责任感"，这样的表述更像是一篇文章的标题，而非一个课题的选题。像"打造高效中职英语课堂"等口号式的标题则更不符合要求。规范的课题名称一般用"……研究"进行表述，而且一线中职教师开展的多为"实践研究"或"应用研究"。

2. 课题关键要素缺失，表达不完整

如"中职《民航客舱服务》课程思政研究"，题目当中缺少研究的对象和内容，是课程思政的教学设计研究，还是教学策略研究，还是教学评价研究？一般一个完整的研究课题应体现研究对象、研究途径/方法、研究内容、研究类型等关键要素。

3. 课题题目过于繁琐，表达不简洁

如"关于中华优秀传统文化故事培养中职学生职业责任感的实践研究——以学前专业为例"，如非必要，题目中不应随意使用副标题，尽量少用或不用无关副词，"关于""的"等都可以去掉。要用最少的文字表述最必要的内容，一般一个课题的题目不超过30个汉字。

4. 关键词内涵理解有误，表达不准确

课题研究中常出现一些教育教学专用术语，很多一线教师因对这些概念的内涵理解不到位、对其含义的把握不准确，出现滥用、混淆等问题，导致研究出现偏差，进而直接影响研究的成果。如教学方法、教学手段、教学策略、教学模式、教学设计、评价模式等等。教师需要对用到的核心概念和术语进行深入的学习和探究，确保在选题中正确选用和表述。

（六）践：课题组进一步修改完善，最终确定研究课题

针对项目组提出的意见和建议，课题组进一步开展讨论，修改完善并最终确定科研课题，使其符合规范要求，具备科学性和准确性。

🖥 样例 2-5

课题组修改完善后的选题及表述

序号	选题
1	基于 iSmart 平台的中职英语听说混合式教学模式实践研究
2	运用中华优秀传统文化故事培养中职学前教育专业学生职业责任感实践研究
3	中高职衔接背景下中职金融专业学生职业能力评价指标体系研究
4	OBE 理念下中职《民航客舱服务》课程思政教学设计与实施研究
5	基于 CDIO 理念的中职艺术设计类专业毕业设计产品化实践研究
6	基于场域理论的接纳边缘学生的中职班级活动设计与实践研究

🖥 样例 2-6

从问题到课题，迈出教学研究第一步

我有幸参加了学校科研骨干教师培养项目，体验了课题研究全流程培训。今天向大家汇报一下自己关于选题的认识和体会。选题是开展研究的第一个环节，一般是从选择一个大致的研究方向，聚焦到一个具体研究项目的过程。

科学研究始于问题。而问题从哪里来？通过培训我了解到一般可以通过四个途径发现并确定：阅读文献，通过阅读本学科的专业期刊论文，借鉴文献，质疑文献，找到可研究的点；教育教学实践的追问与调查，经常追问教学中的困惑，在教育调查中发现问题；教育教学经验的总结升华，对在教学过程中教学重点、偶发事件、有意义的教学事例、教学方法等进行分析总结、反思提升；学术交往，与专业研究人员互动，与同行自由争论，碰撞出的新想法、新观点。

而对于一线教师，什么样的问题是值得研究的科研课题呢？李镇西老师在其著作《做最好的老师》中给出了最好的答案："对于一线的教师来说，最好的课题就是带着一颗思考的大脑从事每天平凡的工作，我们遇到的每一个难题就是最好的科研课题。"

而我的选题就是一个貌似轻松、实则曲折的选题之路。

响应创新创业教育理念倡导，选题初具雏形。一年前，我承担了一门新的专业课《店铺原型策划》。策划类课程综合性、理论性强，对于理论学习缺乏兴趣，逻辑分析、归纳策划能力较弱的中职学生来说难度可想而知。结合新承担的专业教学任务，响应创新创业教育理念实践号召，我最初的课

题题目确定为《基于创新能力培养的中职电子商务策划类课程模拟实践教学研究》。一想到题目确定了，感觉特别振奋。嗯，做好准备，可以开展下一项了！

细化研究角度，落脚为"创新能力培养策略研究"。在我兴高采烈完成了申报书、准备开题报告的时刻，学校主管科研的副校长提出了质疑：这门课程用什么承载模拟实践教学，比其它专业有什么优势？她的质疑如当头一棒，我有点儿懵了。说实话，电商专业这么多年一直止步不前，虽不是老师个人所能承担的，但专业建设滞后、专业优势不突出却是现实。失落、迷茫、自我否定的情绪有时候也是一种负能量的释放，"放任"自己一晚不去研究，第二天感觉心情平复了很多。继续，琢磨！创新能力培养是学校要求的，也是教研组需要加强的方面，而我本人对于提升学生能力也比较感兴趣，不能放弃。那如果继续，怎么做呢？我又一次打开知网，开始查阅文献，想从文献中找到一些思路。组内教研，针对目前的进展及困惑，大家集思广益，讨论认为做模式、做课程太大了，能不能从方法、策略的层面着手。我带着问题向科研主任求助，王主任即刻组织部门的老师讨论，建议我们可以将研究方向调整为"创新能力培养策略研究"。这样，第二版的课题题目出炉了：《中职电子商务策划类课程创新能力培养策略研究》。

寻找理论支撑，初识CDIO理论。课题角度调整之后，仍有个问题悬而未决。李校多次强调，课题区别于总结，并不仅仅是"做事"，而要注重科研的成分，需要有理论、有支撑。而我的课题却一直没找到适合的理论依据。通过不断地浏览文献，终于被我找到了CDIO理念，CDIO理念是"做中学"和"基于项目教育和学习"的集中概括和抽象表达，在目标环节设计和综合效果指标评价的总体设计上与学生能力培养目标之间存在高度的契合性。虽然当时这个理念还没有吃透，但总算有了新进展。于是我课题的新题目又一次回炉再造，改为基于CDIO理念的中职电子商务策划类课程实施策略研究。

聚焦课程，确定最终课题名称。进一步研究的过程中，专家老师们建议"电子商务策划类"范围有点儿广，能否聚焦到课程上。于是，最终选题定为：基于CDIO理念的中职电子商务策划类课程应用研究——以《店铺原型策划》课程为例。

选题过程虽然一波三折，总算尘埃落定。回过头来再思考，关于选题的关键点有这么几点心得想要与老师们分享：选题应该是一个尚未解决并且具有一定研究价值、又可操作的教育问题；所选课题必须是自己感兴趣的，要权衡自己的知识、能力、基础、经验、专长等寻找结合点，选择能够发挥自己优势特长或者熟悉领域的内容做课题；课题的表述要准确、完整，尽量用严谨、科学的表达阐述本课题主要针对"何研究对象"、采用"何研究方法"解决"何研究问题";选题宜小不宜大,尽量聚焦到一个具体待解决的问题之上。课题越小,目标越集中,就越容易把问题讲清楚,从而以小见大,做深做透。

（样例来源：任桂玲老师关于如何选题的总结反思）

三、教师选题能力培养的阶段性成果

（一）规范表达课题的流程和范例

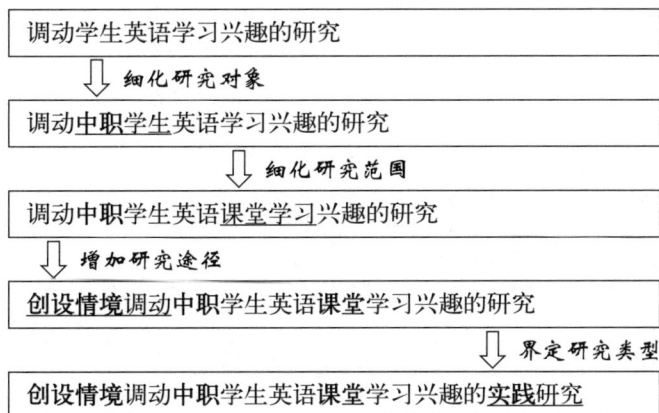

```
调动学生英语学习兴趣的研究
        ⬇ 细化研究对象
调动中职学生英语学习兴趣的研究
        ⬇ 细化研究范围
调动中职学生英语课堂学习兴趣的研究
        ⬇ 增加研究途径
创设情境调动中职学生英语课堂学习兴趣的研究
        ⬇ 界定研究类型
创设情境调动中职学生英语课堂学习兴趣的实践研究
```

（二）各培训项目课题选题及表述列表

序号	课题名称
1	CBI 理念在中职商务英语专业阅读教学中的应用研究
2	基于 CDIO 理念的中职电子商务策划类课程应用研究——以《店铺原型策划》课程为例
3	基于 iSmart 平台的中职英语听说课混合式教学模式实践研究
4	奥尔夫教学法在中职学前教育专业视唱练耳课的实践研究
5	支架式教学模式在中职电工电子课中的应用研究——以检测能力为例
6	中高职衔接背景下的中职金融专业学生职业综合能力评价指标体系研究

续表

序号	课题名称
7	游戏化学习设计策略在"网络监测"课堂教学中的应用研究
8	中职技能大赛获奖选手影响因素研究——以计算机网络技术专业为例
9	运用中华优秀传统文化故事培养中职学前教育专业学生职业责任感的实践研究
10	应用抛锚式教学培养中职学生专业能力的教学设计研究——以税费课程为例
11	OBE 理念下中职《民航客舱服务》课程思政教学设计实施研究
12	基于 BOPPPS 的《人工智能基础与应用》课程混合式教学设计与实践研究
13	基于 OBE 理念的中职英语课程思政教学设计实践研究——以 A 校铁道运输服务专业为例
14	基于 CDIO 理念的中职艺术设计类专业毕业设计产品化实践研究
15	基于 STEM 理念的中职数学实践性活动设计实践研究
16	基于场域理论的接纳边缘学生的班级活动设计与实践研究
17	基于 ARCS 的《智能语音识别技术应用》游戏化教学设计的实践研究
18	基于分散学习效应的中职英语词汇学习模式构建研究
19	中职岗位实习管理模式研究——以信息技术类专业为例
20	议题式教学在中职思政课中应用的策略研究
21	SPOC 教学模式在学前教育专业舞蹈课中的应用研究
22	基于 TBL 理念的中职幼儿保育专业学生团队合作能力培养实践研究——以手工课程为例
23	基于 UDL 模式的中职英语教学形成性评价实践研究——以商务英语专业为例
24	基于 PBL 跨专业合作教学模式实践研究——以艺术设计影视动漫专业教学合作为例
25	基于 OBE 理念在思政课提升中职生自我效能感的实践研究

第三章

如何培养教师的
文献综述能力

如果说我比别人看得更远些，那是因为我站在了巨人的肩上。

——（英）艾萨克·牛顿

研读专业文献能够为中职教师提供丰富的学术资源与实践智慧。通过了解专家学者及同行在相关领域的研究成果，教师能够在课堂教学中引入创新性的教学内容与方法，提升课堂教学的实效性；还可以在专业建设中依据行业的最新发展态势，融入新兴技术与产业需求，增强专业的适应性与竞争力。当教师将教学实践、专业建设以及学生管理中的实际问题转化为科研课题时，文献阅读与综述能力就显得更为重要。通过对既有研究的全面梳理与分析，教师能够明确研究的空白点与热点问题，从而精准定位研究课题，确保研究的可行性与创新性。因此，专业文献的研读与分析是中职教师个人成长的加速器，是推动教育教学改革的重要驱动力，是开展课题研究的前提和基础。

一、什么是文献综述能力

文献综述能力指研究者在进行学术研究时，系统地收集、整理、分析和评价相关文献资料，从而全面、深入地理解研究课题，并形成自己独到见解的能力。它不仅是学术研究的基础，也是衡量研究者学术素养和水平的重要指标，不仅体现了研究者对既有知识的掌握程度，还直接影响到研究的创新性和深度。文献综述能力包括文献的检索与阅读能力和文献的加工与综述能力。

（一）文献的检索与阅读

1. 文献的检索

文献检索是文献综述的基石，这一能力的强弱直接影响到后续研究的深度与广度。为了高效、精准地定位并获取与课题相关文献资料，需要做到以下几点。

（1）掌握多种检索工具

在数字化时代，文献检索工具种类繁多，各具特色。从国内知名的 CNKI、万方、维普，到国际权威的 Web of Science、PubMed、Google Scholar，再到专业领域内的特色数据库，研究者需要根据课题的具体需求，选择合适的检索工具。同时，掌握这些工具的检索语法、高级搜索功能、布尔逻辑运算等技巧，可以显著提高检索效率。

（2）构建精准的检索策略

有效的检索策略是精准定位目标文献的关键。这要求研究者首先明确研究主题、目的和范围，提炼出核心关键词。然后，通过逻辑组合这些关键词，构建出既广泛又具体的检索方式。此外，利用同义词、近义词、相关概念进行扩展检索，以及通过引文追踪、作者追踪等，可以进一步丰富检索结果。

（3）深度挖掘与广度覆盖

优秀的文献检索能力不仅体现在能够快速获取大量文献，更在于能够深入挖掘隐藏资源，实现广度与深度的双重覆盖。这包括利用学术论坛、博客、社交媒体等非正式渠道获取未正式发表的研究成果，通过跨学科检索拓宽研究视野，以及通过专家访谈、参加学术会议等方式获取第一手资料。

（4）高效筛选与信息管理

面对海量的检索结果，研究者需要掌握快速浏览文献摘要、结论和关键词的技巧，以快速判断文献的相关性和价值。同时，利用文献管理软件（如 EndNote、Zotero、Mendeley 等）进行文献分类、标记、注释和引用管理，可以显著提升工作效率。

（5）持续跟踪最新研究成果

随着研究的深入，新的文献不断涌现。因此，文献检索能力还体现在对最新研究成果的持续跟踪上。可以通过订阅专业期刊、关注学术会议、加入学术社群等方式，确保研究者能够及时获取最新的研究动态。

2. 文献的阅读

文献阅读指研究者批判性地阅读检索到的全部文献，深入理解文本内容、把握作者意图、识别研究方法和结论，并在此基础上形成自己见解的过程。它是进行文献综述的基础性工作。

（1）批判性阅读

批判性阅读是文献阅读的核心。研究者在阅读文献时，不仅要了解和接受作者的观点，更要学会质疑、分析和评价。通过对比不同文献的观点、方法、结论，发现研究领域的共识与分歧，识别出研究的局限性，为后续综述提供批判性视角。

（2）深度解析与理解

深度解析是文献阅读的关键。研究者需仔细研读文献的引言、方法、结果和讨论等部分，理解作者的研究背景、假设、数据收集与分析方法，以及结论的推导过程。同时，关注文献中的理论框架、概念模型，以及它们之间的逻辑关系，形成对文献的全面理解。

（3）跨学科阅读

在文献阅读过程中，研究者要跳出自己的专业领域，广泛涉猎相关学科的文献，以获取更全面的研究视角，促进知识融合与创新。通过跨学科阅读，研究者可以发现不同学科间的联系与差异，为课题研究提供新的思路和方法。

（4）笔记与总结

做好笔记和总结是文献阅读的重要方法。研究者可以记录文献中的关键信息、核心观点、研究方法及结论，以及自己的理解和思考。通过定期回顾和整理笔记，研究者可以加深对文献的理解，为后续综述提供丰富的素材和灵感。

（二）文献的加工与综述

1. 文献的加工

文献的加工指研究者对收集到的文献资料进行系统整理、归纳和分析的过程。这是文献综述的基础，也是形成独到见解和创新思路的关键，一般包括如下几个内容。

（1）分类整理与归纳

文献加工的第一步是对收集到的文献进行分类整理。研究者需要根据研究主题、研究方法、研究结果等维度，将文献划分为不同的类别。这一过程有助于揭示不同研究之间的关联与差异，为后续分析奠定基础。

在分类整理时，研究者应重点关注文献的核心观点、理论框架和研究方法。通过提炼这些信息，研究者可以对不同文献进行归纳，形成对研究领域的初步认识。这一过程也有助于研究者发现研究领域的共识与分歧，为后续研究定位和创新点的确定提供依据。

（2）批判性分析与评价

批判性分析是文献加工的核心环节。研究者需要运用逻辑思维和批判性思维，对文献中的观点、方法、结果和结论进行深入分析，包括评估研究的科学性、可靠性、创新性以及是否存在偏见或局限性等。在进行分析时，研究者应注重对比不同研究的观点、方法和结果，识别出研究领域的共识与分歧，进而确定自己的研究定位和创新点。同时，研究者还应关注文献中的潜在问题和局限性，为后续研究提供参考和借鉴。

（3）理论构建与框架搭建

在文献加工过程中，研究者不仅要总结已有研究的成果，更要尝试构建或完善理论框架，包括识别研究中的核心概念、理论模型以及它们之间的逻辑关系。

通过理论构建和框架搭建，研究者可以将分散的文献信息整合成一个有机的知识体系。这一过程有助于研究者更深入地理解研究课题，形成对研究领域的全面认识。理论框架的构建也为后续研究提供了新的思路和方法，推动知识的创新与增值。

2. 文献的综述

文献的综述指研究者将加工后的文献资料进行系统分析和评价，形成对研究课题全面而深入的理解。这一能力是文献综述的核心，也是衡量研究者学术素养和水平的重要指标。

（1）文献综述的常见格式

文献综述的格式通常包括引言、主体和结论三部分。引言部分应简要介绍研究背景、研究目的和研究意义；主体部分应详细阐述研究领域的发展历程、研究现状和研究趋势；结论部分应总结已有研究的成果和不足，并提出自己的见解和展望。

在撰写主体部分时，研究者可以采用分类叙述法或时间顺序法等方式进行组织。分类叙述法是根据研究主题的不同方面进行分类阐述；时间顺序法是按照研究时间的先后顺序进行叙述。这两种方法各有优劣，研究者应根据实际情况选择适合的方法。

（2）撰写文献综述的注意事项

明确研究主题和目的：撰写文献综述前，研究者应明确研究主题和目的，以便有针对性地收集、整理和分析文献资料，确保综述的有效性。

保持客观中立：撰写文献综述时，研究者应保持客观中立的态度，避免过度解读或主观评价。同时，研究者应注意研究的多样性和复杂性，避免形成片面的结论。

注重条理性和可读性：研究者应按照合理的结构安排和清晰的逻辑线索进行叙述，使用恰当的图表和引文等方式进行辅助说明，以提高综述的可读性和影响力。

强调创新和贡献：通过对比分析不同研究的观点、方法和结果，研究者应提出自己的见解和展望。同时关注研究领域的前沿动态和发展趋势，为后续研究提供新的思路和方法。

注意引用规范：研究者应严格遵守引用规范，确保引用的文献来源可靠、准确无误。同时，研究者还应注明引用的具体内容和出处，避免抄袭或剽窃等学术不端行为。

二、如何培养文献综述能力

文献综述能力的培养是中职教师科研能力培养的第二个环节，安排在选题能力的培养之后。本环节旨在培养教师全面系统搜集有关文献的能力；整理、归纳、分析、甄别、选用文献的能力；对一定时期某一研究专题的学术成果和研究进展进行系统、全面的概述和评论的能力。对前人的文献进行阅读和综述能够提供科学的论证依据和研究方法，避免重复劳动，提高科学研究的效益，是教师开展学术研究和学术论文写作必备的重要能力。

通过专家培训、集体研讨、课题实践等培养途径，以期达到如下具体目标。

① 能够正确确定关键词；
② 掌握文献检索的方法、途径和步骤；
③ 能够依据关键词对文献进行检索、筛选；
④ 能够对文献进行梳理、归纳和提炼；
⑤ 掌握文献综述撰写的要求、格式、方法及注意事项；
⑥ 能够对文献进行分析和综述；
⑦ 提升教师及时了解专业热点和领域前沿的意识；
⑧ 提升教师在他人研究成果的基础上开展研究的意识。

在成人学习理论、721法则、学习金字塔模型等理论的指导下，根据需要将"训、研、践"有机结合。具体培训流程如下所示。

（一）训：开展理论培训，助力教师掌握文献的相关知识

1. 专家授课，引领教师学习文献检索和综述的方法

根据研究选题确定关键词并依据关键词检索和阅读文献、针对所读文献进行述评本身并不复杂，方法和流程也相对固定，因此本模块适合的专家范围比较广，大学教授、市区教科院的专家、擅长文献综述的在读博士生都可以用4课时左右完成此项培训。培

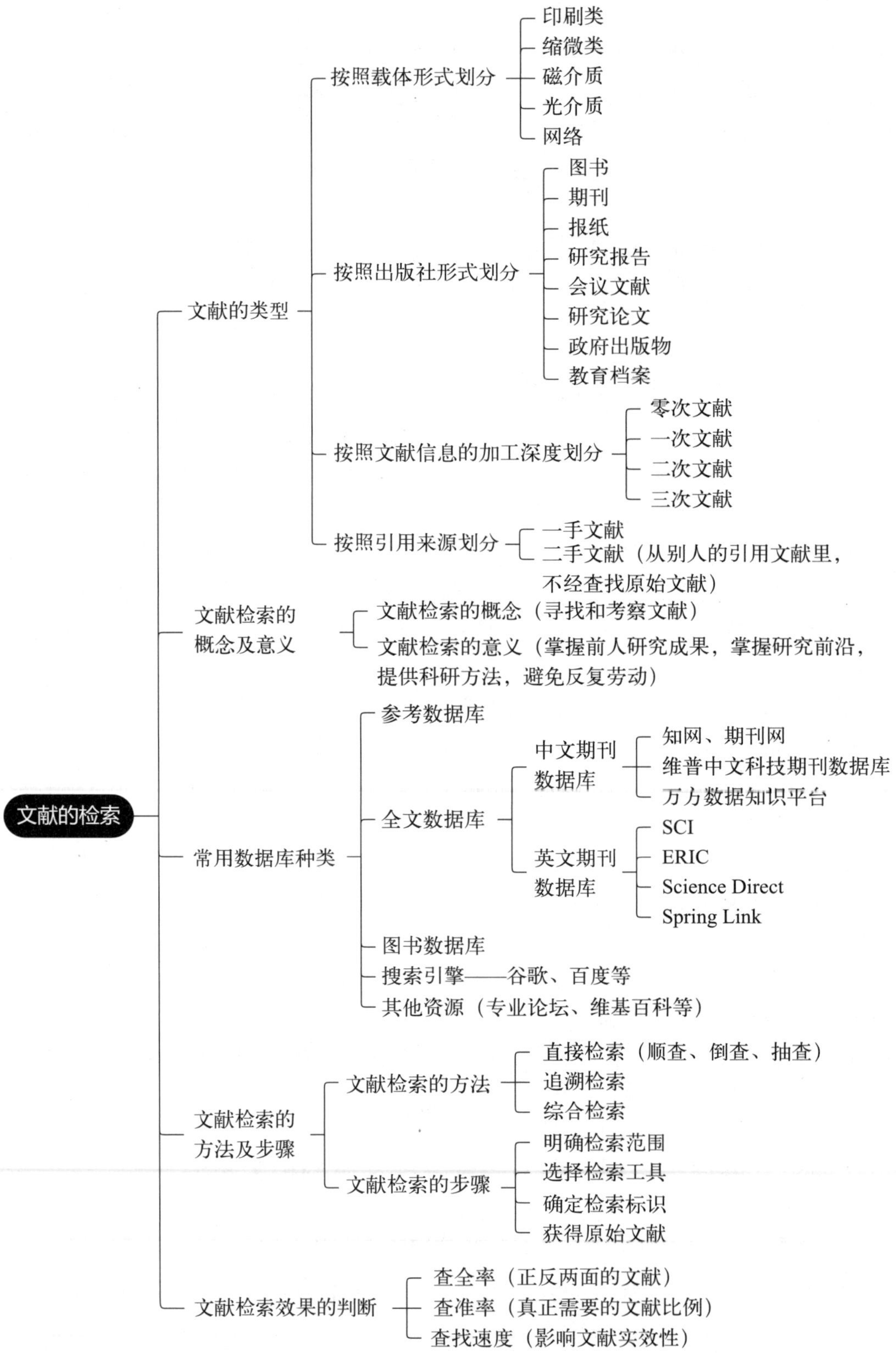

图 3-1 "文献的检索"思维导图

训内容一般包括文献的类型介绍、文献检索的常用方法（图 3-1）以及文献综述的相关知识和方法（图 3-2）。但听课后教师必须开展大量练习和实践，针对出现的问题多角度尝试，逐步总结经验、不断提升技巧和能力。

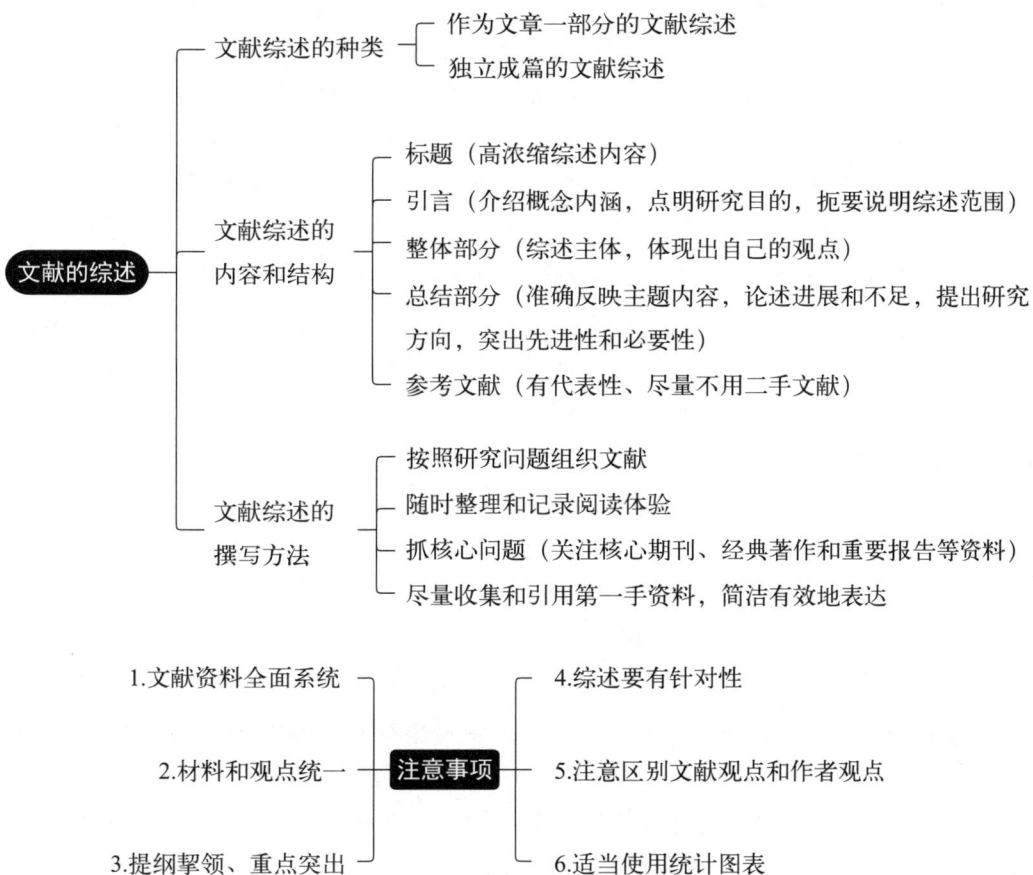

图 3-2　"文献的综述"思维导图

2. 研读教材，完善教师检索和综述文献的方法和技巧

为了帮助教师进一步掌握阅读和分析文献的方法和技巧，在专家讲解了核心内容的基础上，为教师提供必读和选读教材，指导教师撰写读书笔记开展自学，召开以"文献的检索、阅读与综述"为主题的读书交流会，帮助教师全面掌握相关知识和技巧。本专题推荐阅读"教师教育核心课程专题丛书"《教育研究方法专题》中的专题三"文献研究"，作者为张莉、王晓诚，总主编为徐继存。"教师教育核心课程专题丛书"作为专为培养教育硕士而编写的教学用书，可以作为学术型研究的研读参考书。《教育研究方法专题》中对文献研究的专题介绍兼具了学术性和实用性，理论介绍通俗易懂，并结合案例具体展示了如何撰写高质量的文献综述，是初学者入门的好教材。如果期望更深的研究，可以阅读阿琳·芬克（Arlene Fink）著的《如何做好文献综述》。

样例 3-1

《教育研究方法专题》第三章"文献研究"读书笔记

本章节主要介绍了文献检索、文献阅读以及文献综述三大专题。文献检索是按照研究问题的要求，迅速、准确地获取研究所需文献的过程，可了解所关注领域有哪些文献、文献中有哪些内容以及集中于哪些领域。收集到文献后，研究者需要知道如何判断一篇文献是否值得进一步阅读，以及如何高效阅读、批判性阅读等。文献综述则是对所阅读的文献进行归纳整理，梳理出某一领域或专题的研究历史、现状以及对未来研究的展望等。

作者认为，文献检索时，除了在需要查阅文献的时候检索与研究问题直接相关的文献外，在平时的学习和研究工作中也要留心，注意查阅与研究课题相关的成果，遇到特别有价值的文献，要及时做好记录。既要收集能够验证自己的观点或与课题观点一致的文献，也要收集与自己观点、课题观点不一致甚至相反的资料。中外文文献都要有所涉及。同时，文献检索也需要注意规范、尽量查阅一手文献，以保证阅读的客观性和引用的准确性。

并不是所有检索到的文献都有价值，收集到文献后首先要对文献进行筛选。作者认为，筛选文献主要参照以下指标：一是针对性，即文献与研究课题的相关性；二是可靠性，即检索到的文献是否为原始文献、文献来源是否权威；三是时效性，要尽量选择最新出版或发表的文献；四是典型性，要尽量选择高质量、意义和价值大的文献。作者建议可以通过摘要或浏览全文的方式快速判断文献质量：一是外在判断，主要判断文献是否真实可靠、研究结果的可推广性如何；二是内在判断，即评价文献本身的意义价值和可信程度，如作者是否存在偏见、引用的文献是否权威、论证过程是否严谨、研究结论是否科学。

接下来就是高效率阅读。作者指出读的时候要弄清楚五个方面的问题：文献是关于什么的研究；文献研究的问题是什么；研究的前提假设是什么；研究采用的是什么研究方法；研究结果是什么。在阅读时，首先研究者需要准确地理解文献所传达的观点，理解其论证过程和研究结果，其次不能对文献照单全收，要站在更高的视角开展批判性阅读。

作者认为，如果不认同文献提出的观点或论证过程、研究结果，研究者可以提出自己的疑问和想法，并继续阅读其他相关文献；如果研究者认为文献的观点非常正确，则可以沿着作者的思路得到启发和收获。另外，对于特别重要的文献，尤其是那些研究设计精巧、研究方法独特、研究过程缜密科学的文献，需要多次阅读，且做好笔记，以供以后学习、参考和引用。

在对文献进行检索和阅读之后，需要对文献进行综述。作者认为，综，是收集百家之言，述，是对文献进行综合分析和归纳整理，并结合自身经验进行深入评述。通常采用纵横比较法，从历史到现状，从国内到国际，进行广泛的分析比较和归纳整理。文献综述作者应凭借自己的学识对某一领域研究做出高水平的整理分析，并加入自己的观点。

作者还就评价一篇文献综述的质量规定了如下指标：对相关文献资料的收集是否全面；对该领域研究历史和现状的介绍是否充分，是否包括主要学术观点、主要流派及其代表者和历史沿革，是否存在重大遗漏；对前人研究的评价是否科学；文献综述者观点的阐述是否科学客观；对未来发展趋势及研究方向的判断是否准确；行文是否规范等。

（样例来源：参训教师读书笔记）

3. 拓展资源，丰富教师文献相关的知识和能力

在听课、读教材的基础上，为教师提供信息化资源，使其知识更丰富。

① 图书：《教育研究方法专题》专题三"文献研究"（作者：张莉、王晓诚 教育科学出版社）；

② 图书：《如何做好文献综述》（作者：阿琳·芬克 重庆大学出版社）；

③ 图书：《怎样做文献综述：六步走向成功》（作者：劳伦斯·马奇，布伦达·麦克伊沃 上海教育出版社）；

④ 刊物：《信息科研》【第 2 期】荐佳法 - 文献综述（北京市信息管理学校科研刊物）；

⑤ "中国大学 MOOC"课程：文献检索与论文写作（西北工业大学武祥龙等）；

⑥ "中国大学 MOOC"课程：教育文献的检索与分析（陕西师范大学教育学院张宝辉等）；

⑦ "中国大学 MOOC"课程：信息素养：开启学术研究之门（华南师范大学张倩苇等）。

（二）践：课题组成员检索和阅读文献，撰写文献综述初稿

通过听讲、读书和拓展学习，教师已经掌握了文献检索、阅读和综述的知识和方法，接下来就要将这些理论应用到研究实践中去。

课题负责人组织课题组成员开展讨论，确定用于检索文献的关键词，一般为 3 个。针对关键词，课题组成员分头利用知网、万方等网站查找、下载相关文献。之后将大家找到的文献按照关键词分别建立文件夹进行汇总、筛选，最终确定本组可阅读、借鉴的文献。

课题组成员分别阅读全部文献，同时做好阅读摘要和分析，最后按照文献综述的格式要求，以关键词为框架，根据阅读笔记撰写文献综述。负责人汇总、梳理、整合所有课题成员的阅读和综述成果，形成本组课题的一份比较全面的文献综述。

样例 3-2

从课题名称抓取关键词，为文献检索做好准备

序号	课题名称	文献综述关键词
1	基于 iSmart 平台的中职英语听说混合式教学模式实践研究	基于 iSmart 平台的教学，中职英语听说教学，混合教学模式
2	运用中华优秀传统文化故事培养中职学前教育专业学生职业责任感实践研究	中华优秀传统文化故事育人，幼师职业责任感，职业责任感培养途径
3	中高职衔接背景下中职金融专业学生职业能力评价指标体系研究	中高职衔接，金融专业学生职业能力，学生职业能力评价体系
4	OBE 理念下中职《民航客舱服务》课程思政教学设计与实施研究	OBE 理念，课程思政，教学设计与实施
5	基于 CDIO 理念的中职艺术设计类专业毕业设计产品化实践研究	CDIO 理念，中职艺术类毕业设计，学生作品产品化
6	基于场域理论的接纳边缘学生的中职班级活动设计与实践研究	场域理论，边缘学生，班级活动设计

样例 3-3

对检索的文献进行阅读，做好摘抄和分析

序号	文章来源（作者/标题/出处）	文献摘抄（研究内容/方法/过程/结论等）	分析与点评（借鉴点/不足点）
1	王士先.CBI-专业英语阅读教学的方向 [J].外语界，1994（2）：27-31.	1.CBI 起源于很早以前就存在的一种概念，即语言学习是通过语言的使用来达到的（Language Learning through Language Use）。1965 年，在加拿大首先把这个想法付诸实践。 2.CBI 的三种原始模式为：Theme-Based Language Instruction（主题式）、Sheltered Subject Matter Instruction（保护式）、Adjunct Instruction（辅助式）。 3.Adjunct Approach 的前提是专业课与 Native Speakers Approach 一起上，在中国没有这样的客观条件，因此不存在使用这种方法的可能性。但 Sheltered Approach 结合 Adjunct Approach 中的某些做法则是值得考虑的。比如说，可以聘请外籍教师用英语为中国学生开设专业课，配以相应的语言教学课程。	（1）通过阅读本文献，学习了关于 CBI 教学理念的基本内涵和教学模式概述的相关知识以及在国外的应用情况，为继续深入了解 CBI 和开展后续的文献检索与学习打下了基础。此文献对于了解 CBI 具有重要意义。 （2）文献讨论了 CBI 在中国应用的可行性，指出了 CBI 结合专业进行语言教学是专业英语阅读教学的方向，有利于本课题探寻研究空间、确定研究内容。

样例 3-4

关于"我国中职英语听说课堂教学现状"的文献综述初稿

在人类语言的交际活动中，听说占据了整个交际活动的75%。中职英语教学是培养学生在日常生活和职业场景中的英语应用能力，为学生的职业生涯、继续学习和终身发展奠定基础。据教育部发表的一篇名为"2014年全国中职毕业生就业率达96.68%"报道显示：2014年，我国中等职业学校毕业生数为577.70万，就业人数为558.54万，就业率达到96.68%。从就业结构来看，第一产业就业人数占直接就业人数的12.45%，在第二产业就业的占33.38%，在第三产业就业的占到了54.17%，比例在一半以上。教育部颁布《中等职业学校英语教学大纲》建议生产制造类英语教学应侧重提高学生的英语阅读能力，而服务类则应侧重培养学生的听说技能。从以上研究及报道可见，有一半以上的中职学生毕业后将从事我国第三产业的工作，中职生掌握好英语交际技能至关重要，听说占据了整个交际活动的75%，因此，在中职英语教学中，听说教学占据极其重要的地位，但目前的中职英语听说教学现状不容乐观，总结起来主要呈现以下特点：

（1）中职学生英语基础参差不齐，半数以上学生英语基础较差。中职学生英语基础整体低于普通高中学生是不争的事实，但究竟低多少需要事实说话。2007年，教育部职业教育专项研究课题《中等职业教育对学生文化知识水平和学习能力要求的研究》，在我国16个省、自治区、直辖市进行了调研。从英语学科的调研数据来看，38.63%的学生没有达到小学毕业应有的水平，72.24%的学生没有达到初中二年级应有的水平。这样的英语基础导致很多学生在英语课堂上听不懂老师的课堂用语，在课堂活动中，无法开口。

（2）中职学生的英语基础差距较大，听说课堂教学无法同时满足不同学生的需求。中职教学的常规班级在30人左右，学生之间的英语基础差距较大，接受能力也有区别，完全依靠课堂的统一步调学习授课内容，必然导致整体课堂效率不高，尤其对基础较差的学生而言，课堂上老师根本无法顾忌，学生想跟上课堂教学步调也感到无能为力，于是，逐渐失去了学好英语的信心。

（3）英语听说教学模式单一，较少考虑学生的专业特色。目前，全国各个中职学校的英语听说教材，大多采用2011年高等教育出版社出版的中职英语国家规划教材。这套教材有配套的练习册、教学参考书、PPT、视屏等丰富的教学资源，有英语1-3基础模块、英语服务类职业模块以及英语拓展模块。但一套再完美的教材也无法同时满足中职学校所有专业的特色需求，再加上中职英语教师大都同时任教多个专业的英语文化课程，教师在备课时，难以兼顾到不同专业学生的专业特色。这就导致大多数英语教师用一样的教学方法，任教不同专业的英语听说课程，导致中职学生认为中职阶段的英语教学与初中的应试教育并无区别，与自己将来的就业关系不大，学习兴趣不高。

（4）中职英语听说教学评价方式单一，学习积极性不高。中职学校学生无升学压力，学习期间考试较少，很多教师仍以期末笔试成绩来考评学生一学期的英语学习情况。而英语听说能力在日常教学以及学生未来就业中具有举足轻重的作用，如果教师对学生日常教学的听说表现不量化考核，期末也无听力、口试考试，势必打击学生的学习积极性。

（样例来源：丁沫老师课题组文献综述初稿）

（三）研：课题负责人汇报，项目组针对各组文献综述进行指导

召开学校科研管理人员（包括科研副校长、科研主任、科研干事）、学校科研带头人、全体课题负责人（即被培训教师）参加的研讨会，课题负责人汇报本组的文献综述，科研管理人员和科研带头人聆听并进行问询，给出建设性意见。

中职教师在进行文献综述时常见问题主要包括以下几点。

1. 方法不当导致文献检索不全

由于很多中职教师不擅长检索和阅读文献，经常出现过于依赖某一个特定搜索引擎、所使用的关键词过于狭义等搜集资料的范围或方法不当的问题，不能得到充足的文献，导致教师在检索时无法全面把握研究现状，错误地认为某个领域或选题未被他人深入研究。例如有教师检索文献时指出：本研究文献数据来源于 CNKI 数据库中的核心期刊，检索方式为输入"iSmart 平台"进行"主题"检索，共检索到文献 3 篇，可见有关 iSmart 平台的混合式教学模式的研究相对较少。事实上，通过增加其他搜索引擎进一步检索、不拘泥于"iSmart"而是扩大到"信息化平台"进行检索，都可以帮助教师检索到更多对研究有借鉴作用的文献。

因此，在检索时，除常用的"知网"外，国内还可以尝试万方、维普，国外也有 Semantic Scholar、Base Search 等学术搜索引擎；如果某个关键词检索不到文献，应通过去掉学科、专业、年级以及软件/平台/工具的具体名称等方式扩大检索范围。应确保全面搜集资料，检索到相关领域的所有重要作者的重要文献。

2. 文献的选择比较随意缺少权威性

由于中职教师对研究领域不够熟悉，对哪些学者的文献更具价值性不了解，往往会出现检索和阅读的文献比较随意，分析和引用的是研究生的习作或者是缺少学术价值的"注水文"的情况。也有人为走捷径大量使用二手文献，导致虽然做了综述却达不到应有的效果。

文献综述的基本要求是全面、准确和客观，要尽量避免引用二手文献。在文献的筛选过程中，应坚持高标准，重点阅读和分析该领域权威学者的观点和经典著作，借鉴其独到的思想和视角。只有认真研读权威、原始文献，才有可能在前人有价值的研究基础上继续攀登。

3. 罗列文献缺少分析和评论

作为初学者，很多中职教师撰写文献综述时经常把前人的研究结论以 A 说、B 认为、C 指出等方式平面化地进行堆叠和罗列，文献综述变成读书笔记和观点汇编，既没有呈现某个专题研究的历史脉络、发展过程、存在问题及未来走向，也不利于厘清新旧研究之间的关系。

文献综述是对已有研究的"再研究"。在撰写文献综述时，不但要陈述前人在该领域的研究结论，也要对其进行分析和评价，总结前人的研究方法、框架、内容及结论中哪些可以在自己的研究中被借鉴，评价已有研究中存在的问题和不足，阐明自己的研究可能产生的创新点，使读者了解即将开展的研究与前人研究成果间的继承与创新的关系。

4. 脱离文献过多表达个人观点

有些中职教师没有理解撰写文献综述的目的和意图，对现有文献只进行了非常简略的概括和介绍，用大量的篇幅进行评述和表达自己的观点，把文献综述变成了评论、研究计划描述或者论文。如有教师在"iSmart 平台的混合式教学模式"的主题下写道："有关 iSmart 平台的混合式教学模式的研究相对较少，本研究借助 iSmart 平台与中职英语教材匹配的线上数字资源进行中职英语听说混合式教学的研究，构建"教＋学＋考"多位一体的外语环境，依托资源库和平台大数据统计分析为用户提供学习资源，实现外语教育与学习的个性化与智能化。利用实验班与普通班学生北京市水平测试中听力和北京市三一口语考试成绩进行对比研究，探索混合式教学模式下中职英语听说的学习规律。希望对中职英语教学提供一些有益的启示。"

文献综述的重心是"综"，即对已有研究观点的全面梳理归纳和客观描述分析。在此基础上适当表达个人观点，即画龙点睛地"述"。分析和评论必不可少，但不能成为主体。以原始文献为依据提炼观点，呈现某个领域的研究现状和趋势并为自己的研究打下基础始终是文献综述的重心。

5. 主题不突出缺乏逻辑和条理

中职教师在撰写文献综述时，经常会出现不能清晰地界定研究主题，或者将主题过度泛化，导致涵盖的内容过于宽泛、不够聚焦的问题。主题不突出会使读者难以把握综述的核心和目的。另一个常见问题是将不同主题或研究方法下的文献混杂在一起，或者未能按照时间顺序、重要性或其他合理标准来组织文献。引用顺序或分类不清晰会导致文献间缺乏逻辑联系，读者难以跟随综述的思路。

为避免出现上述问题，在确定研究主题后，建议教师把主题分解为 3 个左右的关键词，按照关键词将文献进行归类，使文献形成一个具有内在结构和逻辑联系的有机整体。研究主题是主干，每个关键词之下的一大类文献构成了树杈，权威文献构成了树枝，其他文献则构成树叶。对每篇文献都要合理定位其位置并提炼核心观点，再对同一关键词之下的一类文献做出分析和述评，最后对所有文献和主题做出整体分析和述评。

（四）践：课题组补充检索和阅读文献，修改和完善综述

针对项目组提出的意见和建议，课题组进一步检索更多更适合的文献，补充阅读，修改完善文献综述。

样例3-5

修改完善后的"我国中职英语听说课堂教学现状"文献综述

在当今全球化的时代背景下，英语作为国际通用语言，其听说能力在人际交往和职业发展中的重要性日益凸显。对于中职学生而言，掌握良好的英语听说技能，对其未来进入职场、继续深造以及融入社会意义重大。近年来，众多学者围绕我国中职英语听说课堂教学现状展开研究，为改善教学质量提供了丰富的理论支持和实践参考。

部分学者关注到中职学生英语基础对听说课堂教学的影响。有学者通过对多所中职学校学生的抽样调查发现，中职学生英语基础普遍低于普通高中学生。例如，在词汇量方面，中职学生平均词汇量远低于普通高中学生同期水平，这直接限制了他们在英语听说课堂上的理解和表达能力。另一位学者的研究也指出，中职学生在语法掌握、语音语调等基础知识上存在诸多薄弱环节，导致他们在听力理解时难以准确把握关键信息，口语表达时错误频出。这些研究表明，中职学生英语基础参差不齐且整体薄弱，严重影响了英语听说课堂教学的效果，这是教学过程中亟待解决的问题。

学生英语基础差距大对课堂教学的挑战也是研究的重点之一。有学者在研究中提到，中职学校常规班级规模通常在30人左右，学生之间英语水平差异显著。在这种情况下，传统的统一教学模式难以满足不同学生的学习需求，基础薄弱的学生在课堂上往往跟不上教学节奏，逐渐失去学习兴趣和信心。一位研究者进一步指出，由于学生接受能力不同，统一的教学进度和内容使得课堂效率低下，教师难以针对每个学生的特点进行个性化教学，这成为制约中职英语听说教学质量提升的重要因素。

教学模式的单一性同样受到众多学者关注。有学者分析了当前中职英语听说教材的使用情况，发现多数中职学校采用的教材虽然配备了丰富的教学资源，但难以满足不同专业学生的特色需求。另一位学者指出，中职英语教

师往往同时教授多个专业的英语课程，在备课过程中，时间和精力有限，很难兼顾不同专业的特点，导致教学方法同质化。这种单一的教学模式使得学生认为中职英语教学与初中应试教育并无本质区别，与未来职业发展关联不大，进而降低了学习积极性。

在教学评价方面，有学者研究表明，中职学校学生没有升学压力，考试频率相对较低，部分教师仍主要以期末笔试成绩来评价学生的英语学习成果。这种单一的评价方式忽视了英语听说能力在日常教学和未来就业中的重要性，学生的听说表现得不到量化考核，学习积极性受到严重打击。另一位学者在研究中强调，缺乏多元化的评价方式，无法全面、准确地评估学生的英语综合能力，不利于学生听说能力的提升和个性化发展。

综合上述研究可以看出，我国中职英语听说课堂教学在学生基础、教学模式、教学评价等方面存在诸多问题。现有研究为深入了解中职英语听说课堂教学现状提供了详实的数据和理论依据，但仍存在一定的局限性。多数研究集中在问题的发现和描述上，对于如何有效解决这些问题的研究相对较少。未来的研究可以朝着探索创新教学模式、构建多元化评价体系等方向展开，旨在提升中职英语听说课堂教学质量，切实提高中职学生的英语听说能力，以满足其未来职业发展和个人成长的需求。

（样例来源：丁沫老师课题组文献综述修改稿）

三、教师文献综述能力培养的阶段性成果

（一）撰写文献综述的基本流程

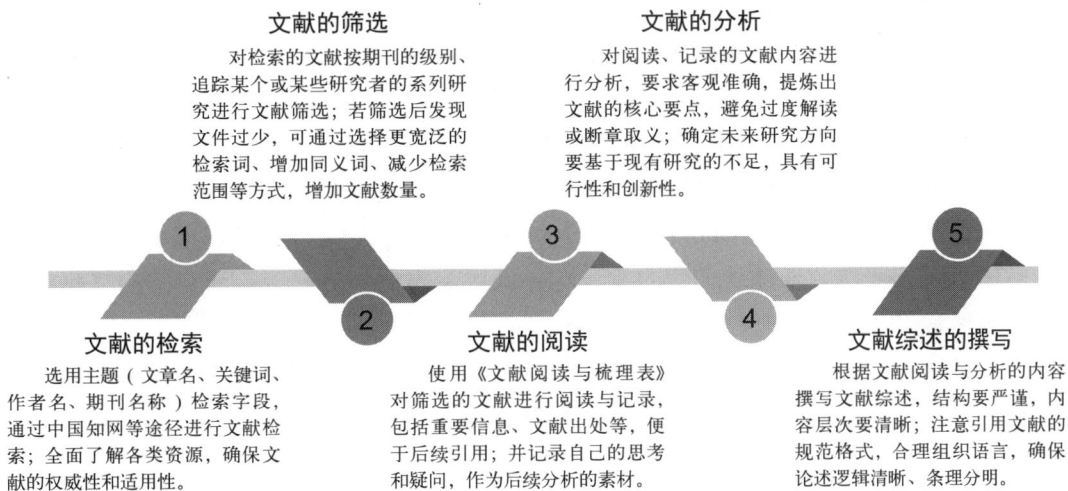

文献的筛选

对检索的文献按期刊的级别、追踪某个或某些研究者的系列研究进行文献筛选；若筛选后发现文件过少，可通过选择更宽泛的检索词、增加同义词、减少检索范围等方式，增加文献数量。

文献的分析

对阅读、记录的文献内容进行分析，要求客观准确，提炼出文献的核心要点，避免过度解读或断章取义；确定未来研究方向要基于现有研究的不足，具有可行性和创新性。

1　　3　　5

2　　4

文献的检索

选用主题（文章名、关键词、作者名、期刊名称）检索字段，通过中国知网等途径进行文献检索；全面了解各类资源，确保文献的权威性和适用性。

文献的阅读

使用《文献阅读与梳理表》对筛选的文献进行阅读与记录，包括重要信息、文献出处等，便于后续引用；并记录自己的思考和疑问，作为后续分析的素材。

文献综述的撰写

根据文献阅读与分析的内容撰写文献综述，结构要严谨，内容层次要清晰；注意引用文献的规范格式，合理组织语言，确保论述逻辑清晰、条理分明。

（二）文献阅读记录表

文献阅读与梳理

序号	文章来源 （作者 / 标题 / 出处）	文献摘抄 （研究内容 / 方法 / 过程 / 结论等）	分析与点评 （借鉴点 / 不足点）

（三）文献综述的基本格式及撰写建议

题目

作者

【摘要】

【关键词】

正文（包括：前言、主体、评论）

撰写建议：

前言：用 200～300 字的篇幅，提出问题，包括写作目的、意义和作用，综述问题的历史、资料来源、现状和发展动态，有关概念和定义，选择这一专题的目的和动机、应用价值和实际意义，如果属于争论性课题，要指明争论的焦点所在。

主体：站在一定的视角，对所阅读文献分小主题进行梳理、评述。评述要有明确的观点和论据。为把问题说得明白透彻，可按一定的逻辑框架将所阅读的研究材料分为若干个小标题分述。综述可包括历史发展、现状分析和趋向预测几个方面的内容：① 历史发展：要按时间顺序，简要说明这一课题的提出及各历史阶段的发展状况，体现各阶段的研究水平；② 现状分析：介绍当前国内外对本课题的研究现状及各派观点，以及作者本人对这些研究的认识；③ 趋向预测：在纵横对比中肯定所综述课题的研究水平、存在问题和不同观点，以及研究的趋势提出展望性意见。这部分内容要客观、准确。

评论：评论是作者站在一定的理论和学科等视角，对所综述的研究成果进行评述，内容涉及研究的角度是否全面？方法是否得当？所得的结论是否可靠？研究的水平如何，价值怎样？有无创新？今后研究的趋势如何？最后要在以上基础上谈及后来的研究者可能的突破口。

参考文献

撰写建议：参考文献必须提供。除了表示尊重被引用者的劳动及标明文章引用的根据外，更重要的是使读者在深入探讨某些问题时，提供检索有关文献的线索。分为尾注、脚注和夹注三种：**尾注**——位于文章末尾，用于列出所有引用和参考文献的详细信息；**脚注**——位于页底，用于对正文中的某些词语或句子进行解释；**夹注**——直接插入正文中的小段文字，用于提供即时解释或背景信息。

（四）文献综述范例

见附件 1

第四章

如何培养教师的
理论应用能力

　　一切学问或者知识，都离不开理论的基础。没有理论，实践就会失去方向，变成盲目的行动。

——（美）阿尔伯特·爱因斯坦

理论是知识的精髓，是前人经过深思熟虑、系统总结后形成的规律性认识和智慧结晶。教育理论是指导教育实践的灯塔，能够为中职教师提供科学的思维框架和方法论基础，帮助他们在纷繁的教育现象中把握本质，在复杂的教育问题中寻求科学的解决方案。在开展课题研究的过程中，学习、掌握和正确应用教育理论能够帮助教师从更高的层次审视和提炼实践中的问题，使研究课题更具深度和广度。同时，它也能为课题研究提供坚实的理论支撑和科学的方法论指导，确保研究过程严谨有序，研究成果具有说服力和推广价值。而现实中教育理论恰恰是一线中职教师知识结构中的短板，因此，加强中职教师理论素养培训对提升其课题研究能力、促进其专业成长和推动教育教学改革具有重要意义。

一、什么是理论应用能力

理论应用能力是指研究者主动系统学习并掌握与课题研究相关的理论框架、概念和方法，并能够将这些理论知识灵活应用于实际研究过程中，以促进研究的深入进行，提升研究效果和质量的能力。这一能力直接关乎研究者的专业素养和课题研究的深度与广度，对推动学术进步和创新至关重要。

（一）理论的学习

理论学习能力，指研究者对与课题相关的基础理论、专业知识等进行系统学习、深入领会和准确把握的能力。包括对前人研究成果、学科基本原理、相关理论模型等的学习。理论学习能力是课题研究的基础，能为研究提供坚实的知识支撑，帮助研究者了解研究领域的现状、趋势和存在的问题，从而确定研究方向和切入点，避免重复劳动。

1. 教育教学理论的获取

教育教学理论的获取是起点，它要求教师能够对理论进行搜集和筛选。

（1）阅读专业文献与书籍

教育教学理论的获取首先依赖于广泛的阅读。教师可以通过阅读教育学、心理学、课程与教学论等领域的经典著作和前沿论文，了解不同流派的教育思想、方法和策略。这些文献和书籍是教师获取教育教学理论的重要来源。

（2）关注学术期刊与研究报告

学术期刊如《教育研究》《课程·教材·教法》等，会定期刊载教育专家、学者最新的研究成果以及对教育热点问题的深度剖析。而各类教育机构发布的研究报告，往往聚焦于特定阶段、特定学科教育教学现状及趋势分析。教师通过订阅这些期刊，能够及时掌握教育教学理论的最新动态，了解前沿理念、方法的发展情况。

（3）参加专业培训和研讨会

参加由教育机构、学术团体或专业协会组织的培训和研讨会是教师获取教育教学理论的另一种重要途径。这些活动通常邀请知名教育专家举办讲座，帮助教师了解专业相关的教育研究成果和教学实践案例。

（4）在线教育资源

随着信息技术的快速发展，越来越多的教育教学资源被上传到互联网。教师可以通过在线课程、教育博客、论坛和社交媒体等平台，获取丰富多样的教育教学理论信息。

（5）同行交流与合作

与同事、同行进行交流和合作也是获取教育教学理论的有效方式。通过分享教学心得、探讨教学问题，教师可以从他人的经验和智慧中汲取营养，丰富自己的教育教学理论。

2. 教育教学理论的学习

教育教学理论的学习是核心，它要求教师能够对理论进行深入的理解并最终将其纳入自己的知识体系。

系统学习：教师应按照教育学、心理学、课程与教学论等学科体系，有计划、有步骤地学习。这有助于教师构建起完整的知识框架，理解各学科之间的内在联系。在系统学习的过程中，教师需要注重学科的交叉和融合，以更全面地掌握教育教学理论。

深度学习：教师不仅要掌握教育教学理论的基本概念、原理和方法，还要了解其历史沿革，剖析其背后的逻辑关系和思想精髓。这要求教师具备批判性思维，能够质疑现有理论，提出自己的见解和判断。在深度学习的过程中，教师需要注重理论的内在逻辑和关联性，以更深入地理解教育教学理论的本质和内涵。

（二）理论的应用

理论应用能力，是将所学理论知识应用到实际课题研究中，以解决具体问题、推动研究进展的能力。包括运用理论来设计研究方案、选择研究方法、分析和解释研究数据、提出解决方案等。理论应用能力是课题研究的核心环节，只有将理论知识应用于实践，才能验证理论的正确性和有效性，实现理论的创新和发展，使研究成果具有实际应用价值。

1. 恰当地选择教育教学理论

恰当地选择教育教学理论是课题研究理论应用的前提。在课题研究工作中，教师需要针对研究主题、研究目标、研究对象等具体条件，精心挑选最适合的教育教学理论作为指导。

（1）基于研究需求筛选适合的理论

在课题研究初期，教师需要从众多的教育教学理论中精准筛选出与课题紧密相关的理论。这就要求教师对各种理论有深入的了解，能够准确判断哪些理论能够直接或间接地支持研究主题和目标。精准筛选不仅涉及对理论本身内容的分析，还包括对理论来源、历史背景、核心观点及其在教育实践中的应用效果的考量。以确保所选理论与研究需求的高度契合。

（2）评估所选理论在研究中的适应性

筛选出的理论需要在具体的研究情境中进行适应性评估。教师需要综合考虑研究对象的特征、研究环境的限制以及研究方法的可行性等因素，判断所选理论是否能够在当前情境下得到有效应用。适应性评估可能包括理论在实践中的初步尝试、对理论假设的验证以及对理论应用效果的预测。

（3）在研究中对所选理论进行灵活适配

教师需要对所选理论进行灵活适配，以确保其能够在课题研究中发挥最大效用。灵活适配可能涉及对理论框架的微调、对理论假设的修正以及对理论应用方法的创新等。

2. 正确地应用教育教学理论

正确地应用教育教学理论是课题研究理论应用的关键。在选择了合适的教育教学理论后，教师需要将其有效地应用于课题研究的各个环节，以确保研究的顺利进行和成果的取得。

（1）以理论指导研究设计和实践

在课题研究过程中，教师应始终以所选理论为指导，确保研究的方向和方法的正确性。通过理论框架的搭建，教师可以明确研究的焦点、目标以及预期的成果，避免研究的盲目性和随意性。理论的指导还使教师在选择研究方法时更加审慎，确保所选方法与研究主题和理论框架的一致性，进而提高研究的效率和质量。

（2）以实证研究验证理论的适配性

教师需要运用所选理论进行实证研究和分析，通过收集数据、观察现象、分析案例等方式，验证理论的适用性和有效性。在实证研究过程中，教师应注重数据的客观性和准确性，以确保研究结果的可靠性和科学性，同时为理论的进一步发展提供丰富的实践素材和数据支撑。

（3）以成果总结和推广促进理论的发展创新

在课题研究结束后，教师需要总结研究成果，将教育教学理论的应用效果进行客观评估，关注理论在特定情境下的适用性，考查其在实际教育中的潜在价值和改进空间。同时，教师还应积极通过多种渠道推广研究成果，为教育教学理论的持续发展和创新提供源源不断的动力。

二、如何培养理论应用能力

理论的学习和应用能力是中职教师科研能力培养的第三个环节，安排在参考文献的检索与综述能力培养之后，旨在培养教师树立正确的教育教学观，掌握教育教学规律，优化知识结构，提高教育理论水平和应用教育理论指导研究实践的能力。教育理论的学习与应用能够提升研究的高度和水平，保障研究的科学性，而教育理论是中职教师的能力短板，因此本环节是培训的难点。

通过专家培训、集体研讨、课题实践等培养途径，以期达到如下具体目标。

① 了解查找教育理论的途径和方法；

② 掌握常用教育理论的产生背景和基本内容；

③ 能够针对研究内容选择适用的教育理论、模型；

④ 对选用的教育理论、模型进行深入学习，掌握其内涵、策略、方法、适用范围等；

⑤ 能够将选用的教育理论应用到研究的全过程中；

⑥ 提升教师理论水平及综合素质；

⑦ 提升教师应用教育理论指导实践能力。

在成人学习理论、721法则、学习金字塔模型等理论的指导下，根据需要将"训、研、践"有机结合。具体培训流程如下。

（一）训：开展理论培训，助力教师掌握近现代教育理论的相关知识

1. 专家授课，引领教师学习经典教育教学理论

中职教师的知识结构往往围绕专业和学科构建，工作的重心以教育教学实践为主，缺乏对教育理论的学习和了解，开展课题研究也多依赖个人经验和直观感受，这导致其研究容易缺少科学性和有效性。帮助教师了解和掌握常用的教育理论，并针对自己的选题寻找适合的理论和模型作为指导和支撑，是教师课题研究能力培训的难点。应聘请大学教育专业的相关专家，用4课时左右的时长，为教师全面梳理经典的教育教学理论和模型（图4-1），帮助教师快速、高效地了解重要教育理论的核心内容、适用场景以及注意事项，提升教师的理论素养，为后期开展课题研究打下基本的理论基础。

2. 研读教材，深化教师对教育教学理论的理解

教育理论浩如烟海且博大精深，专家的一次集中培训只能为教师提供常见理论的最简要、最概括的内容，为教师的后期学习提供方向的指引。课后还要为教师提供必修和选修教材以及其他学习资料，帮助教师对教育理论进行更全面、更深入的学习。在这个过程中，教师除了通读相关资料，全面了解常见教育理论的精髓以外，还应针对自己的选题初步选择几个重点理论进行更深入的学习。在此基础上，可以开展交流和研讨活动，每个课题组讲解一两个经典理论，把学习效果最大化，进一步提升被培训教师的理论素养。

```
                                          ┌─ 基本观点：学习在本质上是一个刺激与一个反应之间的联系，学
                                          │  习的决定因素是外部刺激
                              ┌─ 早期行为主义 ┤       ┌─ 巴普洛夫：经典条件反射，一个新的、中性的刺激
                              │            │       │  替代原先自然引发反应的无条件刺激
                              │            └─ 代表人物 ┤  华生：学习的决定因素是外部刺激，人的任何行为
                  ┌─ 行为主义   ┤                    │  都可以通过学习和训练加以控制
                  │  学习理论  │                    └─ 桑代克：学习的实质是刺激与反应的连接，是尝试
                  │          │                       错误的过程
                  │          ├─ 新行为主义 ── 着力研究教学过程中具有操作性的学习理论及教学方法和技术，
                  │          │              凸显操作性。
                  │          └─ 代表人物 ┬─ 斯金纳：操作性条件反射、强化理论、程序教学
                  │                     └─ 加涅：信息加工模式、学习水平分类、学习结果分类
                  │
                  │          ┌─ 基本观点：学习者通过感知、记忆、思考等认知活动来加工和组织信息，形成有
                  │          │  意义的知识结构，学习的目的是构建和发展知识结构，强调学习者在学习过程中
                  │          │  的主观能动性和选择性
                  │          │         ┌─ 皮亚杰：认知结构理论，认为外界的一切事物都是有生命的；所有的
                  │  认知主义  │         │  人都有相同的感受，一切以自我为中心；认知活动具有相对具体性，
                  │  学习理论  ┤         │  还不能进行抽象的运算思维；思维不具有可逆性等。
                  │          │         │  布鲁纳：认知发现说，强调学习的过程是积极主动的，学习者根据已
                  │          │         │  有的知识经验对新信息进行编码、加工和组织。
      ┌─ 主流学  ─┤          └─ 代表人物 ┤  奥苏伯尔：认知同化论，强调新旧知识之间的联系和整合，以及学习
      │  习理论   │                    │  材料对学习者是否有意义。
      │          │                    ├─ 加涅：学习条件论，把学习结果作为教育目标
      │          │                    └─ 托尔曼：符号学习理论
      │          │
      │          │          ┌─ 基本观点：强调学生自主学习，自主建构知识意义，强调协作学习
      │          │  人本主义  ┤         ┌─ 马斯洛：心理学中的经典需求理论，它认为人的需求可以分为五个层次，
      │          │  学习理论  └─ 代表人物 ┤  包括生理需求、安全需求、归属感需求、尊重需求和自我实现需求。
      │          │                    └─ 罗杰斯：强调人的自我实现，主张以学生为中心，注重情感与经验融合。
      │          │
      │          │          ┌─ 基本观点：强调学习是个人通过与环境和他人互动，积极建构和重构自己的知识和
      │          │          │  经验的过程。
教育学理论        │          │         ┌─ 皮亚杰：理论描述了儿童思维和问题解决能力的发展阶段。这个理论
和模型介绍 ─┤          │  建构主义  ┤         │  包括感知运动阶段、前操作阶段、具体操作阶段和形式操作阶段。
      │          └─ 学习理论  └─ 代表人物 ┤  科尔伯格：道德发展的关键是学生道德判断能力的发展。带有冲突性
      │                                │  的交往和生活情境最适合于促进个体道德判断能力的发展。
      │                                └─ 斯滕伯格：强调问题解决中认知过程的重要性，认为智力包括三个部
      │                                   分——成分、经验和情境，它们代表了智力操作的不同方面。认为个
      │                                   体智力上的差异是由于其对刺激情境的信息处理方式不同导致的。
      │
      │          ┌─ 学习金字塔模型
      │          ├─ 艾宾浩斯遗忘曲线──遗忘的发展是不均衡的，其规律是先快
      │          │            后慢，呈负加速性。
      │          ├─ 学习项目设计法则
      └─ 常用模   ┤  项目运营管理方法论
         型介绍   ├─ SAM敏捷开发模型
                 ├─ 九大教学事件
                 ├─ ORID焦点讨论法
                 └─ 人才盘点九宫格
```

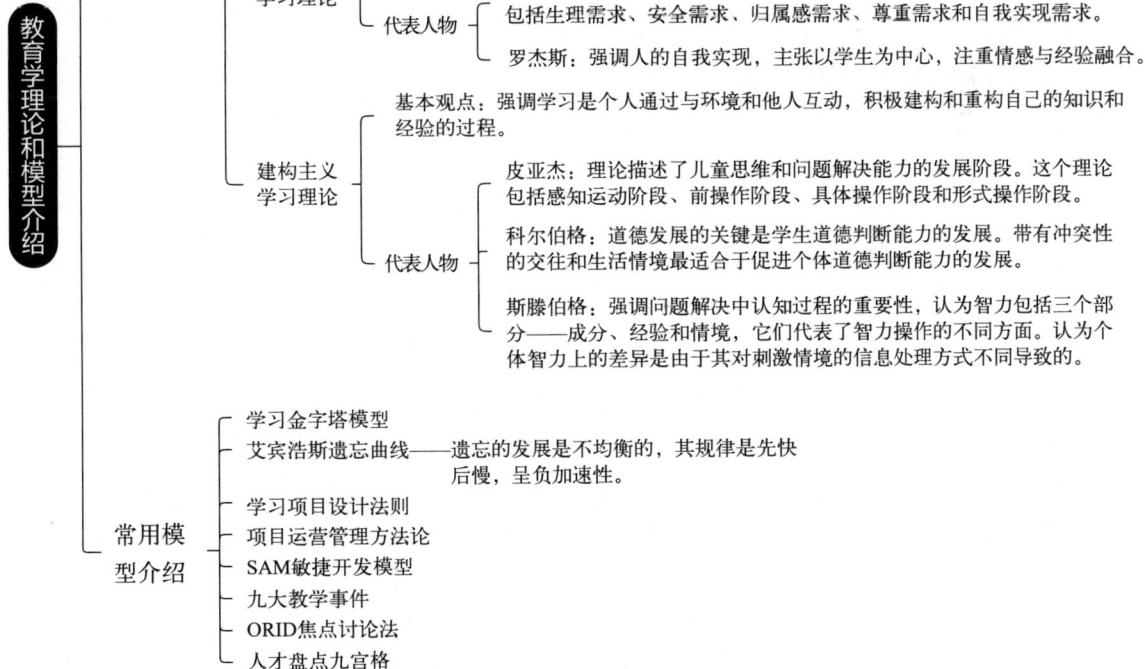

图 4-1 "教育理论和模型介绍"思维导图

本专题推荐阅读由北京市教育委员会人事处、北京教育学院、北京市中小学中等职业学校教师培训中心共同组编的"北京市'十二五'中小学教师公共必修课全员培训教材"之《学科教育心理学》，主编为齐建芳。此教材具有很强的实用性，围绕中小学教师在教学实践中的现实需要来组织教材内容，在内容呈现上力求深入浅出，在确保教材内容科学性的同时，文字表述平白，同时，在内容编选上，选取的是反映学科的学与教心理学研究的经典理论和最新成果，对于我们学习教育学理论有很强的指导作用。

样例 4-1

《学科教育心理学》第二章"学习与学习理论"读书笔记

本章节深入探讨了学习的本质、分类以及行为主义、认知学派和建构主义三大学习理论流派。

作者把学习定义为由经验触发的学习者在行为、认知或心理倾向上的持久性变化。此定义强调三个关键点：变化必须源自学习者与环境间的互动；变化涉及行为、认知或心理层面；且这种变化是持久性的。

在行为主义学习理论方面，作者介绍了四位研究者及其理论要点。巴甫洛夫经过经典条件反射实验，证实了学习影响着无意识的反射行为。华生作为行为主义的奠基人和捍卫者，认为学习就是以一种刺激替代另一种刺激建立条件反射的过程。桑代克提出学习的本质是刺激与反应的联结，强调盲目尝试与错误中学习，并总结出准备律、练习律、效果律三条学习原则。斯金纳通过斯金纳箱实验，区分了应答性行为和操作性行为，认为操作性条件反射通过奖励或惩罚来塑造行为。

行为主义理论共同特点在于：以刺激-反应为解释心理现象的基础，强调外部强化在学习中的作用，而相对忽视内部心理过程和条件。对教育教学的启示在于，通过积极情绪关联学习、克服经典条件反射引起的焦虑，以及合理使用强化与惩罚策略，可以有效管理课堂，促进学习。但需注意避免强化不适当行为，谨慎使用表扬，惩罚应旨在减少不当行为频率。

认知学派学习理论是通过研究人的认知过程来探索学习规律的学习理论，作者介绍了五种学习理论：格式塔学习理论强调知觉重组或认知重组，认为顿悟学习优于试误，促进迁移，真正的学习不易遗忘。符号学习理论主张学习是整体性和目的性的，涉及"符号-完形"认知，强调中介变量在学习行为中的决定作用。认知结构学习理论认为学习实质在于主动形成认知结构，学习过程包括新知识的获得，知识的转化、评价，发现学习是学习知识的最佳方式，教学应围绕理解学科基本结构，采用发现教学法，鼓励学生积极探索，注重新旧知识的融合。有意义地接受学习理论是由奥苏贝尔提出的，是指在学习过程中，符号所代表的新知识与学习认知结构中已有的适当观念建立实质性和非人为性的联系的过程，强调新知识与旧知识间建立实质性、非人为联系的重要性，分为表征、概念和命题学习三种类型。信息加工学习论代表人物为加涅，他提出了影响深远的信息加工的学习模式，将学习过程视为信息加工流程，分为动机、领会、习得、保持、回忆、概括、作业、反馈八个阶段，每个阶段涉及不同的信息加工活动。

建构主义学习理论主要源自皮亚杰和维果茨基的思想，强调学生的中心地位，认为学习是知识意义的主动建构过程，而非简单传递。知识被视为个人和社会建构的产物，具有临时性、相对性。学习观主张学生自行建构知识，教师则扮演辅助者、环境设计者、学习组织者和指导者等角色。建构主义指导下的教学方法包括支架式教学、抛锚式教学（情境教学）和随机通达式教学，旨在通过情境模拟、问题导向等方式促进深度学习。

（样例来源：参训教师读书笔记）

3. 拓展资源，帮助教师了解更多教育教学理论

在听课、读教材的基础上，为教师提供信息化资源，使其知识更丰富。

① 图书：《学科教育心理学》第一部分第二章"学习与学习理论"（主编：齐建芳 北京师范大学出版社）；

② 图书：《职业教育要义》第二章"职业教育的规律刍'论'"（作者：姜大源 北京师范大学出版社）；

③ 图书：《西方哲学史》下卷（作者：[英]罗素 商务印书馆）；

④ 图书：《教育基础》第二部分"历史根源和哲学基础"（作者：[美]艾伦·C.奥尔斯坦 莱文·丹尼尔 江苏教育出版社）；

⑤ 图书：《西方教育思想史》下卷（主编：单中惠 中国人民大学出版社）；

⑥ 图书：《教育教学理论创新与发展》（作者：傅松桥 中国原子能出版社）；

⑦ "中国大学MOOC"课程：教育心理学（北京师范大学刘儒德等）。

（二）践：课题组成员开展讨论，初步选定适合的理论模型

通过听讲、读书和拓展学习，教师已经了解并掌握了一些常用的教育教学理论，接下来就要为自己的选题选择恰当的理论并具体应用到研究设计中去。

课题负责人下达任务，课题组成员依据本组的选题及研究内容，分别思考、查找自己认为适合的理论和模型；召开课题组研讨会，每个成员汇报自己关于理论依据的思路和想法，全员充分讨论，直到达成共识，最终选定大家共同认可的、用以指导课题研究

的理论依据。

课题组成员针对选定的教育理论广泛收集资料，包括理论创立者的直接研究成果和他人对该理论的应用研究，并开展深入的学习和分析，确保对这些理论的形成背景、核心思想、应用情境、优势及其局限性等形成比较全面和深入的理解。在此基础上，结合选题，课题组成员初步思考如何将理论应用于自己的研究设计中。

完成上述工作后，课题负责人再次组织小组研讨，每个课题组成员分别汇报自己对选题的理论依据的理解以及如何应用该理论指导课题研究的设计和实践。这一环节对课题的研究设计以及未来的研究实践至关重要，需要全员多次、充分、深入研讨，直至形成得到全组认可的思路和框架。

在讨论过程中，应确认每位课题组成员都有机会发言，分享自己会前收集的资料和对研究适用理论模型的看法。鼓励成员之间就不同观点进行碰撞和讨论，以激发创新思维和形成多元视角。在充分讨论、协商的基础上，选择最合理的、最适配的理论和模型，用以指导研究的设计和实践。

样例 4-2

几个课题组初步选定的理论依据

序号	选题	理论依据
1	基于建构主义的中职特殊学生转化策略实践研究	以学生为中心，运用建构主义思想重新构建学生的行为习惯
2	运用传统文化故事培养中职学前教育专业学生职业责任感实践研究	基于协作学习理论采取合作学习、分享模式，在互动中，深入理解故事涵义
		基于建构主义理论在资源建设中调动学生的积极性主动搜集故事
		基于多元智能理论通过多种方式培养学生的多元智能，领悟传统文化故事的寓意所在
3	基于 BOPPP 模式的中职语文课程思政教学实践研究	BOPPPS 教学模式能够优化教学全过程并有效提升学生的参与度，提升课程思政教学效果
4	基于 iSmart 平台的中职英语听说课混式教学模式实践研究	基于建构主义学习理论，使学生处于主体地位，充分调动学生的学习积极性，激发学习热情
5	游戏化学习设计策略在"网络监测"课堂教学中的应用研究	运用游戏化学习理论，提升学生学习兴趣和参与感，提高教学质量

（三）研：课题负责人汇报，项目组针对各组理论的适配性进行指导

召开学校科研管理人员（包括科研副校长、科研主任、科研干事）、学校科研带头人、全体课题负责人（即被培训教师）参加的研讨会，课题负责人介绍本组选题的理论模型及其在研究中的应用思路，科研管理人员和科研带头人针对每个课题的汇报进行问询、质疑和指导，给出建设性意见。

教师在选择和应用教育理论时常见问题包括以下几点。

1. 选择的理论不恰当无法支撑课题研究

理论是中职教师知识结构的短板，在教育教学理论知识储备很少的情况下，如果中职教师没有花大力气去进行相应的学习和补充，容易出现随意地选择某一理论作为研究依据的情况。这种盲目性可能导致所选理论与研究课题不匹配，无法为研究提供有效的理论支撑。

如建构主义是中职教师最常用的理论之一，有教师顾名思义地计划开展"基于建构主义的中职特殊学生转化策略实践研究"，但事实上建构主义理论更适用于以学生为中心的教学/学习模式构建，与特殊学生的教育和转化研究并不匹配。再比如"基于BOPPP模式的中职语文课程思政教学实践研究"这一课题中，BOPPP模式解决的是课堂教学过程中学生兴趣不足、参与度不够的问题，不适合课程思政要解决的对学生情感态度价值观的培养问题。

为解决这一问题，一方面中职教师要正确认识教育理论对保障课题研究的科学性、严谨性的意义，从思想上重视对理论依据的探寻。另一方面，中职教师要破除急功近利的思想，通过培训、读书、咨询等方式加强理论学习，切实掌握常见的经典教育学、心理学、课程与教学论相关理论，为选择合适的理论依据做好充分准备。

2. 对理论的理解不够全面导致研究设计出现偏差

教师在选择了某一个或几个理论后，可能会由于对其了解比较浅显、表面，没能全面掌握理论的历史背景、概念内涵、适用范围和局限性。或者由于缺乏批判性思维，没有对相关理论或同一理论的不同应用情境进行比较和分析，导致在研究设计和应用中出现偏差，影响了课题研究的科学性和准确性。

如"运用中华优秀传统文化故事培养中职学前教育专业学生职业责任感实践研究"中，和上面提到的一样，教师存在滥用建构主义理论的问题，把调动学生积极性搜集故事素材当做了建构的过程。同时本研究的核心目标是通过对传统文化故事的学习培养学前专业学生的职业责任感，虽然学习过程中运用了多种方式，采取了多种策略，但多元智能在此处依然是错用的。

为解决这一问题，在选定了教育理论后，教师必须投入足够的时间和精力，系统学习并深入理解该理论的发展脉络、核心内容、适用条件，确认对该理论做到了全面深入

了解。同时，要广泛检索和阅读相关文献，掌握该理论的最新研究进展和其他研究者对该理论的最新应用成果，以更全面地理解其应用的方法和条件。

3. 理论与研究设计脱节不能真正指导研究实践

对很多中职教师来说，找到一个理论或模型往往是撰写开题报告时的一个任务，在填写"理论依据"这一部分对理论的内容进行转述之后就完成了任务并将其忘在脑后，在后面的研究设计、研究实践阶段就不再提及，出现理论依据和研究设计、研究设计和研究实践多处"两张皮"的现象。

如有教师尝试开展"游戏化学习设计策略在网络监测课堂教学中的应用研究"来调动学生的学习积极性，但由于所使用的"游戏化理论"相对比较宏观和泛泛，缺少具体的、可操作性的内容，导致理论的名称和内容只在理论依据部分被提及，后面真正进行设计时就不再运用，直接按照自己的经验开展教学设计，没有起到对实践的指导作用。

为解决这一问题，作为理论依据，教师不仅要简要论述理论的核心内容，更要深入分析其对研究设计的指导意义，明确如何在后续研究中应用该理论。在研究设计阶段，应根据理论框架设计研究方案，确保研究目的、方法、步骤与理论依据高度契合。在研究实践阶段，应持续反思理论应用的实际情况，及时调整研究策略，确保理论与实践的有机统一。同时，建立定期的理论回顾与应用反馈机制，确保研究全程理论的有效指导，避免理论与实践脱节。

（四）践：课题组进一步讨论，确定理论模型并应用于研究设计

针对项目组提出的意见和建议，课题组进一步开展讨论，确认或重新选择适合的理论，并修改完善理论在课题研究中的应用，确保课题研究的科学性、严谨性和有效性。

□ 样例4-3

课题组修改完善后的理论应用的实例

序号	选题	理论依据
1	基于标签理论的中职特殊学生转化策略实践研究	通过建立积极关系、重新定义等策略去掉负面标签；通过表扬鼓励、提供展示机会等策略强化正面标签
2	运用传统文化故事培养中职学前教育专业学生职业责任感实践研究	Skilbeck 课程发展理论：按照分析情境、制定目标、编制方案、解释与实施、追踪与重建构建中华传统文化故事的学习模式
		品德形成的社会学习理论：以品德形成的过程为指导挑选故事，完成资源建设；利用社会学习理论中的观察学习和模仿原理构建故事学习模式

续表

序号	选题	理论依据
3	基于 OBE 理念的中职语文课程思政教学实践研究	OBE 理念：成果导向，结合语文学科的特点，按照 OBE 理论的 5 个步骤构建语文思政教学模式
		赫尔巴特教育性教学：以培养德行为教学最高目的，以思政引领语文教学，在语文教学中融入思政
4	基于 iSmart 平台的中职英语听说课混合式教学模式实践研究	建构主义学习理论：围绕情境、协作、会话和意义建构四个要素开展基于 iSmart 平台的混合式教学的活动设计，并将其贯穿整个研究过程
5	游戏化学习设计策略在"网络监测"课堂教学中的应用研究	基于 ARCS 动机模型研发以激发动机为核心的游戏化教学设计框架，在导入、演示、实践和评价四个教学环节中充分运用注意、关联、信心和满足四个策略

三、教师理论应用能力培养的阶段性成果

(一) 教育理论运用范例

参训教师王玉辉老师在"运用传统文化故事培养中职学前教育专业学生职业责任感实践研究"中运用了适当的教育理论，开展课题研究。

1.Skilbeck 课程发展理论

该理论将课程开发视为一个动态、循环且不断改进的过程，主要涵盖情境分析、目标设定、方案设计、解释与实施、监测与评价五个核心阶段。情境分析要求对课程所处的背景，如社会文化环境、学生特征、教育资源等进行全面且深入的了解。目标设定是依据情境分析的结果，明确课程期望达成的具体目标。方案设计围绕目标制定详细的课程计划，包括教学内容、教学方法、教学时间安排等。解释与实施阶段是将设计好的方案付诸实践。监测与评价则是对课程实施的效果进行评估，并根据反馈信息对课程进行调整和优化。本研究以此理论指导传统文化故事学习资源和模式的构建。

情境分析助力资源建设：通过全面了解中职学前教育专业的现状，如学生的知识基础、兴趣爱好尤其是幼儿园和社会对学前教育专业人才职业责任感的要求和期望等，为筛选中华优秀传统文化故事提供精准的方向。

目标设定明确研究方向：依据情境分析的结果设定研究目标。在本研究中，目标是通过中华优秀传统文化故事的浸润式教育，探索培养中职学前教育专业学生职业责任感的模式。这一目标为后续的学习资源建设和学习模式探索提供了明确的指引，使得研究

过程有的放矢。

方案设计优化学习模式：对于学习资源建设，明确故事的筛选标准、内容组织方式以及呈现形式等；对于学习模式探索，设计合理的教学流程、教学方法和活动安排。

监测与评价保障研究效果：通过问卷法和访谈法收集学生的反馈信息，评估学习资源的质量和学习模式的有效性。根据评价结果，及时对学习资源和学习模式进行调整和改进，确保研究达到预期的效果，不断提升中职学前教育专业学生的职业责任感。

2. 品德形成的社会学习理论

该理论由班杜拉提出，认为个体的品德形成是通过观察学习、模仿和强化等过程实现的。个体通过观察他人的行为及其后果，形成对行为的认知和评价，并在适当的情境中模仿这些行为。同时，强化在品德形成过程中起着重要的作用，它能够增强或削弱个体的行为倾向。本研究以此理论指导故事的筛选和学习方式的构建。

依据社会学习理论，在筛选中华优秀传统文化故事时，应选择那些在社会责任感方面具有榜样示范作用的故事。故事中的人物形象和行为可以作为学生学习的榜样，他们的职业责任感表现能够为学生提供直观的学习范例。

在探索学习模式时，可以利用社会学习理论中的观察学习和模仿原理。设计教学活动让学生有机会观察和模仿故事中人物的职业责任感行为。组织学生进行角色扮演，模仿故事中人物在面对职业情境时的行为和态度，通过亲身体验来加深对职业责任感的理解和掌握。教师在活动中给予及时的反馈，强化学生的正确行为，促进职业责任感的形成。可以观察学生在学习过程中是否得到了适当的强化，以及这种强化是否促进了他们职业责任感的提升。

（二）常用教育理论梳理

序号	理论名称	代表人物	内容简述
1	黄炎培职教思想	黄炎培	以"使无业者有业，有业者乐业"为宗旨，强调职业教育需立足社会需求，培养实用型人才；主张"手脑并用""做学合一"，注重理论与实践结合，强化技能训练；提出"大职业教育主义"，推动学校、企业、社会协同育人，构建产教融合体系；重视职业伦理教育，倡导"金的品格"，即诚信、敬业、乐群的高尚道德；同时强调"铁的纪律"，要求严格规范职业行为，培养责任感与自律精神；主张职业教育平民化，打破阶层壁垒，促进教育公平与社会发展
2	认知学徒制理论	柯林斯布朗	将传统学徒制方法中的核心技术与学校教育相结合，以培养学生的认知技能为主要目标的教学模式。强调学生在实际情境中通过模仿和实践来学习。强调导师的指导和反馈
3	认知发展阶段理论	皮亚杰	描述了儿童思维和问题解决能力的发展阶段，包括感知运动阶段、前操作阶段、具体操作阶段和形式操作阶段，强调通过同化与顺应主动建构知识，推动认知发展

续表

序号	理论名称	代表人物	内容简述
4	认知结构理论	布鲁纳	学习是人的主动的认知过程，是认知结构的组织和重新组织；强调学科的基本结构在学习中的作用；提倡发现学习；把学生认知发展分成三个阶段：动作表征、映象表征和符号表征，反映了儿童认知成长的层次性和渐进性；为了让学生更好地学习和掌握学科的基本结构，提出了四条教学原则：动机原则、结构原则、序列原则和强化原则
5	道德发展阶段理论	科尔伯格	道德发展不仅仅是行为上的改变，更重要的是个体道德认知能力的提升。这种提升伴随着个体对社会道德规范和价值观的理解和内化；个体在社会交往中不断面对道德困境和冲突，通过思考、讨论和实践，逐步形成和发展自己的道德观念；将道德发展划分为三个水平，每个水平又分为两个阶段，共六个阶段，反映了个体道德认知从低级到高级、从他律到自律的发展过程
6	三元智力理论	斯滕伯格	从信息加工的角度探讨了人类的智力结构，包含智力成分亚理论、智力情境亚理论和智力经验亚理论三个部分。智力成分亚理论主要阐述了智力的内在成分，包括三种成分及相应的过程，即元成分、操作成分和知识获得成分；智力情境亚理论主要探讨了智力与环境的关系，强调智力是在日常生活中，根据所需适应、选择和塑造环境的能力；智力经验亚理论：主要论述了智力与个人经验之间的关系，认为智力包括处理新任务和新环境时所要求的能力，以及信息加工过程自动化的能力
7	成人学习理论	诺尔斯	强调成人学习的独特性，与传统的儿童教育学（Pedagogy）形成对比。其核心观点包括六个假设：自主学习、经验积累、学习有用性、解决问题和内在学习动机。成人学习的特点包括：自我激励与自我指导、目标明确、实践性强和尊重与认可
8	社会文化理论	维果斯基	社会文化因素在人类认知功能的发展中发挥着核心作用，强调个体的认知发展是通过与他人的互动和社会文化的参与而实现的。提出了中介作用、内化过程、最近发展区和文化历史活动理论等重要理论
9	有意义接受学习理论	奥苏贝尔	有意义学习是将符号所代表的新知识和学生认知结构中已有的适当观念建立非人为的和实质性的联系；当学生把教学内容与自己的认知结构联系起来时，有意义学习便发生了。学习者接受知识的心理过程就是概念同化过程，即新知识与学生认知结构中已有观念发生相互作用，导致新旧知识的意义的同化；同化包括下位学习、上位学习和并列学习三种模式
10	认知负荷理论	斯威勒	旨在解释个体如何在学习和问题解决过程中进行信息加工。认知负荷是指在一个特定的作业时间内施于个体认知系统的心理活动总量，分为三类：内在、外部和相关认知负荷；假设人类的认知结构由工作记忆和长时记忆组成；教学设计应遵循以下原则以降低认知负荷，提高学习效率：信息分割、前置组织、提供样例、利用多通道和避免冗余

续表

序号	理论名称	代表人物	内容简述
11	认知失调理论	费斯廷格	探讨个体如何应对认知不一致引发的心理冲突。指个体内部认知（如信念、态度、价值观）之间或认知与行为之间的矛盾状态。这种矛盾状态会产生心理上的不适感，促使个体采取措施来减少或消除这种失调。提出了四种典型的失调情境：决策后失调、强制服从失调、接触新信息造成的失调和社会支持体系造成的失调。为了减少失调带来的不适感，个体会采取多种策略：改变认知、改变行为、增加新的认知、选择性忽视和改变认知的相对重要性
12	自我确认理论	斯旺	主张一旦人们有了关于他们自身的想法，他们就会努力证明这些自我观念；将自我分为主体自我和客体自我。主体自我关注个体的自我概念，即个体如何看待自己；而客体自我则关注个体寻求他人对自己看法的动机；个体通过两大途径来验证自我：营造验证自我的社会环境和对现实信息的主观歪曲；自我验证对个体具有积极和消极两方面的影响
13	默会认识理论	波兰尼	人类的知识有两种：明确知识和默会知识。明确知识是可以用语言、文字、图表等符号形式加以表述的知识，而默会知识则是难以言传的知识。默会知识的特征：通常与特定的实践活动紧密相连，只能在行动中展现、被觉察和被意会；难以通过正规的形式加以传递，需要通过学徒制或其他非正式的方式进行传承；不易被大规模积累、储藏和传播；植根于个体行为本身，是个体独特的理解和经验
14	学习风格理论	科尔布	学习是一个通过获取和转化经验来创造知识的循环过程，包括具体经验、反思观察、抽象概念化和主动实践四个阶段。根据个体在这四个阶段的偏好，学习者被分为顺应型、同化型、发散型和聚合型四种风格，每种风格在学习方式、信息处理和任务偏好上各有特点。该理论强调了经验在学习中的重要性，以及个体在学习过程中的差异性和多样性
15	记忆衰减理论	艾宾浩斯	人类记忆会随时间推移而逐渐衰减，且遗忘速度呈现"先快后慢"的非线性特征。在学习后的短时间内，记忆保留量会迅速下降，随后遗忘速度逐渐减缓，最终趋于稳定。强调通过合理安排复习时间间隔来优化记忆过程，对抗遗忘，提高长期记忆的效率和效果
16	关联主义学习理论	西门子	学习是一个发生在模糊不清的环境中的动态过程，强调社会网络在知识连接和构建中的重要性。知识被视为网络化连接的，学习则是将这些不同的专业节点或信息源连接起来的过程；学习可能存在于非人类的工具或设施中，持续学习的能力比当前知识的掌握更重要。为促进持续学习，需要培养和保持各种连接，包括人与人、人与信息源之间的连接
17	激活扩散理论	柯林斯	是一种概念结构理论，认为各种概念组成一个相互联系的概念网络，连线的长短表示概念联系的紧密程度，连线越短表示概念间的联系越紧密。当一个概念被加工时，其意义激活会自动传递到相关的概念上，使得相关的概念也被激活，而且激活的强度会随着传递距离的增加或传递时间的延长而降低。这一理论能够很好地解释为何人们在思考时很容易联系到相似度高的事物

续表

序号	理论名称	代表人物	内容简述
18	自我效能感理论	班杜拉	是个体对自己能否成功完成某项任务的主观判断。该理论认为，自我效能感不仅影响个体的行为选择、努力程度和坚持性，还影响其面对困难时的态度和情绪反应。自我效能感的形成主要受四个因素影响：直接经验（个体自身的成功或失败经验）、替代经验（观察他人成功或失败的经验）、言语说服（他人的鼓励和反馈）以及情绪唤醒（如紧张、焦虑等情绪状态）。高自我效能感的个体更倾向于选择具有挑战性的任务，面对困难时更能坚持，付出更多努力，并在活动时信心十足
19	自我决定理论	德西	是一种动机过程理论，强调人的行为的自我决定程度。认为人具有三种基本心理需要：胜任感、自主性和归属感。胜任感指个体感到自己有效并能锻炼和表现才能；自主性指行为自愿且能自我控制；归属感指个体感到被他人关心并能建立良好人际关系。自我决定理论将动机分为内在动机、外在动机和无动机。内在动机指因兴趣和满足而从事活动；外在动机指因外部奖励或惩罚而行动；无动机则指对活动无兴趣。该理论还强调外在动机使用不当会削弱内在动机，教学中应促进外在动机内化
20	期望效应理论	罗森塔尔	亦称皮格马利翁效应，认为人们基于对某种情境的知觉而形成的期望或预言，会使该情境产生适应这一期望或预言的效应。如果教师对学生持有积极的期望，并在教学中表现出这种期望，学生会受到鼓舞，从而取得更好的学业成绩。它揭示了期望和信念对人际互动和个人成就的重要影响，强调了积极期望的重要性，以及如何通过积极的反馈和支持来激发他人的潜能
21	学习动机激发理论	德西	强调内在动机的重要性，认为个体因为兴趣、爱好或成就感等内在因素而投入到某项活动时，会更具积极性和创造力。外在的物质奖励如果使用不当，反而会削弱内在动机。真正的动力来源于对事物的热爱和对自我实现的追求，应更多地关注个体的内在需求，激发其内在动机，避免过度依赖外在奖励
22	成就动机理论	麦克里兰阿特金森	认为个体对活动的选择以及努力的程度会受到其对活动结果的价值评估以及实现结果可能性的预期的影响。提出了两种类型的动机：力求成功的动机和避免失败的动机。力求成功的动机驱使个体追求具有挑战性和一定成功概率的任务，旨在提高自尊心和获得心理上的满足。而避免失败的动机则促使个体避免那些可能失败或暴露自身不足的任务，以保护自尊心不受损害。这两种动机相互交织，共同影响着个体的行为选择和努力程度
23	成败归因理论	维纳	一种解释人们如何对行为结果进行归因的动机理论。其核心在于从三个维度（内外、稳定性、可控性）对六个主要因素（能力、努力、任务难度、运气、身心状态、外界环境）进行分类，并分析归因方式对个体动机和行为的影响。该理论把归因分为三个维度：内部归因与外部归因；稳定性归因和非稳定性归因；可控归因与不可控性归因。又把人们活动成败的原因即行为责任主要归结为六个因素，即能力高低、努力程度、任务难易、运气好坏、身心状态和外界环境

续表

序号	理论名称	代表人物	内容简述
24	倒 U 形假说	多德森	变量与结果之间存在一种先上升后下降的关系，整体形成倒 U 型曲线。当某一变量达到临界值前，结果随变量增加而提升；超过临界值后，结果则呈现下降趋势。这一理论模型常用于经济学、心理学等领域
25	情绪智力理论	戈尔曼	认为个体在情绪认知、情绪调节、情绪表达等方面的能力对其成功和幸福至关重要。高情绪智力的个体能更好地理解自己和他人的情绪，更有效地管理情绪，从而在社交和职业环境中取得更好的表现。情绪智力包括自我意识、自我调节、社会技能、同理心和动机等多个方面
26	情境认知理论	莱夫	认为情境是认知活动的基础，个体的认知过程需要在具体的情境中建构。它强调学习必须在真实的情境中进行，情境要反映真实生活，学生需在情境中实践，通过做中学来掌握知识，并鼓励学生探究情境中的问题，培养他们的探究能力。同时，学生应主动参与情境，而不是被动接受知识
27	分布式认知理论	赫钦斯	强调认知是一个包括认知主体和环境的系统，认知活动不仅依赖于认知主体，还涉及其他认知个体、认知对象、认知工具及认知情境。分布式认知活动是对内部和外部表征的信息加工过程，认知分布于个体内、个体间、媒介、环境、文化、社会和时间之中。它提出一种新的分析单元——功能系统，包括参与者全体、人工制品和他们在所处特定环境中的相互关系
28	社会比较理论	费斯廷格	个体在缺乏客观标准的情况下，会利用他人作为比较的尺度来进行自我评价。社会比较是一种普遍存在的大众心理现象，人们通过与他人比较来评估自己的能力和观点，这种比较过程不仅影响个体的自我评价，还会塑造个体的态度、行为和人际关系。社会比较可以分为上行比较和下行比较，具体效果取决于比较情境和比较对象与个体的关系
29	行为塑造理论	斯金纳	行为由行为本身的结果所塑造，通过逐步引导和强化，可以帮助个体形成期望的行为模式。该理论强调行为之后的强化物对行为频率的影响，正强化能增加行为的发生频率，而负强化或处罚则能减少行为的发生频率
30	场域认知理论	考夫卡	人的每一个行动均被行动所发生的场域所影响，而场域并非单指物理环境，也包括他人的行为以及与此相连的许多因素。强调个体行为与社会环境之间的紧密联系。场域理论的三个维度可概括为客观结构、社会位置及资源与权力分配。这三个维度共同构建了场域中参与者互动的基础框架，并决定了场域内的动态关系。客观结构强调场域的整体架构，包括参与者之间的权力关系、角色分工及规范体系。社会位置是参与者在场域中占据的具体位置，这些决定了其社会属性和行动能力。资源与权力分配是指场域的核心矛盾围绕资源的争夺展开。参与者为实现目标需掌握特定资源，而资源的分布直接影响权力结构

续表

序号	理论名称	代表人物	内容简述
31	情绪调节理论	阿诺德	探讨了如何管理和控制情绪的方法和策略,包括认知重构和情绪调节训练等。关注在情绪发生过程中,个体如何通过一系列策略和机制,使情绪在生理活动、主观体验、表情行为等方面发生一定的变化。情绪调节是一个复杂的过程,它不仅包括调节情绪系统的各个成分,如情绪的生理、认知和行为方面,也包括情绪系统以外的认知和行为
32	归因理论	沙克特	个体的情绪经验源于情境刺激引起的生理变化及个体对此变化的认知性解释。生理变化是次要因素,而个体对其生理变化的认知性解释才是决定情绪的关键因素。生理唤醒是情绪激活的必要条件,但真正的情绪体验取决于个体对其唤醒状态的认知性解释
33	群体动力学理论	勒温	社会系统是由相互连接的个体组成的复杂网络,个体行为不仅受内在心理因素影响,还受所处社会环境的影响,是个体内在需要和环境外力相互作用的结果。群体中的各种力量对个体的作用和影响,启发人们从内因的角度去考察和研究群体行为的产生和发展规律;从群体成员间的关系以及整个群体氛围中去把握群体行为的变化过程;使个体、群体和社会三位一体的关系得到逐渐认识;促进了小群体研究重点的转化。勒温的变革模型为理解和引导群体行为变化提供了框架,包括解冻、变革和再冻结三个阶段
34	需求层次理论	马斯洛	将人类的需求按照层次结构排列,5种需求通常被描绘成金字塔内的等级,从层次结构的底部向上,需求分别为:生理需要、安全需要、爱和归属需要、尊重需要和自我实现需要。后又补充了认知需要和审美需要。需要层次越低,力量越大,潜力越大。随着需要层次的上升,需要的力量相应减弱。高级需要出现之前,必须先满足或部分满足低级需要。强调了个体追求自我实现和成长的重要性,对于理解人类行为和动机提供了重要的视角
35	期望值-现实差异模型	波特	用于解释个体满意度与绩效之间的关系。期望值设定:根据自身经验、能力认知和对组织的了解对工作成果形成期望;现实结果感知:完成工作后对实际获得的结果进行感知,包括实际得到的薪酬、绩效评估结果等各种工作产出;差异产生影响:期望值高于现实结果时,会产生不满情绪,可能导致工作积极性下降、绩效降低;现实结果达到或超过期望值时,会感到满意,提升工作积极性,对绩效产生积极影响;动态调整过程:随着时间推移和工作经验增加,期望值和对现实的感知会不断变化,需及时了解并适应这种变化,以维持满意度和绩效水平
36	社会认同理论	泰弗尔	社会认同是个体认识到他属于特定的社会群体,同时也认识到作为群体成员带给他的情感和价值意义。个体通过将自己归类到不同的社会群体中,获得一种身份感和归属感;人们会自动地将世界划分为"内群体"和"外群体";个体倾向于将内群体与外群体进行比较,以评估自身群体的地位;社会认同是自我概念的重要组成部分,通过社会分类和比较,个体的自我概念会受到所属群体的影响,塑造个体的态度、价值观和行为

序号	理论名称	代表人物	内容简述
37	公平感知理论	亚当斯	个体会将自己的投入和产出与他人的投入和产出进行比较，也会和自己过去的投入产出比进行比较；发现自己的投入产出比与他人相等时会感到公平，而当自己的投入产出比低于他人会产生不公平感，自己的投入产出比高于他人则可能会有负疚感；不公平感会使个体产生紧张和不满情绪，从而影响积极性和满意度；为了恢复公平感，个体可能会采取多种方式：改变自己的投入、改变自己的产出、改变对自我或他人的认知、选择另一个比较对象或离开当前的环境等
38	学习型组织理论	圣吉	核心内容包括五项修炼：自我超越、心智模式、建立共同愿景、团队学习和系统思考。自我超越鼓励个人持续学习和成长，以更好地服务于组织目标；心智模式强调识别和挑战个人及组织的内在思维模式和假设；共同愿景则是组织成员共同认可并为之奋斗的目标，能增强团队凝聚力；团队学习注重成员间的协作和沟通，以提升整体思考能力和问题解决能力；系统思考要求从整体角度看待问题，理解各要素间的相互作用，以促进组织的可持续发展。这五项修炼共同构成了学习型组织的基础，旨在提升组织的创新能力、适应能力和竞争力
39	生命历程理论	埃尔德	个体的生命轨迹是由社会环境、家庭关系和个人经历等多种因素共同塑造的，强调社会变迁对个人成长有着深远影响。包含四个核心原理：一定时空中的生活原理，强调个体生活受到历史时期和地理环境的深刻影响。相互联系的生活原理，认为个体的行为嵌套于具体的社会关系之中，受社会影响的同时也在影响社会。生活的时间性原理，强调社会事件发生的时间比事件本身更为重要，它代表了一种社会需要与个体发展生命历程相结合的视角。个人能动性原理，主张即使在有约束的环境下，个体仍具有主动性，能够有计划、有选择地推进自己的生命历程
40	标签理论	贝克	社会问题或越轨行为的本质源于社会对其贴上的标签，而非行为本身具有固有偏差性。任何行为本身并非天生具备"正常"或"越轨"属性，而是社会群体通过特定标准对其进行定义。标签的施加通常包含三个阶段：首先是初级越轨，即个体偶然出现不符合常规的行为但尚未被社会广泛关注；其次是标签施加，权威机构或重要他人基于主观标准将此类行为定义为"越轨"，并公开强化标签；最后是次级越轨，被标签化的个体因社会排斥被迫接受"越轨者"身份，形成持续性偏差行为。这一理论揭示了社会评价与权力关系对个体行为的影响，并强调去标签化的重要性，以促进个体的正常化发展
41	范例教学理论	克拉夫基	强调通过具体范例进行教学，帮助学生理解抽象概念和原则。认为范例教学能够帮助学生从具体案例中提炼出普遍规律，从而更好地掌握知识。广泛应用于德国教育界，用于设计教学内容和教学方法

序号	理论名称	代表人物	内容简述
42	教育目标分类掌握理论	布鲁姆	将教育目标分为认知、情感和动作技能三个领域，每个领域又细分为不同层次。认知领域包括记忆、理解、应用、分析、综合和评价；情感领域包括接受、反应、评价、组织和内化；动作技能领域包括模仿、操作、精确等
43	教育性教学原则	赫尔巴特	强调教学应遵循学生的心理发展规律，注重知识的系统性和连贯性。提出"四步教学法"：清晰、联想、系统和方法。认为教育应通过系统的教学设计和内容组织，帮助学生逐步掌握知识。对现代教育学产生了深远影响
44	进步主义教育理论	杜威	强调教育应以学生为中心，注重实践和经验，培养学生的批判性思维和问题解决能力。认为教育是生活的过程，而不是为未来生活做准备。主张"做中学"，强调学生的主动参与和实际体验。广泛应用于现代教育改革和实践
45	多元智能理论	加德纳	主张智能并非单一的，而是由多种相对独立的智能成分所构成。人类至少存在八种智能：语言智能、数学逻辑智能、空间智能、身体运动智能、音乐智能、人际智能、自我认知智能以及自然认知智能。每一种智能代表着一种区别于其他智能的独特思考模式，这些智能之间是相互依赖、相互补充的

第五章

如何培养教师的
方法运用能力

科学结论，是点成的金，量终有限；科学方法，是点石的指，可以产生无穷的金。

——蔡元培

科研方法是众多学者经过反复实践、长期积累形成的方法论精髓，是中职教师打破凭借直觉和经验解决问题的惯性，科学严谨地探索未知领域、揭示本质和规律的重要工具。科研方法不仅规定了数据收集与分析的步骤，也是构建理论框架、验证假设的逻辑桥梁。它帮助中职教师运用科学的思维方式和操作程序，探寻纷繁复杂的教育现象的本质，准确捕捉关键要素，验证教育理论的适用性和有效性。在科研方法的引领下，中职教师能够超越经验主义的局限，以课题研究为载体，用客观理性、实事求是的态度和准确、精确的原则面对教育实践中的挑战，为教育创新和质量提升奠定坚实的基础。

一、什么是方法运用能力

科研方法的运用能力指教师主动系统学习并掌握课题研究方法的相关知识，并合理选择、正确地运用在课题研究过程中从而得出科学结论的能力。它是教师科研能力的重要组成部分，体现了研究者在科学研究中的实际操作能力和技术水平。这一能力主要由科研方法的学习能力和科研方法的运用能力两部分构成。

（一）科研方法的学习

科研方法的学习能力指教师通过多种途径主动获取、理解和内化常见科研方法的能力，既包括对科研方法的基本理论的掌握，也包括对其应用场景、适用条件、操作步骤及局限性的深刻理解。中职教师常用的科研方法包括文献法、调查法、观察法、实验法和行动研究法等。

1. 文献法

是一种借助对各类文献资料进行查阅、梳理、分析以及归纳总结，从而获取研究所需信息的科研方法。

具体操作时首先要明确研究主题，依据主题确定检索的关键词、范围以及文献类型。然后通过多种渠道去搜集相关文献，并对其进行筛选，剔除关联性不强、质量不高的文献。接着仔细阅读留存下来的文献，提取其中有价值的观点、数据、方法等内容，并做好笔记和整理工作。最终综合所阅读和分析的相关文献信息来服务于自身的研究。

广泛应用于众多研究领域，适用于理论性研究问题（如梳理学科理论发展、对比学术流派观点），常用于课题前期准备，助于确定研究可行性、创新点与方向。

能够突破时空限制，汇聚海量资料，有利于筑牢知识与理论根基，便于追踪前沿，精准定位研究切入点。

需注意甄别文献来源的可靠性，避免引用过时或质量不高的文献。同时，要确保对文献的全面理解，避免片面解读或误读。

2. 调查法

是研究者有目的有计划地运用问卷、访谈、测验、观察等多种方式系统地收集相关资料，以分析了解研究对象的状态、态度、行为特征等情况的方法。

最常用的是问卷调查法。首先要精心设计问卷内容，包括合理设置问题类型、问题顺序、语言表述等，确保问卷的科学性和有效性；接着选择合适的调查对象群体，通过线上或线下方式发放问卷，回收后对有效问卷进行数据整理和统计分析。问卷调查法能够直接获取一手资料，有效洞察社会与群体特征，同时方式灵活多变，可依研究灵活调整，适用领域也比较广泛。常用于探究社会现象背后的原因、了解特定群体的特征和态度、评估某项改革的实施效果等。

在设计问卷时，需要注意避免受调查对象主观因素干扰，确保问题的针对性和有效性。在数据收集过程中，要确保样本的代表性和广泛性，同时保护受访者的隐私和权益。

3. 观察法

指研究者按照预先设定的目的和详细的计划，运用自身的感官或借助一定的辅助工具对研究对象在自然状态或人为控制的特定环境下进行系统连续的观察，并如实记录观察到的现象、行为、变化、结果等的科研方法。

自然观察要在研究对象正常的生活、工作、学习等自然环境中不加干预地观察其行为表现、活动规律等；实验室观察则是将研究对象置于研究者人为设定和控制的实验环境中，观察其在特定条件下的反应和变化。观察前要提前制定好观察提纲，明确观察的内容、重点、时间、频次等，观察结束后都要及时对记录的资料进行整理分析，提炼出有价值的信息。

该方法适用于课堂教学、学生行为分析、实训操作、学校环境评估等多个教育领域。能够直观呈现研究对象状态，助力把握本质，利于挖掘问题线索。

观察时要确保客观性和准确性，避免主观臆断或偏见，选择合适的观察角度和时间间隔，确保收集到全面而准确的数据。

4. 实验法

通过研究者主动操纵自变量，严格控制无关变量，同时精准观测因变量的变化情况来探究自变量与因变量之间是否存在因果关系的科研方法。

先进行实验设计，包括确定实验目的、选择实验对象、划分实验组和对照组、明确自变量的操作方式以及因变量的测量指标等。然后按照设计好的实验流程实施实验，在实验过程中密切关注各变量的变化并做好详细记录。实验结束后，运用合适的统计分析方法对实验数据进行分析处理，判断自变量与因变量之间的因果关系是否显著，进而得出实验结论。

该方法主要用于探究教育教学活动中各类因素之间的因果关系，包括但不限于教学方法、教学策略、教学环境、教学资源等因素对学生学习成果、学习过程以及综合素养发展的影响研究。其程序科学严谨，精准揭示因果，支撑理论构建，结果可靠，可重复性强，便于成果验证推广。

在实验时，要确保实验的科学性和严谨性，避免实验条件或操作不当导致的误差，严格遵守伦理规范，确保实验对象的权益和安全。

5.行动研究法

强调研究者与实际工作者共同参与，针对实际工作、生活实践中存在的具体问题，在实际行动过程中边实践、边研究、边对行动计划进行修改完善的一种研究方法。

通常按照"计划—行动—观察—反思"螺旋式循环过程来开展。首先研究者与实际工作者一起发现并确定实践中需要解决的问题。然后共同制定行动计划，明确行动的目标、步骤、策略等。接着按照计划开展实际行动，密切观察行动产生的效果、出现的新情况并做好记录。之后对观察到的情况进行反思，分析行动是否达到预期目标、存在的问题及原因，对行动计划进行调整修改，再次进入行动环节。循环往复直至问题得到有效解决或者达到满意的研究效果。

该方法在教育领域实用性极强，涵盖教学方法改进、教学策略调整、课程设计优化、班级管理完善等多方面。紧密贴合实际，成果可以即时应用检验，高效解决问题，可行性与操作性强。

研究时要确保研究者与实际工作者的紧密合作，共同制定和实施行动计划，注重对行动过程的全面观察和反思，及时调整和完善行动计划。

（二）科研方法的运用

科研方法的运用能力指将已学习的科研方法理论知识应用于具体的科研实践中，以解决科学问题、验证假设或探索新知的能力，包括根据研究目的选择合适的科研方法、设计研究方案、收集和分析数据以及基于分析结果得出结论和提出改进建议等。正确选择研究方法并将其正确地应用到研究中去，是确保研究质量的关键。

1.如何选择适配的研究方法

（1）依据研究目的匹配研究方法

研究目的如同科研活动的指南针，引领研究方法的选择。当研究旨在描述某一现象的特征、呈现事实状况时，观察法和调查法因其能够直观记录和广泛收集信息的特点，成为理想选择。观察法通过直接观察现象的发生、发展，记录关键细节，为描述性研究提供丰富素材；而调查法则通过问卷、访谈等方式，广泛收集不同群体的意见和看法，形成对现象全面、深入的理解。对于旨在探究因果关系的研究，实验法则因其能够严格控制变量、揭示变量间关系的特性而备受青睐。文献法在研究历史背景、理论基础等方面具有独特优势，能够为研究提供坚实的理论支撑。

（2）基于研究对象特性筛选方法

研究对象的特性也是选择研究方法时不可忽视的因素。对于抽象概念、历史事件或难以直接接触的群体，文献法成为主要途径。通过深入研读经典文献、历史典籍等资料，挖掘研究对象的内涵及发展历程，为研究提供丰富的历史背景和理论依据。而对于具有隐蔽性、不易直接观测的对象，如人的内心世界、行为动机等，调查法和观察法则能提供更多线索。通过问卷、访谈等方式引导研究对象表达内心想法，结合观察法记录研究对象的外在行为表现，为理解其内在特征提供辅助线索。

（3）结合研究条件权衡方法

研究条件同样影响着研究方法的选择。在时间紧迫、资源有限的情况下，快速简便的方法如在线问卷、即时观察等能够在短时间内收集到一定量的数据，为研究提供初步支持。而对于具备充足资源的大型项目，则可考虑采用更复杂、深入的多变量实验、系统文献综述等，能够更全面地探究研究对象，揭示其内在规律和机制。

2. 如何正确应用研究方法

（1）深入理解研究方法的原理与规则

在应用研究方法前研究者需对其原理和操作要求有深入的理解，包括掌握其核心概念、适用范围、操作步骤等，确保其在研究中的正确应用，避免误用或滥用导致的研究偏差。如在实验法中，需明确自变量、因变量和控制变量的概念及设置方法，了解实验设计的基本类型及其适用场景；在调查法中，需理解抽样的原理和选择合适的抽样方法，掌握问卷设计的原则和访谈提纲的制定规则。

（2）制订严谨细致的研究计划

通过制订研究计划明确研究目标与问题、规划研究步骤与时间安排、确定研究对象与样本选取等。研究目标应具体、明确，能够指导整个研究过程；研究步骤与时间安排应详细、具体，确保研究的有序进行；研究对象与样本选取应根据研究目的和方法特点进行，确保样本的代表性和科学性。

（3）严格遵循相关规范与伦理要求

需遵循学术规范，确保研究的科学性和严谨性，包括引用他人研究成果时注明出处、采用规范的引用格式等。需坚守伦理道德，尊重研究对象的权益和隐私。在收集数据前，应获得伦理审批，并告知研究对象研究目的、方法和可能的风险等。应保护研究对象的隐私和信息安全，避免泄露其个人信息或造成不必要的伤害。

（4）注重过程中的细节把控与监控

研究实施阶段，细节把控和全程监控至关重要。这涉及对研究活动的每一步骤进行精心设计和严格监督，确保所有操作都符合预定方案和标准。细节监控涵盖数据收集的准确性、方法的恰当执行、时间节点的严格遵循以及资源的有效利用等方面。通过定期检查、核对和调整，及时发现并纠正偏差，保证研究的顺利进行和数据的可靠性。此外，建立有效的监控机制，如日志记录、进度报告和同行评审等，有助于持续跟踪研究进展，确保所有环节都达到高质量标准。

（5）做好记录与反思总结工作

需详细记录研究过程中的方法步骤、遇到的问题及解决办法等信息，这有助于后续的数据分析和结果讨论，也为今后开展类似研究提供参考。还需对研究方法的应用情况进行全面反思，总结经验教训，包括方法选择是否恰当、应用过程中哪些环节可以改进、是否达到预期研究目标等。

二、如何培养科研方法的运用能力

科研方法的运用能力培养是中职教师科研能力培养的第四个环节，安排在教育理论的学习与应用能力培养之后，为研究方案的撰写与汇报奠定方法基础。旨在培养教师掌握常用研究方法，并能够选择适合的研究方法应用于研究实践的能力。研究方法的学习与应用能够提高研究的高度和水平，保障研究的规范性，是培训的重要内容。

通过专家培训、集体研讨、课题实践等培养途径，以期达到如下具体目标。

① 了解常见科研方法的名称和基本内容；

② 掌握常用科研方法的概念、原理、适用范围及注意事项；

③ 掌握常用科研方法的实施步骤和操作技巧；

④ 能够针对研究内容选择合适的科研方法；

⑤ 能够对所选研究方法进行详细使用设计；

⑥ 能够正确、规范地应用所选科研方法；

⑦ 提高教师自身专业素养和学术能力；

⑧ 提升课题研究过程的科学性和研究结果的信度和效度。

在成人学习理论、721法则、学习金字塔模型等理论的指导下，根据需要将"训、研、践"有机结合。具体培训流程如下。

（一）训：开展理论培训，助力教师掌握科研方法的相关知识

1.专家授课，引领教师学习常用科研方法和使用技巧

中职教师在开展课题研究时多依赖于实践经验，缺少对科学方法的规范使用，因此课题研究往往沦为了经验总结或者项目实践。帮助教师拓宽研究视野，熟悉并掌握常用的科研方法，并能够根据研究主题和目的选择最合适的方法组合，是教师课题研究能力培训的重点。应邀请在教育研究方法领域具有丰富经验的专家学者，包括熟悉中学教育教学实践的大学教授、在读博士生或者有较高理论素养的市区教研员，为教师全面讲授经典的研究方法。鉴于科研方法的重要性、多样性和复杂性，时长不应低于8课时，必要时可以用时12甚至16课时。培训内容以量化研究为主、质性研究为辅，详细讲解各

教育科学研究方法

- 教育科研方法概念及特征
  - 什么是教育科研？什么是教育科研方法？
  - 教育科研的特征
    - 科学性和人文性相互映照
    - 综合性和专业性辩证统一
    - 实践性和伦理性交互突显
  - 教育研究的一般过程

- 教育科研方法分类
  - 方法论
    - 哲学基础
    - 逻辑
    - 范式
    - 价值
    - 客观性
  - 研究方式
    - 调查研究
    - 实地研究
    - 文献研究
    - 实验研究
  - 具体方法技术
    - 问卷法
    - 访谈法
    - 观察法
    - 量表法
    - 抽样法
    - 测量法
    - 统计分析法
    - 定性分析法
    - 计算机应用技术

- 常用的教育科研方法
  - 观察法
    - 什么是观察法，三个基本要素
    - 观察法分类
    - 观察法的抽样
    - 观察法的记录
    - 观察法的设计与实施
    - 信息的整理与分析
    - 观察法的优缺点
  - 调查法
    - 什么是调查法，调查法的特点
    - 调查法的分类
    - 调查法的步骤
      - 确定调查课题
      - 选取调查对象
      - 选择调查方法
      - 制定调查计划
      - 设计调查提纲
      - 进行准备性调查
      - 进行正式调查
      - 处理调查研究资料
      - 撰写调查报告
    - 问卷法及优缺点
    - 问卷的结构与编制——标题、引导语、个人资料、问题(主体)、结束语
    - 问卷的设计步骤——准备工作-初步设计-试用、信效度分析、修改-正式形成问卷
    - 问卷的形式——封闭式问题，开放式问题
    - 问卷调查的实施——试测-正式调查-问卷回收-统计与处理
  - 访谈法
    - 什么是访谈法，访谈法的特点
    - 访谈法的分类
    - 访谈法的步骤
      - 访谈问题的设计
      - 访谈的准备
      - 访谈的实施
      - 访谈结束
      - 访谈结果的整理与分析:原始资料的分类与编码
  - 案例研究法
  - 教育行动研究

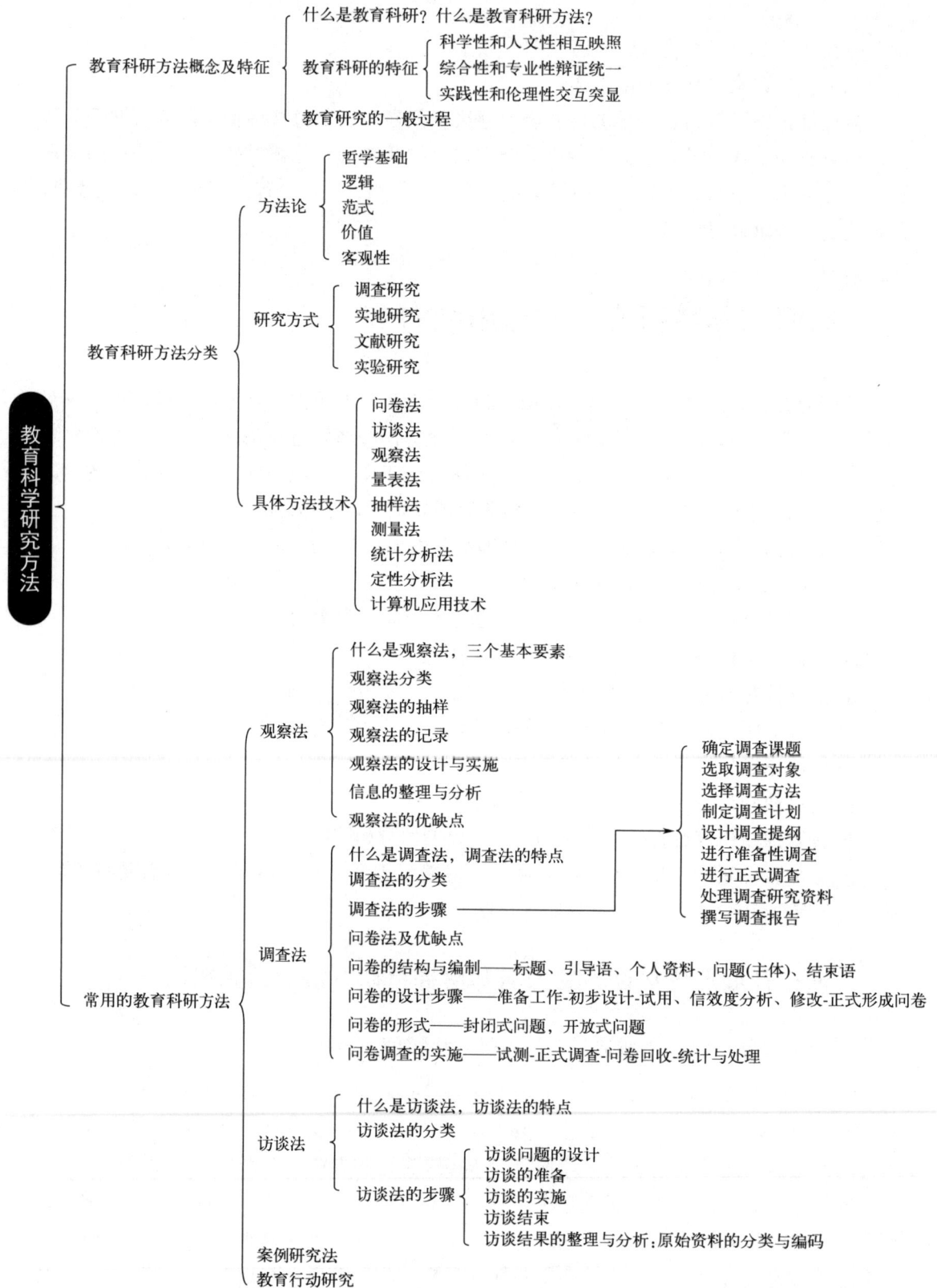

图 5-1 "教育科学研究方法"思维导图

种具体科研方法的应用步骤、优势局限、数据收集与分析技巧，以及在实际研究中的操作要点（图 5-1）。其中行动研究法在一线教师中应用广泛，可以着重进行讲解（图 5-2）。培训形式不但有理论讲授，还应有实践案例分析，以及学员的实操演练。

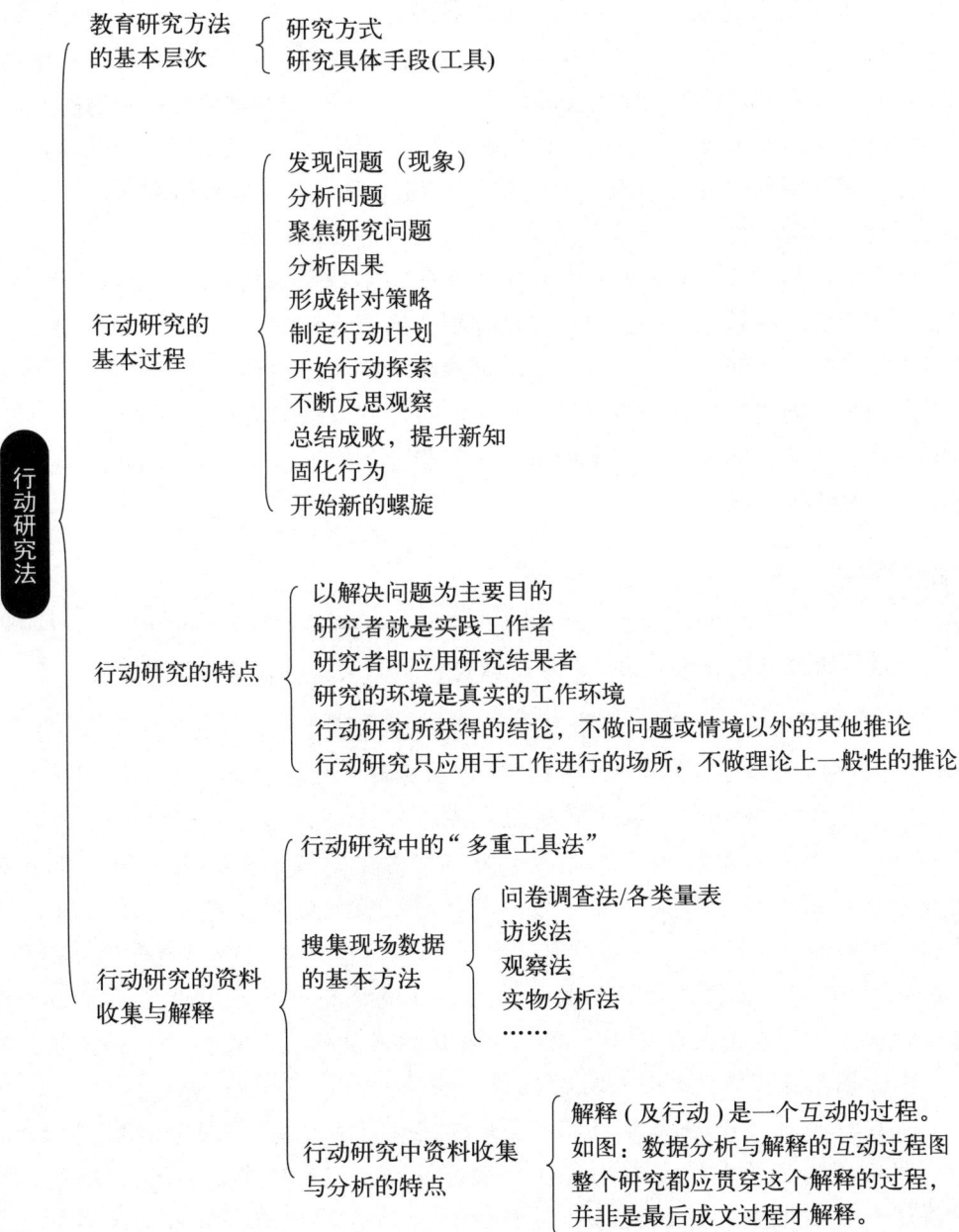

行动研究法

- 教育研究方法的基本层次
  - 研究方式
  - 研究具体手段(工具)

- 行动研究的基本过程
  - 发现问题（现象）
  - 分析问题
  - 聚焦研究问题
  - 分析因果
  - 形成针对策略
  - 制定行动计划
  - 开始行动探索
  - 不断反思观察
  - 总结成败，提升新知
  - 固化行为
  - 开始新的螺旋

- 行动研究的特点
  - 以解决问题为主要目的
  - 研究者就是实践工作者
  - 研究者即应用研究结果者
  - 研究的环境是真实的工作环境
  - 行动研究所获得的结论，不做问题或情境以外的其他推论
  - 行动研究只应用于工作进行的场所，不做理论上一般性的推论

- 行动研究的资料收集与解释
  - 行动研究中的"多重工具法"
  - 搜集现场数据的基本方法
    - 问卷调查法/各类量表
    - 访谈法
    - 观察法
    - 实物分析法
    - ……
  - 行动研究中资料收集与分析的特点
    - 解释（及行动）是一个互动的过程。
    - 如图：数据分析与解释的互动过程图
    - 整个研究都应贯穿这个解释的过程，并非是最后成文过程才解释。

图 5-2 "行动研究法"思维导图

2.研读教材，帮助教师切实掌握科研方法的内涵和用法

研究方法种类繁多且各具特点，专家的几次集中授课往往只能为教师讲解其核心理念和基本操作，之后还要为教师配备必修和选修教材，帮助教师深入学习和系统掌握常见科研方法。教师不仅要广泛阅读教材，全面了解各类研究方法的适用范围、操作步骤及注意事项，还应结合自身研究课题的实际需求，精选几个重要研究方法进行深入钻研。在此基础上，可以组织交流和研讨活动，鼓励各课题组围绕所选研究方法进行分享。每个课题组可以负责深入剖析一两个经典或前沿的研究方法，通过案例分析、实操演示、经验交流等形式，将学习成果转化为实践能力，从而进一步提升被培训教师的研究技能。

本专题推荐阅读安徽教育出版社"现代教育原理丛书"之《教育研究方法导论》，作者为裴娣娜。该书系统介绍了教育研究方法的一般原理，包括教育研究的定义、特点、意义以及研究方法的分类和选择等，详细阐述了教育研究的构思与设计，包括研究问题的提出、研究假设的形成、研究方案的制定以及研究工具的编制等，为读者提供了科学的研究思路和方法。在基本方法部分，作者详细介绍了观察法、实验法、调查法、文献法等常用的教育研究方法，并对每种方法的基本概念、操作步骤、注意事项以及优缺点进行了深入剖析。同时，作者还结合具体案例，对每种方法的应用进行了详细说明，使读者能够更好地理解和掌握。该书集理论性、实践性和指导性于一体，是教师学习教育研究方法的必备经典读物。

🖥 **样例 5-1**

《教育研究方法导论》第十一章"教育科学的实验研究法"读书笔记

教育实验研究方法是研究者按照研究目的，合理地控制或创设一定条件，人为地变革研究对象，从而验证假设探讨教育现象因果关系的一种研究方法。

本章分为三个小节。第一节是教育实验研究法概述。作者对其特点进行了总结：以人和人所从事的教育活动为研究对象，揭示正在成长的、处于不断发展变化的青少年儿童在教育影响下全面发展的过程和规律，着力研究的是社会中人与人、人与社会的关系；作为主客体中介的实验物质手段（仪器，设备），教育实验主要在教育和教学的自然环境状态中进行；研究方法上，教育实验由于教育现象变量的不确定性，更强调定量研究与定性研究相结合。

作者把教育实验的全过程分为准备—实施—总结三个基本阶段：

1. 实验的准备阶段具体包括：（1）选定实验研究的课题形成研究假说。（2）明确实验目的，确定指导实验的理论框架。（3）确定实验的自变量。选择被试和形成被试组，决定每组进行什么样的实验处理，并确定操作定义。（4）选择适合的测量工具并决定采用什么样的统计方法，从而明确评价因变量的指标。（5）选择实验设计类型，确定控制无关因素的措施，以最大限度

地提高实验的内部效度和外部效度。

2. 实验的实施阶段，按照实验设计进行教育实验，采取一定的变革措施（实验处理），观测由此而产生的效应，并记录实验所获得的资料、数据等。

3. 实验结果的总结评价阶段，要对实验中取得的资料数据进行处理分析，确定误差的范围，从而对研究假设进行检验，在实验研究结果分析的基础上得出科学结论，写出实验报告。

第二节是教育实验的设计，即进行教育实验的计划、构架和策略。作者认为实验设计的主要内容是：考虑如何在一个实验中构造、安排自变量及呈现方式、因变量的指标及测定方法、控制无关变量的具体措施、确定取样大小及方法、安排实验的具体步骤及选择适当的统计方法。进行教育实验设计的研究，主要目的在于以最小的人力、物力消耗获得最大的和最有效的信息资料，并对它进行比较科学合理的统计分析。实验设计在很大程度上制约着实验结果的处理，它是影响一个实验是否有效及有效程度的关键因素。要提高教育实验的科学水平，就要研究实验设计并不断提高实验设计的质量。

作者强调内在效度与外在效度是实验设计质量的评鉴标准。内在效度是决定实验结果的解释，外在效度是直接影响实验结果的推广。内在效度指自变量与因变量的因果联系的真实程度，即研究的结果。外在效度涉及教育实验研究结果的概括化、一般化和应用范围问题，表明实验结果的可推广程度，研究结果是否能被正确地应用到其他非实验情境、其他变量条件及其他时间、地点、总体中去的程度。提高实验效度主要通过设置控制组、设计控制、统计控制等多种方法控制无关变量。

作者对教育实验设计进行了六个步骤的总结：1. 陈述研究的问题并提出研究假设，要以简明扼要的文字说明研究的问题及研究假设；2. 确定实验处理；3. 列举群体、样本、实验单位、抽样方法及样本大小；4. 选择因变量及适当的测量手段（对因变量的测定要考虑以下几个问题：第一要确定所选择的反应变量是能够提供有关研究问题的信息的；第二要决定怎样进行测定，如何选用适当的测量方法、度量单位及必要的技术手段；第三要考虑测量数值的可能准确度。）5. 判定该实验需要控制的无关因素，选择控制方法，设计控制过程和预测控制的程度；6. 选择合适的实验设计并提出伴随这个设计的统计假设。

教育实验设计有多种分类方法，有的分为单组、等组、循环组设计。作者借鉴坎贝尔和斯坦利的研究成果，按实验中的变量以及无关因素控制水平，划分为两大类。一类是单因素设计（仅含有一个自变量），具体包括前实验设计、准（类似）实验设计和真实实验设计。另一类是多因素设计（包含两个或多个自变量）。

第三节介绍教育实验科学水平的评价。作者认为评价的核心问题是评价活动和标准的合理性问题，要根据教育实验的各种基本要求，按照教育实验过程的主要环节，用理性分析、统计分析、重复实验等多种方法检验和评价教育实验的科学性程度。通过评价，避免盲目性，提高进行教育实验的自觉性，促进教育实验的规范化和教育实验科学水平的提高，从而更好地发挥教育实验在发展教育科学理论、探索教育规律、提高教育质量方面的功能。

（样例来源：参训教师读书笔记）

3. 拓展资源，丰富教师科研方法相关的知识和能力

在听课、读教材的基础上，为教师提供信息化资源，使其知识更丰富。

① 图书：《教育研究方法导论》（作者：裴娣娜 安徽教育出版社）；

② 图书：《教育科学研究方法》（主编：李秉德 人民教育出版社）；

③ 图书：《教育研究方法专题》（作者：张莉、王晓诚 教育科学出版社）；

④ 图书：《教育科学研究方法》（第二版）（作者：孟亚玲、魏继宗 清华大学出版社）；

⑤ 图书：《实证研究》（作者：[美] Paul D.Leedy/[美]Jeanne Ellis Ormrod 机械工业出版社）；

⑥ 刊物：《信息科研》【第 4 期】荐佳法 - 文献研究法、行动研究法（北京市信息管理学校科研刊物）；

⑦ 刊物：《信息科研》【第 5 期】荐佳法 - 问卷调查法、访谈法（北京市信息管理学校科研刊物）；

⑧ 刊物：《信息科研》【第 6 期】荐佳法 - 教育实验研究法、观察法（北京市信息管理学校科研刊物）；

⑨ "中国大学 MOOC" 课程：教育研究方法（西南大学 陈时见等）。

（二）践：课题组成员选择适合的科研方法，并应用于研究设计

通过专家授课和读书自学，教师已经熟悉并掌握了一些常用的教育研究方法，接下来就要为自己的课题选择恰当的研究方法并具体融入到研究实施中去。

课题负责人分配任务后，课题组成员依据本组的课题及研究目标，各自独立思考、寻找自己认为合适的研究方法和技术。之后负责人召开课题组研讨会，每位成员汇报自己关于研究方法选择的思路和考量，全体成员充分交流，直至达成共识，最终确定大家一致认可的、适合本组选题的几种研究方法。

课题组成员针对选定的研究方法进一步广泛搜集资料，包括方法创立者的原始论述、

该方法在不同领域的应用案例以及相关的评价分析，并进行深入的学习和研究，确保对这些方法的适用范围、操作步骤、注意事项等形成全面的理解。在充分讨论和协商的基础上，结合课题的实际，选择最契合课题的研究方法和技术，形成初步的研究方法设计和应用方案，用以指导研究的实施和数据的收集分析。

在研讨过程中，要确保每位课题组成员都能分享自己准备的材料，充分发表对研究方法的见解。鼓励成员间就不同观点进行交流和辩论，以促进思想火花的碰撞和多元视角的形成。

样例 5-2

几个课题组初步确定的课题研究方法

序号	选题	研究方法
1	中高职衔接背景下的中职金融专业学生职业综合能力评价指标体系研究	实物资料收集法、任务驱动法
2	运用中华优秀传统文化故事培养中职学前教育专业学生职业责任感实践研究	文献法、问卷调查法、访谈法、观察法、案例分析法、行动研究法
3	基于 OBE 理念的中职语文课程思政教学实践研究	文献研究法、访谈法、调研研究法
4	游戏化学习设计策略在网络监测课堂教学中的应用研究	访谈法、行动研究法
5	基于 iSmart 平台的中职英语听说课混合式教学模式实践研究	文献研究法、调研研究法、实验法

（三）研：课题负责人汇报，项目组针对各组方法的选择和使用进行指导

召开学校科研管理人员（涵盖科研副校长、科研主任、科研干事）、学校科研骨干、全体课题负责人（即参与研究的教师）的专题研讨会，课题负责人详细介绍本组所选的研究方法及其在研究实施中的具体应用计划，科研管理人员和科研骨干针对每个课题的汇报进行细致询问、质疑及专业指导，并提出具有建设性的意见和建议。

教师在选择和应用研究方法时常见问题包括以下几种。

1. 混淆科研方法与教学方法、工作方法

一线中职教师日常工作以实践为主，对研究方法的学习不够深入，经常会出现把科研方法和教学方法、工作方法混为一谈的情况。如在"中高职衔接背景下的中职金融专业学生职业综合能力评价指标体系研究"中，教师基于未来开展研究实践时要收集企业

岗位实物资料以及要完成的工作任务，确定了"实物资料收集法和任务驱动法"作为研究方法。而事实上，前者是资料收集的方法，后者是完成研究任务的途径，都不是科研课题范畴的研究方法。类似的还有项目式学习法、案例分析、小组讨论、小组合作等等。

教师应加强对科研方法的学习，明确区分科研方法与教学方法、做事方法的异同。通过参加专业培训、阅读相关书籍和文献、与同行交流等方式，不断提升自己的科研素养和方法应用能力。同时，在科研过程中，要严格按照科研规范和要求，选择恰当的研究方法，确保研究的科学性和有效性。

2. 罗列过多的研究方法

中职教师在设计研究方案时，为了体现研究的全面性和深入性，常常出现在一个课题中使用过多研究方法的问题。如果只是罗列但后期并没有真正应用，会出现设计与实践不符的问题；如果确实应用了所有的方法，就会人为加大研究的复杂性和难度，还可能导致研究数据的混乱和错误。如在"运用中华优秀传统文化故事培养中职学前教育专业学生职业责任感实践研究"中，教师给出了"文献法、问卷调查法、访谈法、观察法、案例分析法、行动研究法"等六种研究方法，由于缺乏对各方法之间关系的清晰认识和有效整合，最终得出的研究结果相互矛盾，难以形成一致的、可信的结论。

教师要充分考虑适用性、可行性和有效性，根据研究课题的具体需求和目标去选择研究方法，避免盲目追求方法的多样性和全面性。同时，要注重各方法之间的协调和整合，确保它们能够相互补充、相互支持，共同为研究目标的实现服务。一般而言，一个课题研究常常选择最适合的、最主要的两到三种研究方法。

3. 选用的方法与研究课题不匹配

由于对科研方法缺少深入的学习和系统全面的理解，有些教师在选用科研方法时存在"顾名思义"和"想当然"的情况，往往导致选用的方法与课题研究不匹配。很多中职教师存在滥用问卷调查法的现象，不论做什么研究都通过"调研"来解决。如在"基于 OBE 理念的中职语文课程思政教学实践研究"中，教师错误地选用了"调研研究法"，设计了调查问卷，试图量化学生在开展"基于 OBE 理念的语文课程思政教学模式改革"前后"爱国情怀""民族自豪感""集体荣誉感""职业责任感"等指标的变化情况，并通过对数据的分析揭示"课程思政"的内在规律和培养效果。然而这些概念不同于成绩等客观指标，考察的是个体的情感、态度、观点、感受、体验等主观指标，"问卷调查法"这样的量化方法很难准确捕捉和描述其复杂性和多样性。

教师应深刻认识研究方法对于保障研究质量、提升研究科学性有效性的重要作用，加强对研究方法的学习，深入理解各种研究方法的核心内容、适用范围、注意事项和局限性。在选择研究方法时，要充分考虑研究课题的性质、目标和特点，确保选用的方法能够与研究课题相匹配。同时，在研究过程中，要密切关注研究方法的实际应用效果，及时调整和优化方法策略，以确保研究的顺利进行和研究结果的准确性、有效性。

4. 科研方法与研究设计脱节

由于缺少系统的培训，很多中职教师对如何规范地选择科研方法、开展课题研究缺少正确的认识，虽然在开题报告中明确提出了几种研究方法，但在后续的研究设计和实施过程中却未能有效地应用该方法，导致研究方法与研究实践脱节，无法真正指导课题研究，结论的得出具有随意性。如在"游戏化学习设计策略在网络监测课堂教学中的应用研究"中，教师在开题报告中"研究方法"条目中的描述为："1 问卷调查法：通过问卷收集经验资料，采用数学模型分析数据的量化研究方法；2 行动研究法：针对实际问题，在真实情境中边实践边探索边反思，通过计划、行动、观察和反思的循环过程，以解决实际问题、改进实践和提高教育质量为目的的研究方法。"这是初做课题研究的中职教师最常见的问题之一，通过摘录定义描述研究方法本身，而非呈现计划在课题研究中如何应用该方法，很容易出现研究方法与研究实践"两张皮"，甚至"弃而不用"的现象。

教师应加强研究方法与研究设计的紧密结合和相互支撑，将研究方法贯穿于整个研究过程的始终。在陈述研究方法时，要结合课题的性质、目标、实际研究条件等因素，说清该方法在什么阶段、如何具体应用以及产生什么作用。同时，在研究实施过程中要严格按照所选用的方法进行操作和实践，确保方法的有效性和可靠性。还要建立定期的研究方法回顾与应用反馈机制，及时发现问题并进行调整和优化，确保研究的顺利进行和结果的准确有效。

5. 对研究方法的使用不严谨不规范

每个科研方法都有其精妙的内涵、规范的流程和特定的条件，即便教师选择了适合的研究方法，也可能因对其理解不够深入、全面而在实际操作中出现偏差，影响研究的准确性和可靠性。如"运用中华优秀传统文化故事培养中职学前教育专业学生职业责任感实践研究"的设计方案中计划用访谈法调研幼儿园园长，了解毕业生在保育员岗位上职业责任感的表现情况，但在实际操作中却因访谈提纲设计不合理、访谈技巧掌握不到位等原因，导致访谈结果质量不高，无法为课题研究提供有力支撑。在"基于 iSmart 平台的中职英语听说课混合式教学模式实践研究"中，教师设计了实验组和对照组，试图通过两个组的成绩对比来分析基于 iSmart 平台的中职英语听说课混合模式的教学效果。然而，教师在设计实验方案时没有充分考虑实验对象的同质性和实验条件的可控性，导致实验结果受到多种因素的干扰和影响，无法准确反映本次改革的培养效果。

教师在选定研究方法后，应投入更多时间和精力有针对性地进行更加深入的学习，全面了解该方法的理论基础、操作步骤及注意事项。查阅足够数量的相关文献，了解该方法在不同领域、不同情境下的应用案例，以便更好地掌握其精髓，确保在自己的研究设计和应用过程做到规范、严谨、科学、准确。同时，要密切关注研究方法的实际应用效果，及时调整和优化方法策略，以确保研究的准确性和有效性。

（四）践：课题组进一步开展讨论，确定科研方法并应用于研究设计

针对项目组提出的意见和建议，课题组进一步开展讨论，确认或重新选择适合的研究方法，并修改完善各个方法在课题研究中应用的目的、时机、步骤，确保课题研究的科学性、严谨性和有效性。

样例 5-3

课题组修改完善的课题研究方法及应用

序号	选题	研究方法
1	中高职衔接背景下的中职金融专业学生职业综合能力评价指标体系研究	1. 文献法：查阅国家各种有关中高职衔接、人才培养等方面的政策文件和研究文献资料，了解关于"评价指标体系的构建""职业能力"等方面的前人研究成果和国家教育政策依据，梳理评价指标体系构建的方法、原则、思路，界定"职业综合能力"的内涵和构成要素，完成对评价指标的初选 2. 德尔菲法：采用问卷的方式，多次向专家匿名征求各指标在整个评价体系中的重要性程度，反复多次，直到各位专家意见基本达成一致 3. 层次分析法：应用于评价指标的权重的确定上。这种方法将定性与定量相结合，通过建立递阶层次结构和构造两两比较判断矩阵，进而针对某一标准计算各指标权重
2	运用中华优秀传统文化故事培养中职学前教育专业学生职业责任感实践研究	1. 行动研究法：学生学习和分享中华优秀传统文化故事，根据 Skilbeck 课程发展理论修正学习方案，以达到预期学习效果 2. 问卷法：通过问卷调查，收集数据，运用 SPSS 进行量化分析，说明学习效果 3. 访谈法：前期和后期对学生进行访谈，收集信息，分析信息，修正模式，验证模式有效性
3	基于 OBE 理念的中职语文课程思政教学实践研究	1. 文献研究法：利用图书、网络等资源，收集、整理国内相关此课题的文献，梳理课程思政的内涵、存在的问题及建设路径研究；界定 OBE 理念的内涵，梳理 OBE 理念应用于语文教学的实践研究 2. 调查研究法：以对思政的认知、体会、融入形式等维度设计问卷，对学校高二年级 560 名学生和 20 名语文教师进行调查，了解学校课程思政的开展情况 3. 行动研究法：运用新的教学模式在高二年级两个实验班用一年的时间开展三轮实践教学，通过设计、观察、反思、总结，不断调整优化教学模式

续表

序号	选题	研究方法
4	游戏化学习设计策略在"网络监测"课堂教学中的应用研究	1. 文献法：运用文献法查阅文献资料，掌握 ARCS 动机模型和游戏化学习的基本理论及研究现状 2. 问卷调查法：借鉴约翰·M·凯勒的 CIS 课程兴趣问卷，结合网络技术专业课程特点编制"网络监测课程学习动机调查问卷"。对学生进行问卷调查，了解学生的学习动机总体情况 3. 实验法：在实验班的课堂上进行教学实验，比较实验前后学生学习动机的变化，验证基于 ARCS 动机模型的游戏化学习设计策略在专业教学中的有效性
5	基于 iSmart 平台的中职英语听说课混合式教学模式实践研究	1. 文献研究法：通过文献获得前人关于 iSmart 平台、混合式教学模式、中职英语听力现状及教学理论和实践方面的观点和研究现状，为寻找研究切入点、构建教学模式奠定基础 2. 问卷调查法：对实验班级的学生开展问卷调查，包括对学生的学习习惯、学习能力、学习方式、学习兴趣的分类统计分析，分析学生的学习习惯、学习行为、学习成绩之间的差异性，并分析学生对采用这种教学方法的适应程度 3. 实验法：建立实验班和对比班，在控制研究其他变量的前提下，分别采用新构建的教学模式和传统教学模式开展对比实验。进行前后测，对两个班级学生在学业水平测试的听力和北京市口语考试的成绩的进行对比分析，分析模式的实效性

样例 5-4

选好、用对研究方法，科学开展课题研究

研究方法的选择和应用对课题研究的成败起着至关重要的作用。我的课题名称是：中高职衔接背景下中职金融专业学生职业综合能力评价指标体系研究，课题的三个研究目标分别对应了三种研究方法，下面具体谈一谈我是如何寻找适合的研究方法、又是如何应用的。

1. 运用"文献研究法"初选评价指标、形成研究框架

我采用了"滚雪球"式的检索文献的方法。最初关键词确定为两个："职业综合能力"和"评价指标体系"。利用知网对文献进行第一轮粗略检索后，把两个关键词分解、拓展为六个"职业综合能力本质和构成要素"、"职业核心能力""职业素养""评价指标体系构建的方法""中高职衔接背景下的中职

学生考核评价指标体系的构建"，继续进行更深入、更广泛的文献研究。

在这个过程中，检索文献的途径也从知网扩展到万方、国家政策网站、行业政策网站、图书和各级重点课题成果集、企业内部资料等。文献收集的方法在网上查询的基础上，增加了企业调研和实物收集。最终，完成了大量文献资料的收集和整理工作（图5-3）。

在整理文献时采用了表格、柱状图和折线图的形式来展现数据的对比和变化情况，比文字更易理解、一目了然。

通过文献研究，课题组不仅进一步确认了选题的意义、明确了研究的方向和路径，也找到了研究的理论依据和原则，还从众多同类研究中确定了两种应用比较广泛、适合本课题的科学研究方法——德尔菲法和层次分析法，为下一步研究的有序开展提供了保障。

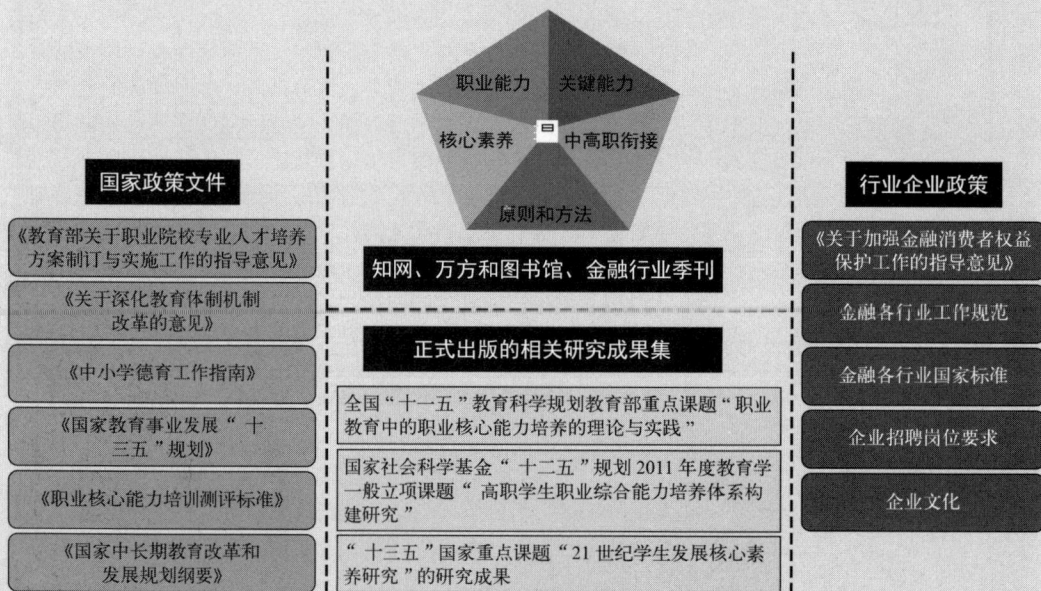

图5-3 文献的来源和分类

2.运用"德尔菲法"筛选和优化评价指标

"德尔菲法"又名专家意见征询法，是构建指标常用的一种调查方法，其特点之一是它的匿名性。采取匿名发函调查的形式，可以保证专家意见的充分性和可靠性。

课题组在初步确定评价指标体系后，制作评价指标初选问卷。从开设金融专业高职校领导、金融行业企业管理者和职业教育专家中筛选了25位相关专家，匿名征求意见。然后按照"德尔菲法"的规则对收回的 20 份有效问卷进行整理分析，针对重点问题与专家进行重点沟通，形成新的问卷后再次征求专家意见。如此往复，经过三轮咨询，专家终于达成了对指标的一致意见，初选指标的筛选优化顺利完成。最终确定了一级指标 2 个、二级指标 7 个、三级指标 43 个。课题组又参照前期文献和后期专家意见对每个指标的内涵进行了更为准确的定义和解读（图 5-4）。

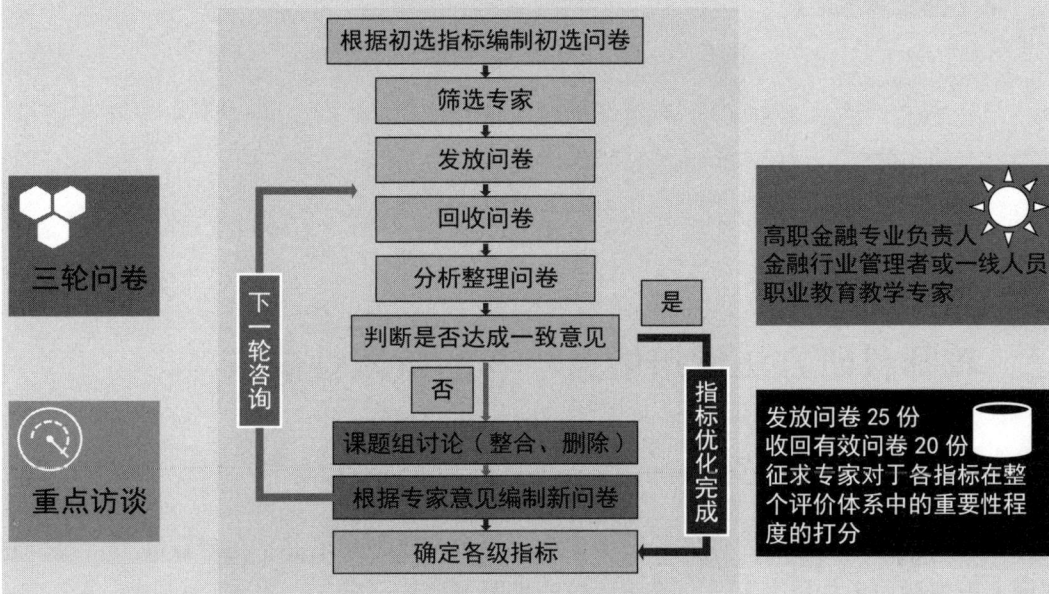

图 5-4　应用德尔菲法形成评价指标

3. 运用"层次分析法"确定评价指标权重

层次分析法，简称 AHP，是有一定难度的数理统计方法，常用来确定评价指标的权重。首先我们将"德尔菲法"下形成的一、二、三级评价体系指标分为三层，并按照 ABC 进行分层标号，建立了层次结构模型（图 5-5）。然后匿名向专家发放第四轮问卷，采用 1-9 标度法，收集专家对评价指标的打分数据。接下来对收回的有效问卷进行数据处理，计算出 20 位专家对各级指标重要程度打分，从而得出"各级指标"的两两判断矩阵表。最后课题组将以上指标两两判断矩阵数据运用管理运筹学层次分析工具进行处理。经过以上四步，最终得到了一、二、三级指标的权重。

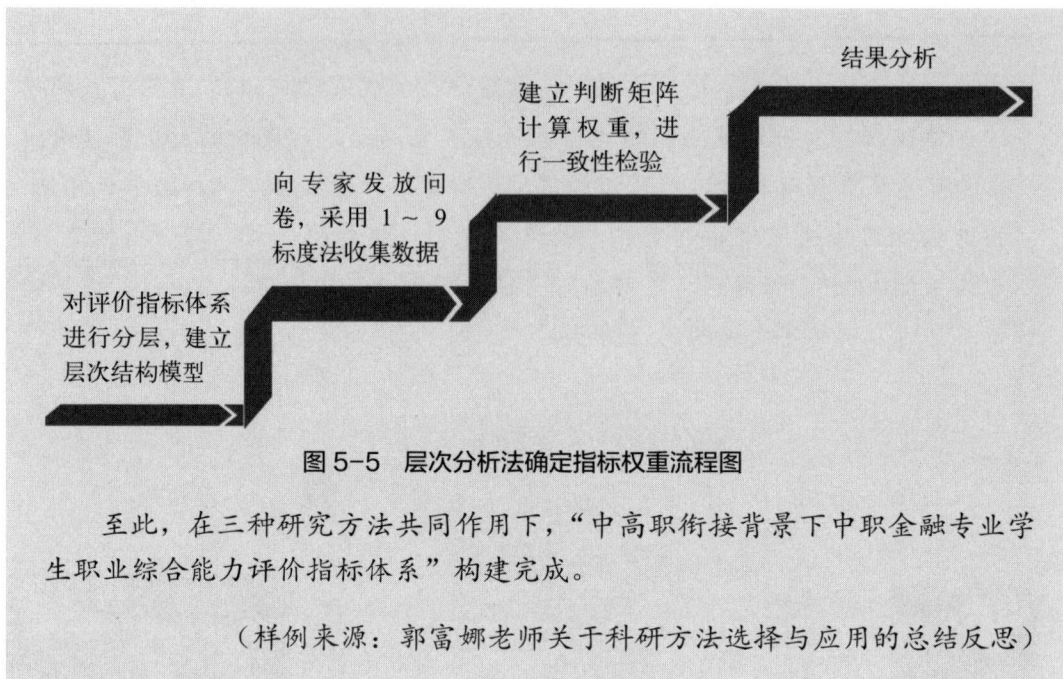

图 5-5　层次分析法确定指标权重流程图

　　至此，在三种研究方法共同作用下，"中高职衔接背景下中职金融专业学生职业综合能力评价指标体系"构建完成。

（样例来源：郭富娜老师关于科研方法选择与应用的总结反思）

三、教师科研方法运用能力培养的阶段性成果

（一）研究方法运用范例

　　参训教师常凯老师在"中职税费课程中应用抛锚式教学培养学生专业能力实践研究"课题实施中运用多种研究方法，科学、规范地开展课题研究。

1. 文献研究法

　　充分利用图书、网络等资源，搜索、研读和分析国内外关于抛锚式教学模式在课堂中的应用情况、中职税费课程中关于知识和能力的具体要求、培养和提升学生专业能力的途径等主题，梳理中职税费课程学习内容与国家专业能力要求的对应关系，完善税费教学标准，为后续课堂教学设计实施奠定理论基础。

2. 观察法

　　制作观察量表，以 2214 金融班、互联网金融 3+2 班学生为对象，收集开展抛锚式教学模式改革前后学生在终身学习能力、质量管理意识和能力、数据安全意识和能力等非量化指标的标化情况，为后期效果评价打下基础。

3. 行动研究法

　　采用行动研究范式中的螺旋循环模型作为建构框架，按照计划、行动、观察及反思

四个步骤开展实践。以中职税费课程为载体，以实验班学生为研究对象，以工作流程为主线，制订教学计划，实施抛锚式教学模式改革。持续观察教学实施情况，反思教学设计并不断进行优化。计划在一年的教学实验过程中完成至少三轮的教学实践，使用前测、后测数据检验在中职税费课程中应用抛锚式教学培养学生专业能力的效果，最终形成研究成果和结论。

（二）常用科研方法梳理

方法名称	简介
文献研究法	定义：通过搜集、鉴别、整理文献，并通过对文献的研究形成对事实的科学认识的方法 操作过程：确定研究主题和目标，制定文献检索策略，利用图书馆、数据库、互联网等收集文献，进行筛选、分类、阅读，提取信息，综合分析 适用场景：适用于各学科领域，可了解课题的历史、现状、理论基础等，为进一步研究提供参考
问卷调查法	定义：以书面提出问题的方式搜集资料，通过向调查对象发放问卷，让其填写答案，从而获取相关信息和数据的方法 操作过程：明确研究目的和问题，设计问卷（包括确定问题类型、编排问题顺序、预调查与修订问卷等），选取样本，发放问卷（可采用线上或线下多种方式），回收问卷（注意剔除无效问卷），整理和分析数据（运用统计学方法进行描述性统计、相关性分析等） 适用场景：适用于了解学生、教师等群体的态度、看法、行为等方面的情况，可大规模收集数据，如了解学生对某课程的满意度
访谈法	定义：研究人员通过与被访谈者进行面对面或通过电话、网络等方式的交谈，获取所需信息的方法 操作过程：确定访谈目的和问题，选择访谈对象（考虑样本的代表性），设计访谈提纲（问题应具有针对性和开放性），进行访谈并记录（可采用录音、笔记等方式，访谈后及时整理），整理和分析访谈内容（运用编码、主题分析等方法提炼关键信息） 适用场景：适用于深入了解个体的观点、经验、动机等，可用于对教师教学经验、学生学习困难等方面的研究
观察法	定义：研究者有目的、有计划地对研究对象的行为、活动等进行观察和记录的方法 操作过程：明确观察目的和内容，选择观察对象和方法（参与式观察或非参与式观察等），制定观察计划（包括观察时间、地点、频率等），进行观察并记录（采用详细的观察记录表或行为编码系统），分析观察资料（通过归纳、总结等方法提炼规律） 适用场景：适用于研究课堂教学行为、学生的学习过程、校园文化等，能获取第一手的直观资料
实验法	定义：在控制其他变量的情况下，对研究对象施加某种干预，观察其变化和结果，以验证假设的方法 操作过程：提出研究假设，确定实验变量（自变量、因变量和控制变量），选择实验对象并分组（随机分组以保证组间可比性），实施实验干预，测量和记录数据（选择合适的测量工具和指标），分析数据验证假设（运用统计检验方法判断结果的显著性） 适用场景：常用于教育教学方法、课程改革等方面的研究，如对比新教学方法与传统方法对学生成绩的影响

续表

方法名称	简介
行动研究法	定义：教师或教育管理人员在实际工作中，为解决实际问题，将行动和研究结合起来的一种研究方法的方法 操作过程：发现问题（从日常工作中挖掘），制定计划（明确行动步骤、时间安排等），实施行动，进行观察和反思（定期收集数据、评估效果），调整计划并继续行动 适用场景：适用于学校的教育教学实践改进，如教师对自己课堂教学中某个问题的研究和改进
统计分析法	定义：运用统计学的方法对收集到的数据进行整理、分析和解释，以揭示数据背后的规律的方法 操作过程：收集数据（确保数据的可靠性和有效性），选择合适的统计方法（根据数据类型和研究目的选择，如均值、方差分析、回归分析等），进行数据处理和分析，解释结果（结合研究背景和理论进行解读） 适用场景：适用于处理大规模数据，如学生考试成绩分析、教育调查数据处理等
模型构建法	定义：通过对研究对象的抽象和简化，建立数学或逻辑等模型来描述和解释现象的方法 操作过程：确定建模目的，收集数据，选择模型类型（如线性模型、非线性模型等），建立模型（运用数学公式、图表等形式表达），验证和修正模型（通过数据检验模型的合理性） 适用场景：在教育经济学、教育心理学等领域可用于分析和预测教育现象，如建立学生学习成长模型
德尔菲法	定义：通过多轮次问卷调查，征求专家意见，对问题进行预测和评估的方法 操作过程：确定研究问题，选择专家（涵盖相关领域的权威人士），设计问卷（问题应明确、简洁），进行多轮调查（每轮调查后反馈结果，让专家调整意见），汇总和分析专家意见（运用统计方法确定最终结果） 适用场景：适用于对教育政策制定、学校发展规划等需要专家意见的问题进行研究
案例研究法	定义：对单一的人、事、物或群体等进行深入、全面的研究，以揭示其特点和规律的方法 操作过程：确定案例（选择具有典型性和研究价值的案例），收集案例资料（通过多种渠道，如访谈、观察、文件分析等），分析案例（运用多种分析方法，如因果分析、比较分析等），撰写案例报告（呈现研究过程、结果和结论） 适用场景：可用于研究优秀教学案例、特殊学生个案等，为教育教学提供具体的借鉴和参考
扎根理论法	定义：从经验资料的基础上建立理论，通过对数据的不断比较和分析，提炼出理论概念和框架的方法 操作过程：收集资料（采用多种方法，如访谈、观察等），进行开放式编码（对资料进行初始分类）、轴心式编码（发现类别之间的联系）和选择式编码（确定核心类别和理论框架），构建理论 适用场景：适用于探索性研究，如对学生某种学习行为的内在机制进行研究
比较研究法	定义：对两个或两个以上的事物进行对比分析，找出异同，以揭示事物的本质和规律的方法 操作过程：确定比较对象和标准（确保具有可比性），收集资料（保证资料的全面性和准确性），进行比较分析（从多个维度进行对比），得出结论 适用场景：适用于比较不同学校的教育模式、不同教学方法的效果等，为教育决策提供依据

方法名称	简介
历史研究法	定义：通过对历史资料的收集、整理和分析，研究教育现象的发展历程和规律的方法 操作过程：确定研究问题，收集历史资料（包括文献、档案、文物等），鉴别和整理资料（判断资料的真伪和价值），分析资料（运用历史分析方法，如阶段划分、因果分析等），撰写研究报告 适用场景：用于研究教育制度的变迁、教育思想的发展等，为当前教育改革提供历史借鉴
内容分析法	定义：对传播内容进行客观、系统和定量描述的研究方法，对文本等内容进行分析 操作过程：确定研究问题和分析单位，选择样本，制定分析框架（包括类目定义、编码规则等），进行编码和统计分析（运用统计软件进行数据处理） 适用场景：可用于分析教材内容、教师教案、学生作文等，了解其中的知识结构、思想倾向等
经验总结法	定义：在不受控制的自然状态下，依据教育实践所提供的事实，分析概括教育现象，使之上升到教育理论高度的一种研究方法 操作过程：确定总结对象和范围，收集相关经验材料（包括教学记录、学生表现、教学成果等），对经验材料进行筛选、分类和整理，深入分析经验的实质，提炼出具有规律性的结论，撰写经验总结报告（阐述经验的背景、做法、效果及理论依据） 适用场景：教师对自己长期教学实践中的成功经验进行总结提炼，形成可供推广的教学方法或教育理念；学校对某项教育教学改革实践进行总结，为后续改进提供参考
叙事研究法	定义：以叙事、讲故事的方式开展的教育研究，通过对有意义的教育教学事件、教师生活和教育教学实践经验的描述分析，发掘或揭示内隐于这些生活、事件、经验和行为背后的教育思想、教育理论和教育信念，从而发现教育的本质、规律和价值意义 操作过程：确定研究问题（聚焦于教育教学中的具体情境或现象），选择研究对象（教师、学生或教育事件等），收集故事素材（运用访谈、观察、日志等方法），整理和分析故事（挖掘故事中的主题、情节和意义），撰写叙事研究报告（以故事形式呈现研究结果） 适用场景：适用于挖掘教师个人的教育教学经历和感悟，理解学生的学习体验和成长过程，探索教育教学中的人文关怀和情感因素

第六章

如何培养教师的
方案设计能力

计划是行动的指南针，没有计划，行动就会迷失方向。

——（美）彼得·德鲁克

方案设计是课题研究的核心环节，是教师将研究选题、文献综述、理论学习与科研方法等理论知识综合运用，转化为具体行动蓝图的创造性过程。它是连接研究构想与实际操作的关键桥梁，引领教师在纷繁复杂的教育现象中找准研究方向，明确研究目标，规划研究路径，前瞻研究成果，确保每一步都朝着既定目标稳步前行。方案设计还为教师的专业成长提供了宝贵的契机，是教师智慧与创造力的集中体现。它不仅要求教师具备扎实的专业知识，更需具备敏锐的问题意识、严谨的逻辑思维以及创造性地解决问题的能力。通过不断尝试、探索和实践，教师能够逐渐积累研究经验，形成独特的教育见解和风格。

一、什么是方案设计能力

方案设计能力指人们在面对特定工作任务时，综合运用专业知识、方法论工具与创新思维，系统地规划工作路径、明确工作内容、制定实施策略并预测项目成果的能力。对课题研究来说，方案设计能力最集中、最具体地体现在开题报告的撰写能力与论证能力上。

开题报告是课题研究方案的系统阐释，为课题研究奠定坚实基础。通过撰写开题报告，教师能够全面规划研究方向和计划，形成清晰的思路和框架，确保研究工作的系统性、规范性和科学性；能够全面呈现课题研究的背景、价值、思路、计划和成果，展现教师的研究素养与能力，便于专家评估课题研究的必要性、可行性和创新性，并获取反馈和建议。

开题报告的格式和内容会因机构类型、研究领域、学术规范及具体要求等因素而有所差异，但其基本框架和核心要素是一致的。比较全面、比较规范的开题报告可包括如下内容：研究题目、研究背景/选题缘由、研究目的与意义、文献综述、理论基础、概念界定、研究假设、研究目标、研究内容、研究路径、研究方法、研究进度安排、研究预期成果、成员及分工、参考文献。对一线中职教师来说，可以根据选题的特点对上述要素，如研究假设等进行取舍。

（一）研究方案的设计

1.问题的提出

（1）如何描述研究背景

研究背景描述的是研究主题相关的政策依据、理论环境以及现实境况，用以说明为何选择这个研究主题。应简要阐述研究主题在实践中存在的具体问题，以及这些问题的重要性和紧迫性，也可以结合个人兴趣、学术背景和研究经验等因素进行阐述。背景描述要与研究主题紧密相关，避免偏离主题。其表达应清晰、准确、简洁，避免冗长和无关的信息。

（2）如何陈述研究目的

研究目的是从宏观上、整体上阐述研究旨在解决的问题或达成的目标，揭示研究的最终意图和价值。不同于研究目标，它不局限于某个具体的成果，关注的是研究的长期影响，阐述研究对理论发展的贡献、对实践应用的指导意义以及对相关领域或行业的潜在影响。

（3）如何陈述研究意义

研究意义说明的是研究的重要性和价值，一般包括理论意义和实践意义。理论意义阐述通过研究试图构建或完善理论框架、验证假设、解释现象等，实践意义说明通过研究解决哪些实际问题、提供什么政策建议、改进哪些实践方法等。阐述研究对于学术领域、实践应用或社会发展的贡献和价值，如推动学科发展、提高实践效率、促进社会进步等。

2. 文献综述

文献综述是对国内外与研究主题相关的前人的研究成果的系统回顾和分析，涵盖国内外研究的主要观点、方法、成果和存在的问题等方面。应针对研究主题涉及的几个领域详细阐述国内外研究的发展脉络、研究趋势，指出当前研究存在的问题和不足。应用力求逻辑清晰，条理分明，既要展现对前人研究的深刻理解，也要凸显自身研究的价值与意义。同时，保持客观公正，避免片面解读或遗漏重要文献，确保综述的全面性和准确性。

3. 研究内容

（1）如何进行概念界定

概念界定是对研究中涉及的关键概念进行清晰的定义和解释，包括关键概念的内涵、外延，以及它们与其他概念的关系。通过对关键概念的清晰定义来明确哪些内容属于研究范畴，哪些不属于，从而避免研究过程中的模糊性和不确定性，避免概念混淆和歧义。要选择被广泛认可和接受的定义，以确保研究的严谨性和可信度。一般通过检索专业词典、学术数据库或权威文献来进行概念界定，也可以参考权威学者对该概念的理解，以便更全面地把握其内涵和外延。

（2）如何表述理论依据

理论依据是支撑整个研究框架的基石，它来源于经典理论、前人研究成果或跨学科知识。在表述理论依据时，需清晰阐述所选理论与研究主题的关联性，说明这些理论如何为研究提供视角、方法或解释框架。应详细列举并解释每个理论的核心观点，并探讨其如何指导或影响本研究的设计与实施。要注意分析所选理论的适用性，确保其与研究主题和研究方法相匹配，从而增强研究的理论深度和科学性。

（3）如何表述研究假设

研究假设是对研究问题可能答案的初步设想，是连接理论与实践的桥梁。在表述研究假设时，需明确、具体地描述假设的内容，包括因变量与自变量之间的关系、预期的方向和强度等。假设的提出应基于文献综述和理论分析，确保其既有创新性又具备可验证性。假设的表述应简洁明了，避免模糊或含糊其词，以便于后续的研究设计和数据分析。

（4）如何设定研究目标

研究目标是研究旨在达到的具体、可衡量的成果或标准。在设定研究目标时，需紧密围绕研究主题和目的，将宏观的研究意图转化为具体、可操作的目标。目标应具有明确性、可衡量性和可实现性，以便于后续的研究实施和成果评估。同时，注意目标的层次性和逻辑性，确保它们之间既相互独立又相互联系，共同构成完整的研究目标体系。

（5）如何设定研究内容

研究内容是研究方案的核心部分，它详细描述了为实现研究目标所需开展的具体工作和活动。在设定研究内容时，需根据研究目标和假设，明确研究的主要领域、关键问题、数据收集和分析方法等。内容设定应具有全面性和深入性，涵盖研究的各个方面和层次。同时，要注意内容的条理性和可操作性，确保研究工作的有序进行和高效完成。

4. 研究方法与过程

（1）如何设计研究思路

研究思路是对研究问题、方法、步骤及预期结果的整体规划和设想。它涵盖了从明确研究问题到论文撰写的全过程，包括文献回顾、确定研究方法、设计研究步骤、数据收集与分析、结果解释与讨论、结论与建议等关键步骤。研究思路提供了一个清晰的行动指南，确保了研究工作的系统性和科学性。研究思路要紧密结合实际情况，考虑研究的可行性和实用性。避免过于理想化或脱离实际的研究设计。

（2）如何表述研究方法

研究方法是实现研究目标的具体手段和工具。在表述研究方法时，需详细阐述所选方法的类型、特点、适用范围和操作步骤等。方法描述应具有准确性、完整性和可操作性，以便于他人理解和复制研究过程。要注意方法的科学性和有效性，确保它们能够准确地回答研究问题并得出可靠的结论。

（3）如何设计研究路径

研究路径是指在进行研究时所采用的方法和途径，是描述研究者教师如何规划并实施研究的关键，反映了研究工作的逻辑顺序和步骤安排。首先要清晰界定研究的目标和问题，然后根据研究目标将研究过程划分为若干个阶段，在每个阶段中选择适合的研究方法，最后使用流程图、时间线或其他图形工具，将研究阶段、方法和预期成果以直观的方式呈现出来。研究路径图应清晰展示研究的起点、终点以及各个阶段之间的逻辑关系。

（4）如何安排研究进度

研究进度安排是研究工作的时间规划和管理。在安排研究进度时，需根据研究内容、方法和目标，合理划分研究阶段和时间节点，并制定相应的工作计划和任务清单。进度安排应具有明确性、合理性和可行性，确保研究工作的按时完成和高效推进。同时，注意进度安排的灵活性和可调整性，以应对研究过程中可能出现的变化。一般按照准备阶段、研究阶段和结题阶段进行划分。

5. 预期研究成果

预期研究成果是研究工作的最终产出和贡献。在表述预期成果时，需明确成果的类型、数量和质量标准，以及它们对学术领域、实践应用或社会发展的潜在影响。成果形式可以包括论文、专著、专利、软件、硬件、政策建议、报告等。在描述成果时，注意突出其创新性、实用性和价值性，以便于吸引他人的关注和认可。要注意成果的表述应具有明确性和可衡量性，以便于后续的成果评估和验收。

6. 成员及分工

在描述成员及分工时，需明确每个成员的姓名、专业背景、研究方向和具体职责等。分工应具有明确性、合理性和互补性，确保团队成员之间的协作和配合。

7. 参考文献

参考文献是研究过程中引用的所有文献的清单。在列出参考文献时，需遵循所在领域的学术规范和引用格式要求。参考文献应具有全面性、准确性、权威性、时效性和相关性，确保引用的文献能够支撑研究的观点和方法。

（二）研究方案的论证

1. 准备阶段

开题论证前，要提前充分准备开题报告及相关支撑材料，确保所有内容的完整性与准确性。教师需要投入大量精力认真撰写和反复修改开题报告，对研究背景、研究内容、研究方法与路径、预期成果与创新点以及研究计划与时间表等方面的内容进行细致打磨，确保表述清晰、逻辑严谨、内容完整且准确无误。同时，准备好可能需要的辅助材料，如研究相关的数据图表、案例资料、实验设备清单等，以便在论证过程中能够更好地展示研究的基础和可行性。

2. 汇报展示

开题论证过程中，教师以汇报的方式向评审专家与同行清晰、有条理地汇报研究方案，重点突出研究的核心价值与创新点。教师需要具备良好的表达能力和沟通技巧，能够运用简洁明了、通俗易懂的语言阐述自己的研究思路和计划，通过生动的案例和数据展示研究的价值和意义，吸引评审专家和同行的关注。汇报时可采用PPT等形式辅助展示，PPT的内容应简洁美观、重点突出，与开题报告内容紧密结合，并注意控制汇报时间，确保在规定时间内完整呈现研究方案的关键信息。

3. 交流质询

汇报结束后进入质询环节，教师要积极回应评审专家的提问，通过深入的讨论与交流，进一步深化对研究问题的理解，以期不断完善研究设计。教师要具备敏锐的思维和灵活应变的能力，能够迅速理解专家提问的核心要点，并做出准确、合理的回应。同时，要虚心接受专家的意见和建议，与专家和同行进行充分的互动交流，从不同角度审视研究方案，发现潜在的问题和不足。在交流过程中，可适当记录专家的意见和建议，以便后续整理和分析。

4. 修改完善

开题论证结束后，教师应根据评审意见对研究方案进行必要的调整与优化，确保研究的顺利进行。教师应具备开放的心态和严谨的态度，认真听取专家的意见并虚心接受批评和建议，对研究方案进行持续改进和完善。通过不断地反馈与修改，使研究方案更加科学、合理、可行，为后续的研究工作奠定坚实的基础。在修改过程中，应详细说明对评审意见的回应和修改的具体内容，形成修改报告，并提交给相关部门审核备案。

二、如何培养方案设计能力

研究方案的设计能力培养是中职教师科研能力培养的第五个环节，既是前四个环节所培养的各项能力的综合应用，又为后续的研究实践提供框架和指导。旨在培养教师撰写研究方案和完成开题汇报的能力。研究方案的撰写是对课题研究进行整体构思与设计的过程，是课题实施和成果产生的依据；研究方案的汇报是向专业人员展示方案并获得指导的过程，使研究思路更清晰，计划更具体。此环节承上启下，是培训体系中最核心、最关键的环节。

通过专家培训、集体研讨、课题实践等培养途径，以期达到如下具体目标。

① 了解撰写研究方案的意义与必要性；

② 掌握开题报告的基本要素；

③ 能够言简意赅地表述研究背景；

④ 能够准确撰写研究目标和内容；

⑤ 能够科学制订研究计划和设计研究步骤；

⑥ 能够正确表述预期的研究成果；

⑦ 能够完整撰写开题报告；

⑧ 掌握开题的常见方式和一般流程；

⑨ 能够完成开题论证；

⑩ 能够根据专家意见修改完善开题报告；

⑪ 提升教师统筹和规划的能力；

⑫ 提升教师分析问题、解决问题的能力。

在成人学习理论、721法则、学习金字塔模型等理论的指导下，根据需要将"训、研、践"有机结合。具体培训流程如下。

（一）训：开展理论培训，助力教师掌握撰写研究方案的知识和方法

1. 专家授课，引领教师学习开题报告的相关知识

撰写研究方案是课题研究的关键环节，是对前期培训内容的综合运用。而开题报告作为研究方案的初步呈现，其质量直接关系到课题研究的后续进展和成果，因此开题报告的撰写培训是中职教师科研能力培养的最重要内容之一。应邀请在教育研究领域具有深厚理论功底和丰富实践经验的大学教授或市区教科院教研员为教师全面、详细地讲解开题报告的相关知识，包括开题报告的基本概念、撰写目的、结构框架以及各部分内容的撰写要点和技巧。

专家应利用至少8课时的时间，结合中职教师的实际需求，重点讲解如何确定研究问题、细化研究内容、设计研究框架和制定研究计划（图6-1）。在完成了制订研究目标和内容、寻找恰当的理论依据、选择适合的研究方法、制订合理的研究思路和计划、陈述预期研究成果等关键步骤，学会如何撰写开题报告之后，还应教会教师如何开展开题论证（图6-2）。在授课过程中，专家应运用丰富的案例和实例，及时与教师进行互动交流，切实帮助教师理解并掌握开题报告相关的知识、方法和撰写技巧。

2. 研读教材，帮助教师切实掌握撰写开题报告的方法和注意事项

撰写开题报告不仅是对课题研究的全面规划和阐述，也是获取研究资源和支持的关键步骤。为了帮助教师切实掌握撰写开题报告的方法和注意事项，在专家授课的基础上，需要为教师提供系统而深入的教材研读指导，帮助教师通过研读相关教材和学习资料更加全面地了解撰写开题报告的方法和注意事项。

本专题推荐阅读大夏书系·教师专业发展之《教师如何做课题》第五章"如何做好开题论证会"，作者为华东师范大学教育学博士、上海师范大学教育学院博士后李冲锋。这本教材的这个章节对如何做好开题论证会讲解得比较细致全面，从前期的准备，开题报告的撰写到后期的资料整理，各个方面都有所涉及，文后还附以具体的案例，对新参加科研的老师来说针对性和操作性都很强。同时，还可以补充阅读吴颖惠、严星林著的《与教师同走科研路》中的第四章"如何进行开题论证"。

```
                                    ┌─ 研究领域：研究的范围
                      确定研究问题 ──┼─ 研究主题：具体的研究方向
                                    ├─ 文献综述：了解目前研究现状及下一步研究的可能
                                    └─ 研究问题：形成具体可被研究的问题

                                    ┌─ 确立研究题目
                                    ├─ 分解研究问题
                      细化研究内容 ──┤─ 设立核心概念                    ┌─ 组成了研究项目，给予研究项目方向以及连贯性
                                    │                  研究假设     ├─ 给研究项目设定了边界，显示出其边界
                                    └─ 设立研究假设 ──┬─ 的价值 ──┼─ 使得研究人员专注于研究项目
                                                     │             ├─ 为书写研究报告提供框架
                                                     │             └─ 指向需要的数据是什么
                                                     └─ 研究变量

                                    ┌─ 设计研 ──┬─ 概念：利用图示的方式来建构研究的内容，明确研究所涉及到的变量及其关系
                                    │   究框架   │               ┌─ 明确变量/概念
                                    │            └─ 研究框架的形成 ┼─ 明确关系
                                    │                             └─ 寻找合适的理论基础
课                                  │
题       设计研                      │            ┌─ 常用研究方法 ── 文献法、观察法、问卷法、行动研究法、经验总结法、……
的 ──    究路径 ──────────────────────┤            │                              ┌─ 对所研究对象或问题进行初步了解，已获得初步
研                                   │            │                              │   印象和感性认识的、并为日后更为周密、深入的
究                                   │            │                探索性研究 ──┬┤   研究提供基础和方向的研究类型
设                                   │            │                            │└─ 适合的研究方法：文献研究法、观察法、问卷
计                                   └─ 选择研 ──┤                            │   法、个案分析法等
                                        究方法    │                            │
                                                  │                            │  ┌─ 在正确描述某些总体或某种现象的特征或全貌，
                                                  └─ 如何选择 ──┬─ 描述性研究 ─┼┤   任务是收集资料、发现情况、提供信息，从杂乱
                                                                │              ││   的现象中描述出主要规律和特征。
                                                                │              │└─ 适合的研究方法：结构性访谈、问卷法
                                                                │
                                                                │              ┌─ 研究某种社会现象或事物出现的原因、预测发展
                                                                └─ 解释性研究 ─┼─ 趋势与后果，探寻现象之间的因果关系。
                                                                               └─ 适合的研究方法：统计推断法、实验法、案例
                                                                                   法等。

                                    ┌─ 研究计划 ──┬─ 提供研究实施蓝图
                                    │   的重要性   ├─ 有利于研究内容的具体化
                                    │             ├─ 有助于研究过程的协作
                                    │             └─ 可作为课题申报的形式
                                    │
                                    │                             ┌─ 确定调查主题，确定调查对象，制定调查计划，
                                    │             ┌─ 调查研究的设计步骤 ── 确定调查方法、手段和工具，调查实施及手机
                                    │             │              │  资料，调查资料的整理、分析、撰写调查报告
                      制定研究计划 ──┤ 设计研 ──┼─ 行动研究的设计步骤
                                    │   究步骤    ├─ 经验研究的设计步骤
                                    │             └─ 案例研究的设计步骤 ─── 确定问题，制定计划，采取行动，反思总结
                                    │
                                    ├─ 确定参与人员                 ┌─ 确定专题，查阅资料、制定计划，收集资料，
                                    │                             └─ 分析资料，撰写报告
                                    │             ┌─ 组织管理
                                    ├─ 创设研究条件 ─┼─ 制度建立        ┌─ 确定主题，说明背景、阐述故事发生的时间、
                                    │             └─ 经费预算        ├─ 地点、任务和时间的起因等，解决问题，案例
                                    │                               └─ 评析
                                    │             ┌─ 应用性成果 ──── 研究报告、应用方案、决策建议、数据库、教材、教具、
                                    └─ 表述预 ──┤                  教学仪器软件、专著、论文、课例案例、科研经验等
                                        期成果    └─ 效益 ──── 经济效益、社会效益、科研管理制度、教育教学改革制度等
```

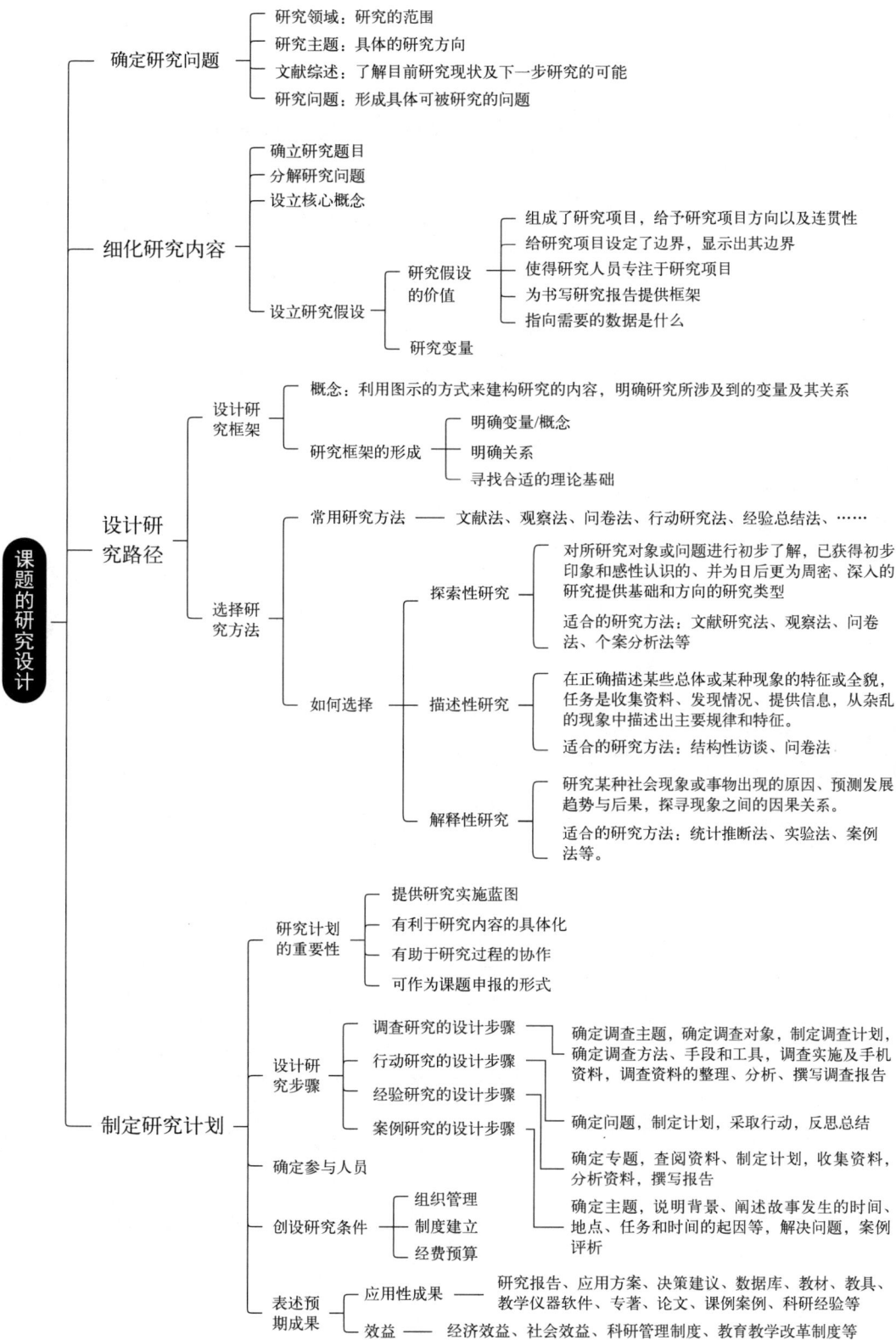

图 6-1　"课题的研究设计"思维导图

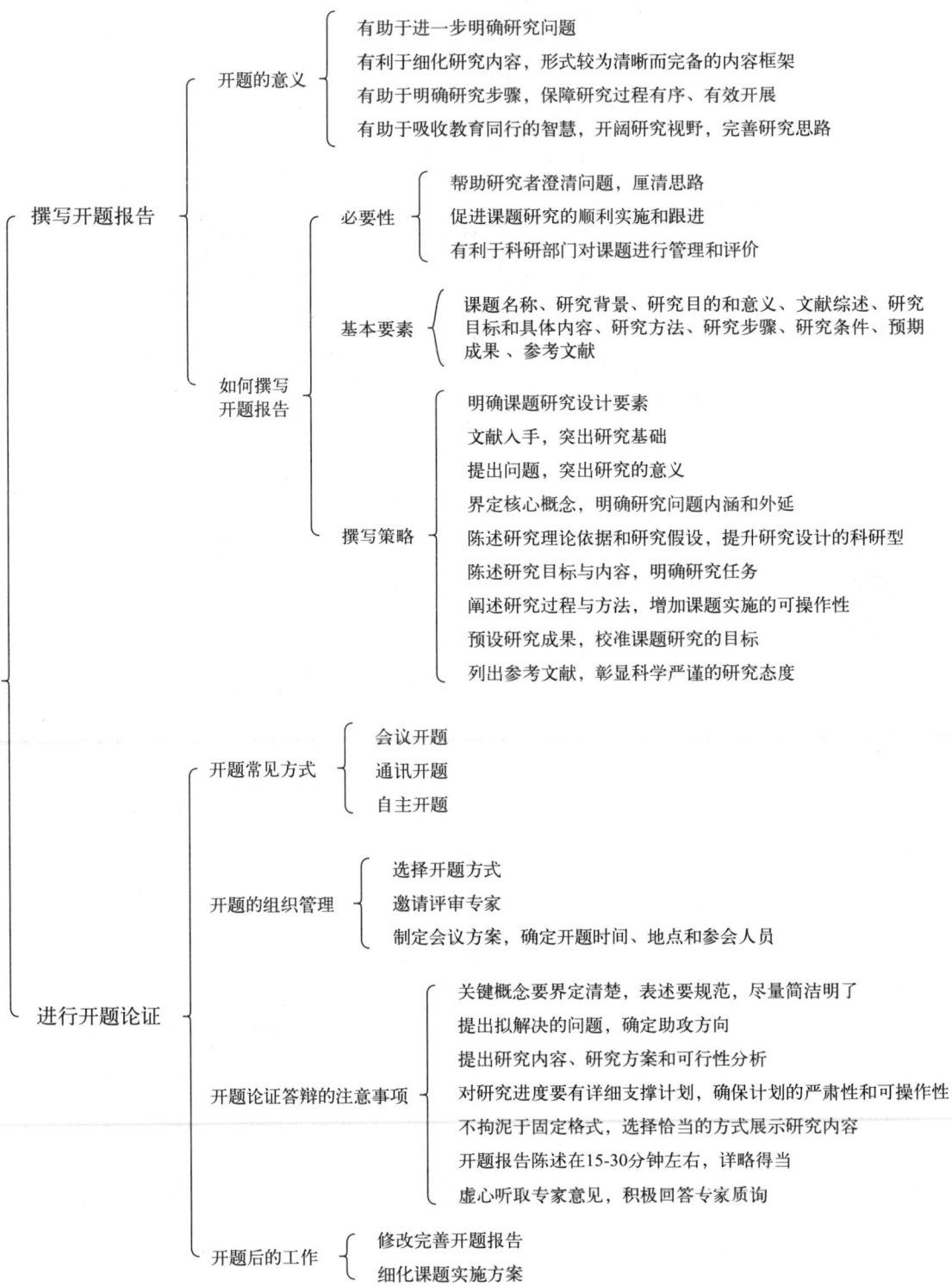

图 6-2 "课题的开题论证"思维导图

样例 6-1

《教师如何做课题》第五章"如何做好开题论证会"读书笔记

该章节从开题论证的价值、开题论证的方式、开题报告与申报书、开题论证会的准备、开题论证会的召开、开题论证报告的修改六方面对如何做好开题论证会进行了详细的讲解。

作者认为开题论证对保证教育研究工作的顺利进行，提高研究质量等有着重要意义，能有效鉴定课题的价值，促进研究方案的完善，并是研究质量的可靠保证。

开题论证的方式一般有两种：个别咨询与集体讨论。个别咨询就是课题负责人单独向个别专家进行课题重要性、可行性等方面的咨询，分为当面咨询和书面咨询，一般需要咨询多个专家，然后汇总专家们的意见，在此基础上对研究方案进行调整或修改。集体讨论就是在论证专家事先审阅开题报告后，课题负责人或课题组成员与论证专家聚在一起进行讨论。

作者对开题报告和课题申报书进行了区分。课题申报书主要用于课题评审，所面对的是评审专家，它的功能是获得评审专家的认同，对课题做出评判。开题报告是课题立项确定之后，课题负责人在课题立项和调查研究的基础上撰写的报请上级批准的课题研究计划，主要用于开题论证，所面对的是论证专家，它的功能是获得课题研究的支持，对课题进行诊断。课题申报书侧重于课题的价值阐述和可行性分析。课题已获立项，说明其研究价值已经得到认同，其可行性也已得到基本认可。但课题申报书中对课题实施即可行性的论证还是比较粗线条、比较宏观的，还缺乏细致、具体、可直接操作的论证。因此，需要进一步通过开题论证来改进和推动。开题论证报告是将研究假设具体化，将研究内容和方法结合起来通盘考虑和设计，侧重于对课题研究实施可行性的分析。

为开好开题论证会，需要做好充分准备：撰写开题论证报告，确定开题时间地点，聘请开题论证专家（一般 3 人以上，有高级职称或副高级职称或其他要求，由教育实践工作者、教育管理者、教育理论工作者构成），布置开题论证会场。

开题论证报告一般应具体阐述以下几个方面的内容。

1. 选题目的。要说明为什么选择这个题目，通过这项研究要达到什么目的。

2. 课题价值。课题价值是选题的依据，要回答所选课题对解决教育实际问题（包括对本校、本地区的教育工作实际存在的问题）或回答教育理论问题有什么意义，对教育的改革和发展会有什么贡献，选择这一课题的依据是什么等问题。

3.研究条件。这部分要说明课题的前期准备情况，课题研究涉及哪些客观条件，是否都能满足，从研究者自身看是否有足够的知识、能力、信心、时间等。

4.研究方案。涉及研究假设、研究步骤、经费开支计划、课题组成员的分工内容等。如果是大的课题，还要拟定相应的课题管理办法，明确课题组成员职责、课题经费管理以及课题档案管理等内容。研究方案部分要说明方案的总体思路是什么、方案是否完备、方案中各部分的联系等。

5.过程分析。分析研究过程可能出现哪些问题、有哪些对策。

6.结果预测。预测研究结果可能出现哪些情况、是否会带来不良后果。为了更好地呈现课题内容，往往还需要在开题论证报告的基础上，制作PPT等课件以便于在开题时简明清晰地呈现论证内容。

开题论证会的召开一般由以下几个方面构成：介绍出席会议人员、课题组作开题论证（不需要重复开题报告的所有内容，应抓住重点问题，对课题研究的理由和依据等进行说明，使专家知道课题提出的思路和背景条件）、专家组评议与研讨、论证会资料的收集。

在课题开题会后，还应整理开题论证会资料、分析专家与听众意见，对研究方案做出全面的修改和完善。

（样例来源：参训教师读书笔记）

3.拓展资源，丰富教师撰写开题报告相关的知识和能力

在听课、读教材的基础上，为教师提供信息化资源，使其知识更丰富。

① 图书:《教师如何做课题》第五章"如何做好开题论证会"（作者：李冲锋 华东师范大学出版社）；

② 图书:《与教师同走科研路》第三章"如何进行课题研究设计"、第四章"如何进行开题论证"（作者：吴颖慧 严星林 北京教育出版社）；

③ 图书:《教师做科研：过程、方法与保障》第二章"开题：设计研究蓝图"（作者：李臣之 海天出版社）；

④ 图书:《怎么做课题研究：给教师的40个教育科研建议》第二章"研究思路设计"（作者：费岭峰 华东师范大学出版社）；

⑤ 刊物:《信息科研》【第3期】荐佳法 - 如何进行开题论证（北京市信息管理学校科研刊物）；

⑥ 网络视频资源：开题报告怎么写：研究方案与进度安排；

⑦ 网络视频资源：研究设计；

⑧ 网络视频资源：研究设计与实施（实证研究）。

（二）践：课题组成员厘清各部分的内涵，初步撰写开题报告

通过听讲、读书和拓展学习，教师已经从理论上了解并掌握了开题报告的格式和要求，接下来就要撰写本课题的开题报告，将所学理论知识转化为实际操作。

课题负责人组织召开研讨会，按照学校科研室提供的标准模板，详细解读开题报告的各个部分，一般问题的提出、文献综述、研究内容、研究方法与过程、研究预期成果、核心成员和附件等。课题组成员结合自己的专业知识和实践经验，围绕各个部分展开讨论，分别提出自己的见解和建议。负责人记录研讨的过程和结论。

在充分研讨的基础上，结合自身选题，课题负责人对开题报告的各个部分进行深入分析和思考，综合课题组成员的意见，按照学校要求撰写开题报告。初稿完成后，课题负责人将完整的开题报告分发给每位课题组成员进行审阅与修改。课题组成员分别对报告提出修改意见，负责人对这些意见进行汇总、分析，与课题组成员进行个别沟通、视需要再次召开全体参加的研讨会，对开题报告进行修改、补充、调整与完善。经过多次迭代与打磨，最终形成课题组开题报告的初稿。

在讨论和撰写过程中，课题组应始终遵循民主、开放的原则，确保每位成员都有机会发言，分享自己的资料和观点。成员们之间客观地就不同观点进行碰撞和讨论，激发创新思维，形成多元视角，为开题报告的撰写注入活力和深度，确保开题报告的质量。

（三）研：课题负责人汇报，项目组针对各组的开题报告进行指导

召开学校科研管理人员（包括科研副校长、科研主任、科研干事）、学校科研带头人、全体课题负责人（即被培训教师）参加的研讨会，课题负责人汇报本组的开题报告，科研管理人员和科研带头人针对每个课题的汇报进行深入问询、质疑和指导，并提出建设性意见。

教师在撰写开题报告时的常见问题包括以下几点。

1. 关于研究背景

很多中职教师在撰写研究背景时习惯于从国家大政方针、国家领导人的讲话以及行业的普遍现象、宏观趋势等角度去描述，以凸显选题的重要性。但这样的叙述往往过于宽泛，与职教育的实际情况和自己所研究的具体问题关系不紧密；另一个常见问题是只简单地描述研究问题和所存在的现象，而没有深入分析这些问题对中职教育、学生发展或社会进步可能产生的负面影响，缺乏说服力。

教师在撰写研究背景时应注意精炼和聚焦，要围绕选题查阅文献、开展调研，了解中职教育的现状、问题，掌握行业的最新报告、数据以及政策法规的具体内容，凸显选题的针对性和时效性。要对教育问题和现象以及可能产生的负面影响进行分析，以凸显

选题的必要性和紧迫性。同时，要注意用数据和事实来支撑观点，以增强背景描述的说服力。

2. 关于研究目的和意义

研究目的通常是对研究总体方向和意图的概括性描述，它回答了为什么要进行这项研究的问题。但在实际操作中许多教师往往将研究目的与研究目标混淆，导致两者在内容上高度重叠，缺乏层次感和清晰度。在撰写研究意义时，常见的问题是阐述不充分或夸大事实。一方面有些一线教师认为自己不可能构建理论，就不写研究的理论意义。另一方面有些教师夸大了自己的研究，动辄以填补空白自居。

撰写研究目的时，需要清晰、简洁地阐述进行这项研究的根本动因和期望达成的总体方向，要能体现研究的核心问题、背景与需求、目的与价值，要对后期研究目标和研究计划的制定有指导性。研究意义一般包括理论和实践两个方面，对中职教师而言，一般也可以讨论研究成果对某个教育理论可以产生哪些方面有益的补充或者解释。实践意义是一线教师开展课题研究的重点，应实事求是地描述研究成果如何解决某个实际问题、如何应用于工作实践等。

3. 研究目标和内容

教师在设定研究目标时最常见的问题是表述得过于宽泛或含糊不清，缺乏确切性和可操作性。这样的目标难以指导后续的研究工作，难以作为评估研究成果的依据。另外，很多教师在制定研究目标时缺少串联的主线，目标的描述不在同一个纬度，导致研究目标之间缺少层次性、递进性和逻辑性，无法形成一个关联的整体。而研究内容的撰写中最常见的问题是没有紧密围绕研究目标展开，不能支撑研究目标的达成。其次是对研究内容的内涵把握不准确，所写的内容不全面，或者内容的安排缺乏逻辑性和连贯性。

研究目标与研究内容是课题研究的两个核心内容，二者关系紧密且相互依存。研究目标是研究的总体方向和期望达成的成果，应该清晰、具体，尽量使用可量化的指标来描述。研究目标一般按照开展的先后顺序撰写，各目标之间应具有层次感和递进性，形成一个关联的整体。研究内容是为实现研究目标而需要探讨、分析的问题，以及解决这些问题所用到的具体的途径和手段，是研究目标的具体体现和支撑。要紧密围绕研究目标来确定研究内容，描述需要探讨的问题、采用的方法、收集的数据和资料等。和研究目标一样，要合理安排研究内容的结构，体现内容间的逻辑顺序和内在联系，确保内容之间的连贯性和条理性。

4. 关于研究思路和路径

研究思路和研究路径的撰写对很多中职教师来讲是盲区——由于不重视经常略过不写、是难点——由于不了解其内涵往往凭直觉和猜想随便写一些内容。在撰写研究思路时，常因未能清晰地表达研究的逻辑框架，导致研究思路显得混乱，缺乏条理性。在撰写研究路径时，没有详细说明每个阶段的具体任务和操作流程，导致研究路径缺乏可操作性。

研究思路是开展课题研究的整体思考框架和逻辑脉络，其核心是逻辑性，要确保研究的各个环节紧密衔接，逻辑清晰。研究路径是研究过程中具体的研究步骤和操作流程，它是对研究思路的具体化，详细描述了研究的实施过程，其核心是可操作性，要确保研究能够按计划顺利进行。研究思路一般用文字呈现，研究路径一般用路径图呈现。应确保研究思路和研究路径之间的紧密衔接，研究思路中的各个阶段、方法和步骤都应在研究路径中得到具体的体现和安排，而研究路径中的每一步都应当符合研究思路的总体规划和逻辑顺序。

5. 关于预期成果

对中职教师来说，预期成果的撰写常出现两个方面的问题：一是研究成果与研究目标不匹配，即研究成果虽然具有某种价值，但并不符合研究目标的初衷或核心要求；二是预期成果描述不全面，只写出了诸如研究报告、论文等最显性的成果，忽略了研究过程中出现的其他有价值的成果。

在研究过程中，教师应始终保持对研究目标的清晰认知和坚定执行，定期回顾和审视研究目标和计划，确保研究始终沿着既定方向和路径开展，从而形成与目标对应的成果。要对预期成果的内涵和外延有准确、全面的认知，不仅要写出以报告、论文形式呈现的结果性成果，也要梳理以学生作品、教学设计、软件和平台、专利等其他形式呈现的过程性成果。不仅关注显性的研究成果，还要关注隐性的、具有实践价值的成果。

（四）践：课题组修改完善，形成规范完整的开题报告

针对项目组提出的意见和建议，课题组针对每一部分内容开展深入讨论，反复修改完善，直至形成最终的开题报告。

样例6-2

"基于iSmart平台的中职英语听说课混合式教学模式实践研究"研究背景

1. 教学大纲对中职英语听说课教学提出新要求

随着全球经济发展和"一带一路"倡议推进，社会对人才英语交流能力的要求日益提高，职业院校学生学好英语听力和口语有助于增强就业竞争力，拥有更好的职业前景。

《中等职业学校英语课程标准》明确指出，英语课程的目标是在义务教育法的基础上，进一步激发学生英语学习的兴趣，帮助学生掌握基础知识和基本技能，发展英语学科核心素养，为学生的职业生涯、继续学习和终身发

展奠定基础。核心素养中的职场语言沟通是指学生通过语言知识的学习与实践，掌握语言特点及其运用规律，发展听、说、读、写等语言技能，正确理解职场中的不同语篇信息，就与职业相关的话题进行有效沟通与交流。大纲将"听、说"置于语言技能首位，凸显了听说课在中职英语教学中的关键地位。这不仅关乎学生学科核心素质提升，更对其未来职业发展和拓宽国际视野意义重大。

2. 传统中职英语听说课教学存在诸多问题

近年来，中职学校生源质量的变化给英语教学带来诸多困难。受高职院校扩招和 3+2 模式影响，中职学生整体文化水平有所下滑，英语基础薄弱问题尤为突出。许多学生在英语学习上存在知识欠缺、应用能力不足和学习兴趣匮乏的情况，在听说方面表现为听不懂日常对话，难以用英语进行交流。

此外，中职英语课时相对较少，每周仅 2～3 学时。有限的课时使得课堂上难以充分开展听说训练，而绝大多数学生又缺乏主动进行课外听说练习的积极性，这使得学生的听说能力培养难以达到大纲要求。这种现状迫切需要新的教学模式和方法来改善，以满足大纲要求，提升学生英语听说能力。

3. iSmart 平台为听说课教学模式创新提供有利条件

iSmart 外语智能学习平台是高等教育出版社"十三五"国家电子出版物规划项目，它融合了线下课堂教学与线上自主学习，为外语混合式教学提供了有力支持。2018 年 4 月，与中职一年级英语教材配套的线上数字资源正式上线。

该平台功能丰富，集成了学习、通知、测验、活动、互动等多种功能，借助微课、音视图、游戏、动画等多样化手段，能实现班级学习全覆盖，为学生创造了良好的课下自主学习环境。同时，平台特有的口语和听力评测功能，高度契合英语语言学习需求，能及时反馈学生的学习情况。

基于 iSmart 平台的这些优势，将其引入中职英语听说课教学，并将测验、活动及监测等功能融入教学全过程，以学生为主体、教师为主导的教学模式得以实现。这不仅能有效解决课时不足的问题，还有望达成听说培养目标。因此，开展基于 iSmart 平台的中职英语听说课混合式教学模式实践研究，探索更适宜的教学模式流程，具有重要的实际应用价值和推广意义。

（样例来源：丁沫老师课题组开题报告）

样例 6-3

"基于 iSmart 平台的中职英语听说课混合式教学模式实践研究"研究目的与意义

1. 研究目的

（1）通过平台提供的互动式学习体验，让学生在轻松愉悦的氛围中感受英语听说的魅力，逐步建立学习自信。利用 iSmart 平台丰富的教学资源，激发学生对中职英语听说学习的内在兴趣。

（2）依托 iSmart 平台线上线下融合的教学模式，增加学生语言输入与输出的频率和质量，给予学生及时、精准的反馈，帮助学生发现自身听说能力的优势与不足，有效提升学生的英语听说水平。

（3）通过对基于 iSmart 平台的中职英语听说课混合式教学模式的深入研究，为教师提供信息化教学与英语学科融合的新思路和新方法。帮助教师更好地利用平台资源设计教学活动、组织课堂教学、开展教学评价，提升教师的信息化教学能力和专业素养。

2. 研究意义

理论意义：本研究聚焦于信息化平台支持下的中职英语听说课教学，丰富了职业教育领域中信息化教学与学科融合的理论研究。通过深入剖析 iSmart 平台在中职英语听说教学中的应用，为后续相关研究提供了理论参考，有助于完善职业教育信息化教学理论体系，推动该领域理论研究的发展。

实践意义：本研究精准定位当前中职英语听说课教与学过程中存在的问题并提出针对性的改进方法。构建全面的线上线下混合式教学模式流程，为中职英语教师提供了切实可行的教学指导框架。研究成果有助于推动中职英语听说教学的改革与发展，对提升中职学生的英语综合素养具有重要的实践价值。

（样例来源：丁沫老师课题组开题报告）

样例 6-4

"基于 iSmart 平台的中职英语听说课混合式教学模式实践研究"研究目标与内容

1. 研究目标

本研究包含了"iSmart 平台""混合式教学模式"和"中职英语听说课教学"，通过 iSmart 平台中职英语听说课混合式教学模式实践研究，对中职英语听说课教学模式进行创新尝试。

（1）梳理总结出混合式教学模式的内涵和外延。

（2）构建基于 iSmart 平台的中职英语听说课混合式教学模式。

（3）研究混合式教学模式应用于中职英语听说课的设计与实施。

（4）探究基于 iSmart 平台的中职英语听说课的教学效果。

2.研究内容

本选题研究的内容涉及教育技术、教学模式和学科教学改革的三个领域，课题组希望通过研究找到三者的有效结合点。基于 iSmart 平台在中职英语听说课混合式教学模式上的探究是本课题研究的切入点。

（1）通过研究国内外文献资料，梳理混合式教学模式的起源发展、概念定义、主要模式，总结出混合式教学模式的内涵和外延。

（2）结合 iSmart 平台功能与特点，根据听说课输入到输出的学习规律，融入中职学生特点，构建混合式教学模式。

（3）结合 iSmart 平台功能、平台配套数字资源和混合式教学模式的特点，完成不同主题下的教学设计与实施，进行混合式教学模式的实践。

（4）通过分析平台数据反馈、问卷调查结果、前后测成绩、北京市水平测试的报告及口语考试成绩，进行对比研究，验证教学效果。

（样例来源：丁沫老师课题组开题报告）

🗨 样例 6-5

"基于 BOPPPS 的人工智能基础与应用课程混合式教学设计实践研究"研究路径

本课题以"基于 BOPPPS 的《人工智能基础与应用》课程的混合式教学设计与实施"为研究主题，分析中职人工智能专业课程中学生参与度不高、学习效果不理想、课程中反馈不及时、教师教学效果难以达到预期教学目标的痛点，研发课程评价指标，将 BOPPPS 教学模式与混合式教学进行融合设计，借助超星平台及多个 AI 实训平台进行教学实施，来验证基于 BOPPPS 教学模式结合混合式教学重构人工智能专业课程对于中职学生的学习效果和教师的教学效果的影响（图 6-3）。

（样例来源：廖天强老师课题组开题报告）

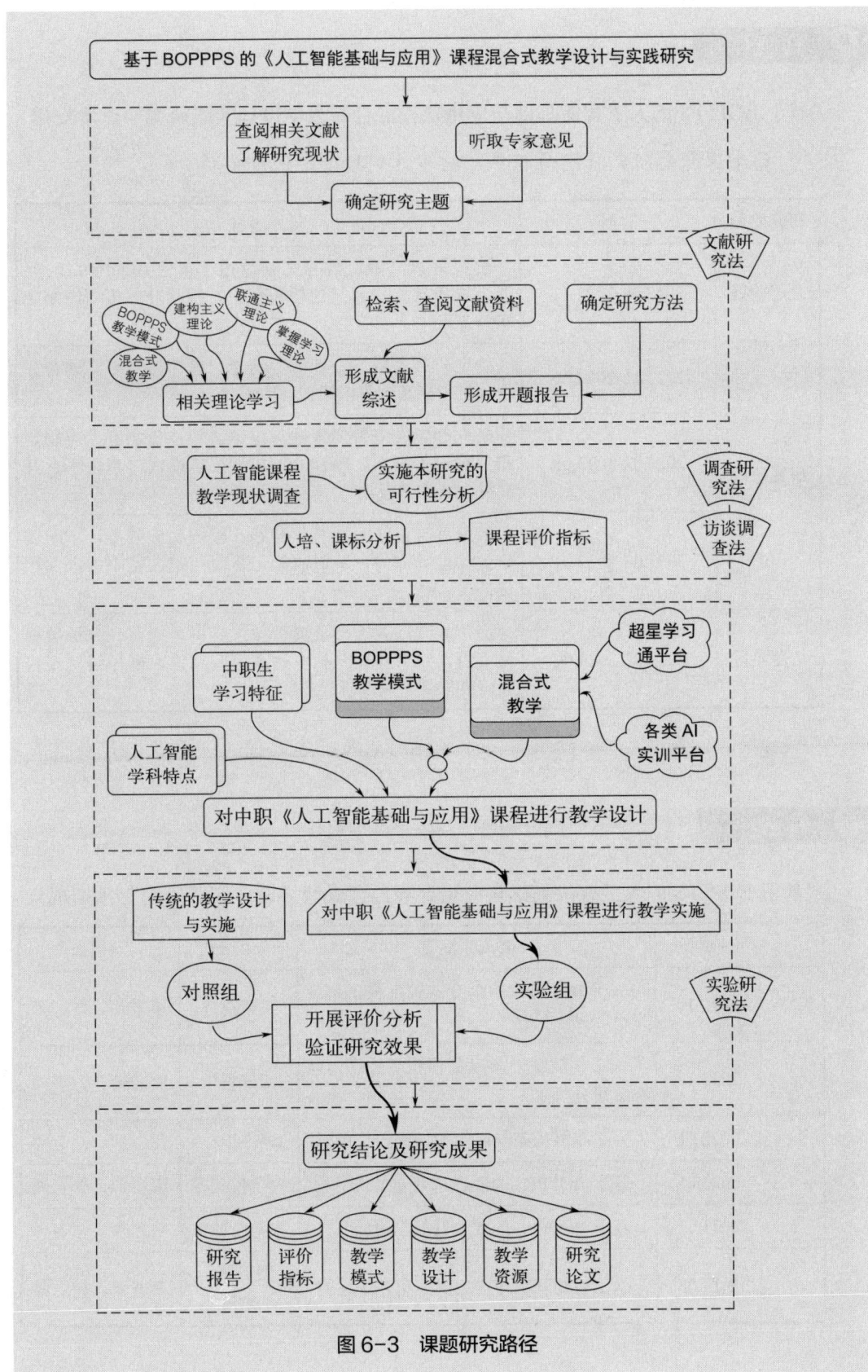

基于 BOPPPS 的《人工智能基础与应用》课程混合式教学设计与实践研究

查阅相关文献
了解研究现状

听取专家意见

确定研究主题

文献研
究法

BOPPPS
教学模式

建构主义
理论

联通主义
理论

混合式
教学

掌握学习
理论

检索、查阅文献资料

确定研究方法

相关理论学习

形成文献
综述

形成开题报告

人工智能课程
教学现状调查

实施本研究的
可行性分析

调查研
究法

人培、课标分析

课程评价指标

访谈调
查法

中职生
学习特征

BOPPPS
教学模式

混合式
教学

超星学习
通平台

人工智能
学科特点

各类 AI
实训平台

对中职《人工智能基础与应用》课程进行教学设计

传统的教学设计
与实施

对中职《人工智能基础与应用》课程进行教学实施

对照组

实验组

实验研
究法

开展评价分析
验证研究效果

研究结论及研究成果

研究
报告

评价
指标

教学
模式

教学
设计

教学
资源

研究
论文

图 6-3　课题研究路径

样例 6-6

"基于 BOPPPS 的人工智能基础与应用课程混合式教学设计实践研究"进度安排

整个课题的研究时间为两年，初步计划按以下进度安排。

研究阶段	时间	具体内容
开题阶段	2022.09-2022.11	搜集分析文献，撰写文献综述。学习 BOPPPS 模式、混合式教学模式及其他相关理论。撰写开题报告，制定实施方案。
研究阶段	2022.12-2023.01	确定研究对象，设计调查问卷，设计访谈表。调查分析人工智能基础与应用课程的现状。
	2023.02-2023.08	研究确定人工智能基础与应用课程评价指标，完制定和完善评价方案。整合 BOPPPS 教学模式与超星平台开展混合式教学设计。
	2023.09-2024.01	依据教学设计开展教学实践。根据实施效果，不断调整优化设计方案。及时收集、整理实施过程中的数据和资料。
结题阶段	2024.02-2024.07	优化教学模式，形成典型教学案例。梳理、分析数据和资料，完成对比分析，得出研究结论。撰写结题报告和研究论文，呈现研究成果。

（样例来源：廖天强老师课题组开题报告）

样例 6-7

"基于 BOPPPS 的人工智能基础与应用课程混合式教学设计实践研究"预期成果

序号	形成时间	主要成果名称	成果形式	承担人
1	2022.10	基于 BOPPPS 的混合式教学模式研究文献综述	文献综述	廖老师、贾老师
2	2022.10	人工智能基础与应用课程学生学习状况调研分析	调研报告	贾老师、方老师
3	2022.11	人工智能基础与应用的课程评价指标	评价指标	贾老师、刘老师
4	2023.01	基于 BOPPPS 的混合式教学模式流程	教学模式图	廖老师、郭老师
5	2023.02	基于 BOPPPS 的混合式教学设计	教学设计集	廖老师、郭老师
6	2024.05	人工智能基础与应用的典型教学案例	案例集、光盘	廖老师、郭老师

续表

序号	形成时间	主要成果名称	成果形式	承担人
7	2023.05	人工智能基础与应用课程资源	课程资源	刘老师、刘老师
8	2024.05	基于 BOPPPS 教学模式的混合式教学有效提升学生参与度的策略	论文	廖老师、郭老师
9	2024.07	结题报告	报告	廖老师、贾老师

（样例来源：廖天强老师课题组开题报告）

（五）践：组织现场汇报，课题组完成开题论证

课题负责人以最终确定的开题报告为蓝本，归纳整理相关内容，制作 PPT，面向课题组成员进行汇报演练，收集、分析全体成员的意见和建议，对 PPT 的内容和汇报的表达方式、仪态进行调整和改进。组内模拟质询，为专家答辩做好充分准备。

面向评审专家进行开题汇报，课题组成员共同回答专家质询，完成开题论证。

论证会后根据专家意见对开题报告进一步修改完善，形成最终的开题报告上交相关部门审批和备案。

样例 6-8

《基于 STEM 教育理念的中职数学实践性活动设计与实践研究》开题汇报 PPT

《基于 STEM 教育理念的中职数学实践性活动设计与实践研究》是朱建鹏老师为负责人的校级课题，是课题组应用 STEM 教育理念，对新《课程标准》下的中职数学课程内容进行拓展、实践性活动进行开发、多元化教学策略和评价方式进行构建的实践研究。

该课题组制作的汇报 PPT 涵盖了从问题提出到研究预期成果及团队介绍的开题报告的全部核心内容，模块完整，内容丰富全面；目录清晰展示了各板块内容，各部分之间过渡自然、逻辑清晰；恰当使用图表和图片，使复杂的信息直观易懂，画面美观且体现学术性。此 PPT 在内容呈现、结构逻辑和视觉效果等方面均有亮点，值得学习和借鉴。

《基于 STEM 教育理念的中职数学实践性活动设计与实践研究》开题汇报 PPT

扫描下方二维码可观看 PPT 的具体内容。

（样例来源：朱建鹏老师课题组开题汇报 PPT）

三、教师方案设计能力培养的阶段性成果

（一）开题报告框架

××××××研究

开题报告

一、问题提出

（一）研究背景

（二）研究目的、意义

二、文献综述

三、研究内容

（一）概念界定

（二）研究理论依据

（三）研究假设

（四）研究目标

（五）研究具体内容

四、研究方法与过程

（一）研究路径设计

（二）研究方法选择

（三）研究阶段划分

（四）组织与经费保障

五、研究预期成果及成果形式

六、课题组核心成员情况介绍

七、附件

参考文献

(二) 课题申报及论证阶段主要任务梳理

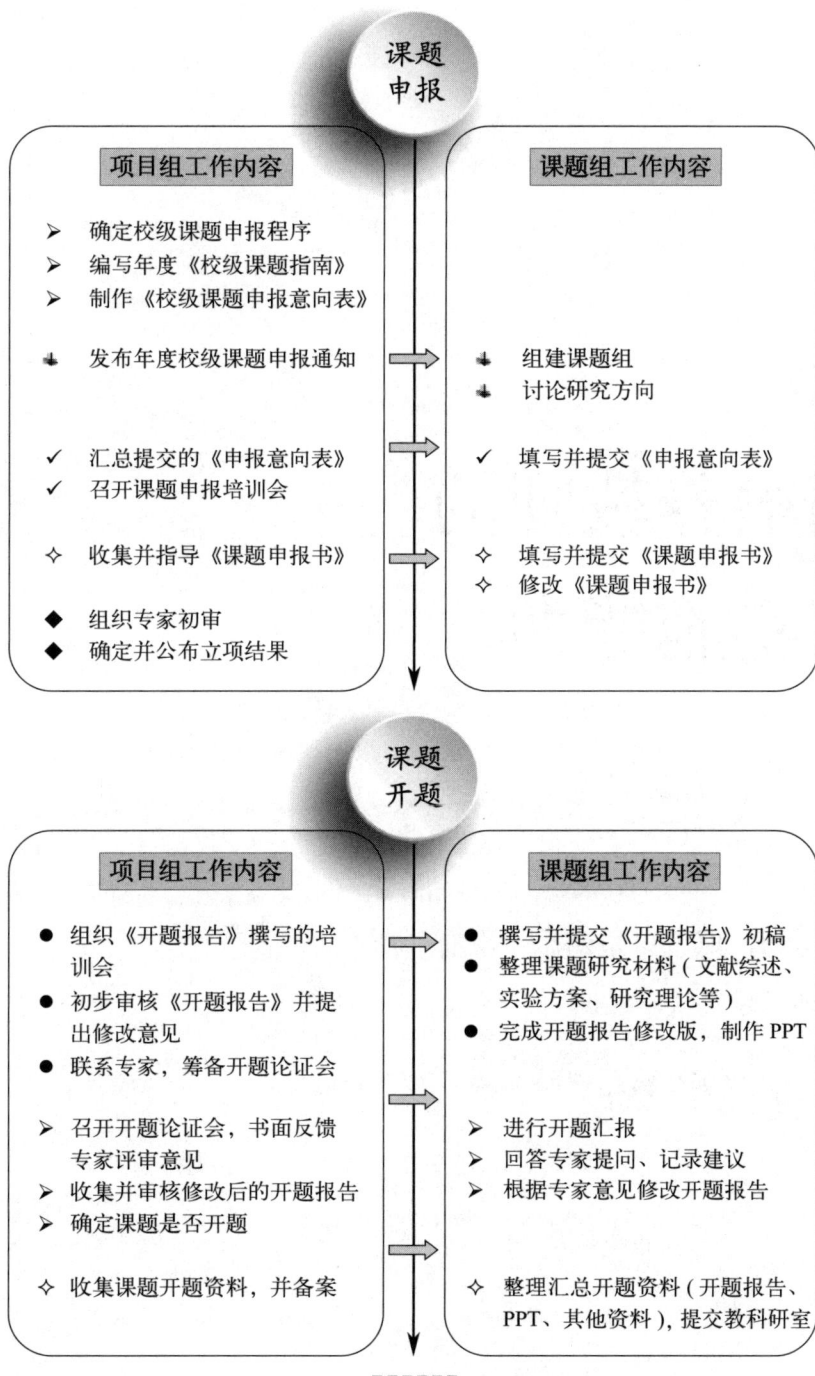

课题
申报

项目组工作内容	课题组工作内容

> 确定校级课题申报程序
> 编写年度《校级课题指南》
> 制作《校级课题申报意向表》

↳ 发布年度校级课题申报通知 ⇒ ↳ 组建课题组
  ↳ 讨论研究方向

✓ 汇总提交的《申报意向表》 ⇒ ✓ 填写并提交《申报意向表》
✓ 召开课题申报培训会

◇ 收集并指导《课题申报书》 ⇒ ◇ 填写并提交《课题申报书》
  ◇ 修改《课题申报书》

◆ 组织专家初审
◆ 确定并公布立项结果

课题
开题

项目组工作内容	课题组工作内容

● 组织《开题报告》撰写的培 ⇒ ● 撰写并提交《开题报告》初稿
  训会 ● 整理课题研究材料 (文献综述、
● 初步审核《开题报告》并提   实验方案、研究理论等)
  出修改意见 ● 完成开题报告修改版, 制作 PPT
● 联系专家, 筹备开题论证会

> 召开开题论证会, 书面反馈 ⇒ > 进行开题汇报
  专家评审意见 > 回答专家提问、记录建议
> 收集并审核修改后的开题报告 > 根据专家意见修改开题报告
> 确定课题是否开题

◇ 收集课题开题资料, 并备案 ⇒ ◇ 整理汇总开题资料 (开题报告、
  PPT、其他资料), 提交教科研室

- - - - - -

(三) 开题报告范例

具体内容见附件 2。

第七章

如何培养教师的
方案实施能力

没有行动，愿景只是幻想；没有
执行，计划只是空谈。

——（美）彼得·德鲁克

　　方案实施是课题研究从理论走向实践的关键环节，是将研究设计转化为实际成果的核心步骤。教师要学会将研究计划分解为具体的行动步骤，合理分配资源，协调各方力量，并在实施过程中及时发现问题、调整策略，确保研究目标的达成。教师要克服种种不确定性，灵活应对实施过程中的挑战与变化，展现高效的执行力、灵活的应变能力以及持续的反思能力。通过方案实施，教师不仅能够完成课题研究，验证研究假设，积累实践经验，还能在行动中开展教育教学改革和创新，深化对教育问题的理解，提升解决实际问题的能力。

一、什么是方案实施能力

　　方案实施能力指将预先制定的计划、方案转化为实际行动，并确保其有效执行以达成预期目标的能力，包括对方案的理解和执行能力，以及在实施过程中进行灵活调整和解决遇到的问题的能力。

　　研究方案的实施在课题研究流程中占有最长的时间分配和最大的比重，决定着研究目标是否能够实现、预期成果是否能够达成。这一过程有效地锻炼了教师的实操技能，培养了研究团队的协作能力和凝聚力。

（一）实施计划的制定与修改

1. 如何依据研究方案制定实施计划

（1）明确研究目标并进行任务分解

　　制定实施计划的首要步骤是明确研究目标，并将其细化为可操作的具体任务。这要求教师对研究方案有深入的理解，能准确把握研究的核心问题和关键变量。在此基础上，将研究目标分解为若干个子目标或阶段性目标，并为每个目标设定明确的时间节点和成果要求。

（2）梳理并合理配置资源

　　明确任务后，接下来就要对研究能够获得的资源进行梳理、评估和分配。首先列出研究过程中可能需要的和能够获得的各类资源，包括人力资源（课题组人员、学校科研室人员、专家顾问等）、物力资源（调查工具、研究设备、研究材料等）、财力资源（研究经费、资助等）以及时间资源。在此基础上根据任务的优先级和资源的实际情况进行科学合理的配置，确保关键任务和各阶段目标能够得到支撑。

（3）细化研究路径和流程

　　依据研究设计中的研究思路、方法和路径，进一步细化研究实施的具体步骤和流程。对应分解后的研究任务，规划研究活动的内容和顺序，选择合适的研究工具，确定数据收集和分析的具体方法等。实施路径的设计应与研究目标紧密相连，确保每一步都能为实现研究目标做出贡献。同时，实施路径还需要考虑资源的实际情况，确保在现有资源条件下能够得到有效执行。

（4）制定详细的时间表与进度安排

为了确保实施计划的顺利推进，教师需要制定详细的时间表和进度安排。包括各阶段研究目标和任务的起止时间、关键节点的完成时间以及整体研究的预计完成时间等。通过明确的时间表和进度安排，可以实时监控研究进度，及时调整实施策略，确保研究能够按照预定的目标和要求顺利推进。

2. 如何根据实际情况调整实施计划

（1）持续监控与评估研究进展

要建立对研究进行持续监控与评估意识和机制，对研究的进展、资源的使用情况、研究方法的适用性、研究目标的达成度等进行定期的检查和评估，及时发现计划执行中的问题、偏差或不足。监控的内容可以包括研究数据的收集与分析进度、团队成员的工作表现、资源的使用效率等。评估的方法可以包括定期召开项目会议、填写进度报告、进行中期检查等。

（2）以开放的心态对待变化

研究过程中内外部条件变化和意外情况在所难免，教师需要保持高度的灵活性，根据实际情况对实施计划进行及时调整。包括调整研究目标和内容、改变研究方法、重新分配资源或调整时间表等。如果原定研究方法在实际操作中遇到困难时，应及时更换其他更适合的方法；如果研究资源不足，可以通过寻求外部资助或优化内部资源配置来解决问题等。

（3）及时沟通方案变化情况

研究计划调整的过程中团队成员之间、研究团队与管理部门之间的沟通至关重要。课题负责人需要与团队成员、学校科研管理部门、外部专家进行充分的沟通与协作，共同面对挑战并寻找解决方案。通过了解进展、沟通变化，团队成员可以更好地彼此理解、调整、合作。与科研管理部门的沟通有助于确保调整后的实施计划得到支持和批准。向外部专家的咨询则可以为研究提供新的视角和解决方案，推动研究的深入发展。

（4）审慎决策与记录调整情况

在调整实施计划时，审慎决策是确保调整方案科学性和可行性的关键。课题组需要综合考虑各种因素，包括研究目标、资源状况、时间限制等，做出明智的决策。为了确保调整的透明性和合理性，课题组要详细记录调整的原因、过程、结果以及对研究整体进度和成果的影响，并及时向科研管理部门报备、审批。

（二）如何撰写中期报告

1. 中期报告的结构与内容

中期报告是课题研究进行到一半左右时教师对研究工作进行系统梳理和总结的规范

性文本，既是对前期工作的梳理，也是对后续研究的规划和调整。在机构性质、管理模式以及其他影响因素的作用下，中期报告的格式不尽相同，但其核心要素具有极大的共性，一般包括课题研究的背景、当前进展、已取得的阶段性成果、存在的问题、后续研究计划、课题变化情况以及附件等内容。

中期报告是研究过程的"体检表"、优化研究的"导航仪"。通过撰写中期报告并向专家和管理部门汇报，教师可以精准呈现进展、客观分析问题、科学规划后续，确保课题始终沿着正确方向推进，最终实现所有设定的研究目标。

（1）课题简介

课题简介是对整个课题研究的背景、目的、意义以及基本内容的简要概述，要突出研究的重点和必要性，准确反映核心内容和价值。描述力求简洁明了，旨在帮助读者快速了解课题的基本情况。

（2）研究进展

研究进展需详细记录和呈现课题研究至今的推进情况。一般按时间顺序或以研究目标/研究内容为单元条理地说明研究工作的开展情况，陈述研究过程中做了什么、怎么做的，包括数据收集、处理、分析等环节的具体步骤和方法。重点描述已完成的研究任务和正在进行的研究任务，同时附上相关的过程性材料和研究记录等。通过详细介绍研究方法与过程，评审者可以了解研究的实施情况和数据来源，从而评估到目前为止研究的可靠性和有效性。

（3）已取得的阶段性成果

指到目前为止课题组完成研究内容、达成研究目标的情况。梳理阶段性成果就是总结和展示课题研究取得的各类重要产出，包括初步的研究成果、效果和结论。具体包括研究过程中开发、形成的模式图、流程图、量表、调研报告、软件、论文等资源，课题实施以后教育教学实践的改变情况、学生和教师的成长变化情况，以及课题研究形成的初步观点和结论等。

（4）存在的问题

存在的问题部分要诚实客观地描述研究过程中遇到的问题和挑战，以及其对研究进程产生的影响，并尝试探讨问题产生和存在的原因。对存在问题的陈述要秉承实事求是的原则，既不回避矛盾也不夸大事实。对症结的反思有利于课题组直面问题和困难，并探寻解决方案，也方便课题管理者和评审专家根据问题提出有针对性、建设性的指导或改进意见，确保后期研究在正确的轨道上顺利进行。

（5）下一步研究计划

根据当前研究进展和存在的问题，规划后续研究的目标、内容和计划，为后续研究工作提供指导和方向。主要撰写后期研究的具体任务、思路、时间表、拟采取的问题改进措施等内容。要确保研究计划与前述的改进措施相一致，形成逻辑闭环，要具有可操作性和可行性。

（6）课题变化情况

对照课题申请书、开题报告，描述课题研究过程中已经或即将出现的调整和变更，包括研究目标、内容、方法、人员、时间安排等方面的变化，要详细、明确地说明调整的原因、目的和必要性。

（7）附件

提供与课题研究相关的补充材料，如调查问卷和分析报告、访谈提纲和报告、量表、数据表格、实施方案等各阶段性成果涉及的佐证材料。首先列出附件的清单，其次提供附件的具体内容。要确保附件内容清晰、完整，与主报告内容紧密相关，有助于检查和评估前期课题研究质量。

2. 撰写中期报告的注意事项

（1）明确撰写中期报告的目的

中期报告能够清晰地展示课题研究的当前进展，帮助课题组了解研究工作的实际完成情况，及时发现问题并调整研究计划；可以展示课题研究过程中已经取得的阶段性成果，包括理论成果、实践应用、案例研究等；能够反映研究过程中遇到的困难和问题，为课题组提供反思和改进的机会；可以对后续研究计划进行调整和优化，确保研究工作的顺利进行和最终目标的达成。

（2）符合中期报告的结构和要求

按学校课题管理部门的模板撰写，确保从封面、简介、正文到附录结构完整，字体字号、页码编号等符合规范。

（3）详略得当合理分配比重

中期报告中研究进展、阶段性成果是最重要的部分，存在问题和下一步研究计划是次重要的部分，其他部分应简洁扼要。

（4）表述体现专业性和可读性

基于事实客观说明研究开展情况，数据准确无误，语言简洁明了；使用教育研究领域的专业术语，体现学术性和规范性；恰当使用可视化辅助手段，用甘特图展示进度、柱状图对比数据、流程图说明研究设计，要素完整、标注明确，提升报告的可读性。

二、如何培养方案实施能力

方案的实施能力培养是中职教师科研能力培养体系中第六个环节，安排在研究方案的撰写能力培养之后，所产生的数据、过程性材料和各阶段成果为后续两个环节的能力培养提供素材。旨在培养教师落实研究计划，收集和整理研究资料，根据实际情况调整和完善实施计划的能力。是确保研究计划和方案科学准确地落实和产生数据、成果的关键环节，是培训过程中重要但容易被忽视的内容。

通过专家培训、集体研讨、课题实践等培养途径，以期达到如下具体目标。

① 能够依据研究方案制定具体细致的实施计划；

② 能够按照计划落实和推进课题研究；

③ 能够根据实际情况及时调整与修正实施计划；

④ 掌握中期报告的结构与要求；

⑤ 能够撰写规范的中期报告；

⑥ 能够收集和整理过程性资料；

⑦ 能够梳理和呈现阶段性成果；

⑧ 能够完成中期汇报；

⑨ 提升教师的规划能力和调整能力；

⑩ 提升教师的执行能力和实践能力。

在成人学习理论、721 法则、学习金字塔模型等理论的指导下，根据需要将"训、研、践"有机结合。具体培训流程如下。

（一）训：开展理论培训，助力教师掌握实施研究方案的相关知识

1. 专家授课，引领教师学习研究方案实施的知识和方法

中职教师在方案实施中可能会出现执行与计划脱节、资源调配失衡、突发问题应对不足等挑战，亟须通过系统培训掌握推进和落实研究方案、达成研究目标的方法与策略。此阶段应邀请具有丰富课题管理经验或一线研究实践的专家，如市区教科院资深教研员、重点课题负责人或职业教育领域研究专家，为教师开展专题培训。这些专家不仅熟悉中职教育实践场景，更能结合真实案例剖析实施难点，提供可落地的解决方案。

专家将利用至少 8 课时的时间，为教师全面、详细地讲解研究方案实施的相关知识和技巧，包括研究方案实施的概念、原则、步骤以及可能遇到的挑战和应对策略等。结合中职教师的实际需求，应重点讲解如何制定详细的实施计划、分配任务和资源、监控进度和调整方案等关键步骤，以及撰写中期报告、开展中期汇报等内容（图 7-1）。培训过程中专家应使用丰富的案例和实例，帮助教师更好地理解研究方案实施的实际操作过程，并学会如何根据实际情况进行灵活调整。应随时与教师进行互动交流，解答教师在实施过程中可能遇到的问题和困惑，提供针对性的指导和建议。

2. 研读教材，帮助教师切实掌握制定和推进研究计划的方法

研究方案的推进、落实和调整是课题研究时间最长、比重最大的一个环节，关乎研究目标是否能够达成和预期成果是否能够实现。专家授课只是快速地提供了最基本的知识和框架。在相对漫长的方案执行过程中，面对随时出现的状况和问题，教师需通过读书、反思和实践，不断深入理解和掌握落实研究计划的方法和策略。在此过程中，还应学会撰写中期报告，完成中期论证。

课题实施的认识 ┤ 课题研究与工作计划、工作内容相结合
　　　　　　　　　└ 工作中注意科研思维，聚焦研究问题

计划的实施与调整

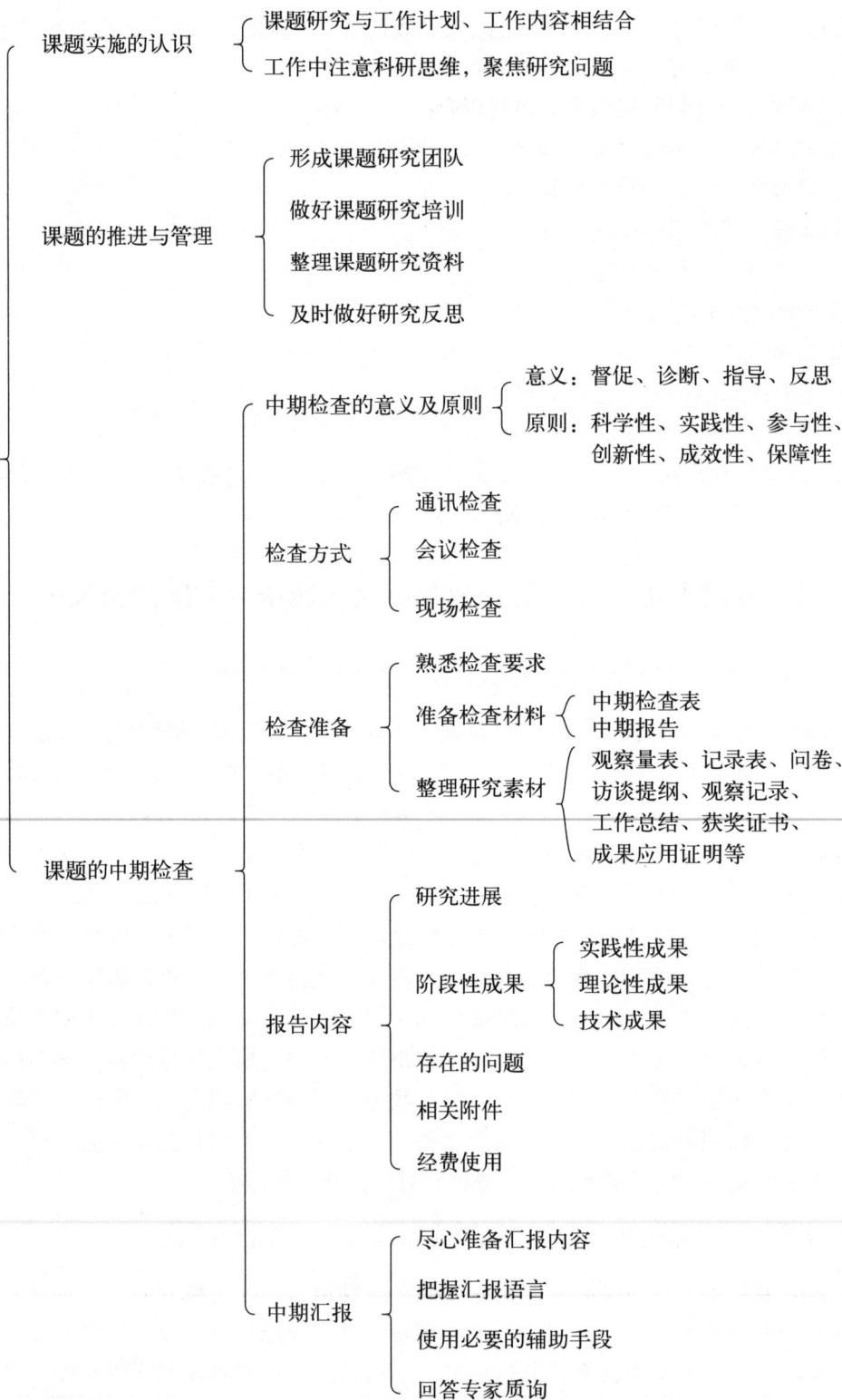

课题的推进与管理 ┤ 形成课题研究团队
　　　　　　　　　├ 做好课题研究培训
　　　　　　　　　├ 整理课题研究资料
　　　　　　　　　└ 及时做好研究反思

课题的中期检查

中期检查的意义及原则 ┤ 意义：督促、诊断、指导、反思
　　　　　　　　　　　└ 原则：科学性、实践性、参与性、创新性、成效性、保障性

检查方式 ┤ 通讯检查
　　　　　├ 会议检查
　　　　　└ 现场检查

检查准备 ┤ 熟悉检查要求
　　　　　├ 准备检查材料 ┤ 中期检查表
　　　　　│　　　　　　　 └ 中期报告
　　　　　└ 整理研究素材 ┤ 观察量表、记录表、问卷、访谈提纲、观察记录、工作总结、获奖证书、成果应用证明等

报告内容 ┤ 研究进展
　　　　　├ 阶段性成果 ┤ 实践性成果
　　　　　│　　　　　　 ├ 理论性成果
　　　　　│　　　　　　 └ 技术成果
　　　　　├ 存在的问题
　　　　　├ 相关附件
　　　　　└ 经费使用

中期汇报 ┤ 尽心准备汇报内容
　　　　　├ 把握汇报语言
　　　　　├ 使用必要的辅助手段
　　　　　└ 回答专家质询

图7-1 "计划的实施与调整"思维导图

此阶段应为教师提供理论与实践并重的教材，指导其通过自学掌握研究计划的核心要素与操作流程。要求教师反复研读经典教材的重要章节，撰写读书笔记，切实掌握相关知识。课题组定期组织共读活动，围绕教材中的典型案例展开讨论，分析研究计划制定中的常见误区、推进过程中的资源协调难点以及调整策略的适用情境，培养教师的动态管理意识。

本专题推荐阅读大夏书系·教师专业发展之《教师如何做课题》第七章"如何面对中期检查"，作者为华东师范大学教育学博士、上海师范大学教育学院博士后李冲锋。这本教材是为数不多的把中期检查作为单独的一个章节来讲解的，完善了课题的流程，弥补了别的教材忽略的部分。对中期检查报告的写作介绍得也很详尽，文后附的《中期检查汇报案例》是给读者很好的范例。可补充学习约翰·W·克雷斯威尔（John W. Creswell）的《研究设计与方法：定性、定量与混合研究的路径》中关于"研究计划的适应性调整"部分，可为教师提供国际视野下的方法论参考。

样例 7-1

《教师如何做课题》第七章"如何面对中期检查"读书笔记

该章节从中期检查的作用、中期检查的方式、中期检查的准备、检查报告的写作、中期检查的汇报五方面对如何面对中期检查进行了详细的讲解。

中期检查是课题管理部门为保证课题质量、推进课题研究、强化课题管理，在课题研究进行过程中实施的一种管理措施，有通信检查、会议检查和现场检查等不同方式。中期检查能够对课题研究加以督促，对存在问题做出诊断，对后续研究予以指导，促进研究者进行反思。

作者指出，为迎接课题中期检查需要精心做好准备。首先需要从课题管理部门了解中期检查的要求，弄清中期检查的重点是什么、检查评估的指标有哪些、需要做些什么样的准备等。其次要准备检查所需材料，如中期检查表、中期检查报告、阶段性成果材料、经费使用表等。接下来就是做好检查相关工作，如与课题管理部门的协调、与评审专家的沟通等。

作者认为中期检查报告是中期检查最重要的材料，主要包括研究的进展、阶段性成果、存在的问题、今后的设想、经费的使用、附录等几个方面，并分别做了详细描述。

研究进展是中期检查报告的重点，主要陈述课题实施以来所做的主要工作及其对研究的推动。完成的主要工作应写明工作的起止时间、采取的主要措施、策略、方法等。研究进展要对照申报书来写，检查是否兑现了申报时的承诺，兑现的质量怎样、什么原因没有兑现。

　　阶段性成果是在课题研究的某一阶段产生的、成型的研究成果。阶段性，说明这些成果还不是最终的、完整的研究成果；成型性，说明这些成果本身是可以相对独立存在的。阶段性成果可从实践性成果、理论性成果、技术性成果等方面来写。实践性成果主要是课题实施以后对教育教学实践的改变，如师生的变化情况等。理论性成果主要是教研论文、论著、案例、报告等的撰写、发表情况。技术性成果主要是课题研究中相关量表、工具、技术手段等的开发、使用情况等。

　　存在的问题部分要写会影响整个课题研究继续推进的主要问题。应遵循实事求是的态度，利于课题管理者和评审专家根据问题提出有针对性、建设性的指导建议或改进意见。

　　今后的设想部分要根据课题研究存在的问题、今后研究的需要、原有的研究计划来写作，包括今后研究的思路、拟采取的问题改进措施或课题研究的推进措施等内容。这部分内容简要介绍就可以，但要有实质性内容，措施要切实可行。

　　有的中期检查还要求课题承担者汇报课题经费的使用情况，写明哪笔钱作了何种用途。要看花出去的钱，在数额上、用途上，是否符合课题的管理规定。

　　中期检查报告一般应提供附件，主要是课题研究的阶段性成果。目的是证明前面所做的工作、所取得的阶段性成果是真实存在的，有助于评审者据此检查课题实施的质量。

　　作者指出，中期检查报告的写作要注意条理性。"研究的进展""阶段性成果""存在的问题""今后的设想"，这几个方面在写作时一般采用明确的标题或序号一、二、三等来写。这样写可以显得条理清楚，便于理解把握。

　　中期检查报告的写作要注意文字简洁。中期检查报告的主要目的是向课题管理者和评审专家介绍课题实施的情况，只要把情况介绍清楚就可以了。因此，篇幅一般不是很长，叙述的语言以简洁明了为主。

　　如果是会议检查或现场检查，需要课题负责人向课题管理者和评审专家作中期检查汇报。要精心准备并熟悉汇报内容；要用清晰、准确的语言，把课题的情况传递给观众，注意表达的抑扬顿挫，以吸引人；使用必要的辅助手段，如PPT、照片、视频、实物等，边讲边演示，以增加表达的力度。

（样例来源：参训教师读书笔记）

3. 拓展资源，丰富教师落实研究计划相关的知识和能力

在听课、读教材的基础上，为教师提供信息化资源，使其知识更丰富。

① 图书：《教师如何做课题》第六章"如何实施课题研究"、第七章"如何面对中期检查"（作者：李冲锋 华东师范大学出版社）；

② 图书：《与教师同走科研路》第五章"如何进行课题研究过程管理"（作者：吴颖慧 严星林 北京教育出版社）；

③ 图书：《怎么做课题研究：给教师的 40 个教育科研建议》第三章"研究过程实施"（作者：费岭峰 华东师范大学出版社）；

④ 图书：《做个研究型教师：为课题研究实施指南》第十三章"如何应对课题中期检查"（作者：徐世贵、李淑红 华东师范大学出版社）；

⑤ 图书：《一线教师这样做课题研究》第五章"一线教师课题研究的中期检查"（作者：段振富 福建教育出版社）；

⑥ 网络视频资源：课题研究中期报告的撰写（菏泽市牡丹区教育科学研究中心孙道斌）。

（二）践：课题组成员依据研究方案，制定具体研究计划

通过听讲、读书和拓展学习，教师已经从理论上了解并掌握了制定研究计划的方法和要求，接下来就要制定本课题的研究计划，将所学知识应用到研究实践中去。

课题负责人将学校科研室提供的研究计划标准模板（通常包含年度、学期、月三级进度及任务分工表）与课题组成员分享。成员明确计划需涵盖的时间节点、阶段目标、任务内容、责任人、成果形式、资源需求等要素，并结合开题报告初步梳理研究任务清单，为研讨会奠定基础。

课题负责人召开专题研讨会，依据开题报告，根据个人专长和定位，带领成员细分研究内容和任务，形成具体可执行的整体研究计划表；接下来以学期为单位划分研究阶段，明确每学期的核心目标、关键成果和时间节点，制定学期研究计划表；之后在学期框架下细化每月的研究内容和任务，确定人员分工，制定月度研究计划表。

讨论过程中确保每位成员都有机会充分表达对任务难度、时间分配的合理化建议，避免负责人主观武断的安排。任务周期需参考同类课题的平均耗时，结合本组实际资源情况进行设定和调整，确保合理性和可执行性。

会后，负责人整合讨论结果形成各级研究计划初稿，分发至全体成员审阅和修改。课题组通过模拟推演、试运行等方式调整细节，最终形成全员一致确认的各级研究计划，作为后续行动与考核的基准依据。

样例 7-2

丁沫老师课题组校级课题研究计划表

课题名称	基于 iSmart 平台的中职英语听说混合式教学模式实践研究				
课题负责人	丁老师	课题组成员		杨老师、林老师、何老师、毕老师、王老师、王老师、王老师	
立项时间	2020.11		结题时间		2022.11

	研究目标	活动时间	课题活动内容及形式	研究成果
课题研究计划	目标1：梳理总结出混合式教学模式的内涵和外延 目标2：构建基于 iSmart 平台的中职英语听说课混合式教学模式 目标3：研究混合式教学模式应用于中职英语听说课的设计与实施 目标4：探究基于 iSmart 平台的中职英语听说课的教学效果	2020.11-2021.01	课题组学习、研讨有关混合式教学模式内涵与外延的文献，形成文献综述	成果1：关于混合式教学模式内涵与外延的文献综述 成果2：基于 iSmart 平台的中职英语听说课混合式教学模式 成果3：《英语基础模块2》8个主题模块下的听说课教学资源 成果4：《英语基础模块2》8个主题模块下的听说课教学设计集 成果5：研究课、公开课录像 成果6：调查问卷分析报告 成果7：论文
		2021.02-2021.03	课题组研讨教材内容，形成主题模块列表	
		2021.04-2021.05	课题组研讨、筛选，形成 iSmart 平台数字资源分类	
		2021.06-2021.07	课题组结合教学实践研讨，确定各个模块的教学资源	
		2021.08-2021.09	课题组集体学习相关文献、并结合教学实际开展研讨，形成基于 iSmart 平台的中职英语听说课教学模式；并形成教学设计集（初稿）	
		2021.10-2021.11	课题组研讨，完善教学设计集；研讨、确定听说前后测的内容；研讨确定调查问卷内容	
		2021.12-2022.02	课题组基于教学实践研讨，形成教学设计集（终稿），并收集汇总调查问卷和听说前后测的数据	
		2022.03-2022.04	课题组分析调查问卷和听说前后测数据，形成研究结论	
		2022.05-2022.10	课题组分工合作，撰写研究报告；另外，课题组研讨基于课题研究撰写的若干篇论文内容，并汇总整理所有研究成果	

样例 7-3

丁沫老师课题组学期研究计划表

（2021—2022 学年度第 1 学期）

课题名称	基于 iSmart 平台的中职英语听说混合式教学模式实践研究			
立项单位	北京市信息管理学校		课题负责人	丁老师
课题性质	一般课题			
立项时间	2020.11		结题时间	2022.11
课题成员	杨老师、林老师、何老师、毕老师、王老师、王老师、王老师			
活动时间		活动形式及成果	活动目的（主题）	负责人
1	2021.09	课题组讨论完善 8 个主题的教学设计集	完善教学设计内容，为开展教学实践做好准备	丁老师
2	2021.10	研讨、确定听说前后测和调查问卷的内容	为开展听说前后测和问卷调查做好准备	杨老师
3	2021.12	课题组基于教学实践研讨，形成教学设计集（终稿）	形成教学设计集研究成果	毕老师
4	2022.01	课题组收集汇总调查问卷和听说前后测的数据	为研究数据分析做好准备；研究课展示 iSmart 平台的应用，为英语教师做示范	丁老师
其中第 4 项活动拟推荐为观摩活动			是 / 否推荐为海淀区观摩活动	

样例 7-4

丁沫老师课题组月度研究计划表

（2021—2022 学年第 1 学期 1 月）

课题名称	基于 iSmart 平台的中职英语听说课混合式教学模式实践研究			
课题负责人	丁老师		课题性质	一般课题
课题组成员	杨老师、林老师、何老师、毕老师、王老师、王老师、王老师			
立项时间	2020.11		结题时间	2022.11
	活动时间	活动形式及成果	活动目的（主题）	负责人
1	2022.01.06	课题组通过问卷星分析调查问卷数据	做好数据分析，为结题做好准备	丁老师
2	2022.01.13	课题组基于数据分析，撰写调查问卷分析报告	做好数据分析，为结题做好准备，并形成分析报告	林老师
3	2022.01.20	课题组通过 SPSS 分析听说课前后测数据，并形成研究结论	做好数据分析、形成研究结论，为结题做好准备	何老师
4	2022.01.27	课题组研讨研究课内容	研讨研究课内容，展示 iSmart 平台的应用	丁老师
其中第 4 项活动拟推荐为观摩活动			是 / 否推荐为海淀区观摩活动	

（三）研：课题负责人汇报，项目组针对各组研究计划进行指导

召开学校科研管理人员（包括科研副校长、科研主任、科研干事）、学校科研带头人、全体课题负责人（即被培训教师）参加的专题研讨会，课题负责人汇报本组的研究计划，包括研究目标、研究内容、活动形式、时间安排等内容。科研管理人员和科研带头人针对每个课题的汇报进行深入问询、质疑与指导，提出针对性的优化建议，确保研究计划科学可行。

教师在撰写研究计划时常见问题包括以下几点。

1. 制定计划缺乏体系性

研究计划应包括整体计划，以及由此细分产生的年度、学期、月度计划。教师在撰写研究计划时常出现某个计划缺失或计划之间脱节而产生体系性不足的问题。这不仅会导致研究工作的连贯性受损，可能会产生重复的研究内容或遗漏重要的研究环节；还可能使得研究人员在执行过程中迷失方向，无法准确把握研究的整体进程；还可能造成资

源的浪费和重复劳动。因为各个计划之间的关联性不强，难以形成完整的评估体系，无法对研究工作进行有效的监督和评估。

在制定研究计划时，首先要分层构建计划框架，确保每个层级的研究计划都没有遗漏，形成完整的计划体系，其次要建立清晰的逻辑映射关系，将整体目标、学期任务、月度行动逐级对应，确保各个计划之间在内容和时间上相互衔接且能够支撑上一级目标。在制定计划时，可以采用项目管理的方法，将研究任务分解为具体的活动，并为每个活动设定明确的时间节点和责任人。建立定期的监督和评估机制，对研究工作的进展情况进行跟踪和评估，确保各个计划之间的协调性和一致性。

2. 制定计划缺乏体系性

教师在制定计划时的另一个常见问题是研究计划过于宏观，缺乏具体的操作步骤和细节描述。这会导致在执行过程中感到无所适从，难以准确把握研究的具体方向和方法。宏观的计划往往缺乏针对性和可操作性，带来研究工作的随意性和低效性。此外，过于宏观的计划还因为缺乏具体的衡量标准和指标而难以对研究工作进行有效的监督评估。

为了解决计划过于宏观的问题，可以将研究目标细化为具体的任务和目标，确保每个任务和目标都具有可操作性和可衡量性。建议采用"SMART"原则（具体、可测量、可达成、相关性、时限性）来设定目标和任务，其次，应为每个任务和目标制定详细的操作步骤和方法，确保在执行过程中能够有章可循。同时，建立明确的监督和评估机制，对研究工作的进展情况进行跟踪和评估，确保研究工作的质量和效率。

3. 时间安排缺乏科学性

不科学的时间安排最常见的是过于紧凑的、缺乏缓冲和调整机制的时间表，这不仅会增加压力和工作负担，会导致研究工作的进度受阻或延误，还可能导致研究质量的下降，也难以应对可能出现的意外情况或挑战；不科学的时间安排还包括重要任务与次要任务时间分配不合理、关键任务时间重叠、阶段划分不合理等问题，都会严重影响研究工作的开展。

在制定时间表时，应充分考虑研究工作的复杂性和不确定性，为重要目标、关键任务预留足够的时间，并设置合理的缓冲时间。其次，建立灵活的时间调整机制，允许在必要时对时间表进行调整和优化。同时，建立定期的进度跟踪和评估机制，及时发现和解决时间安排上的问题，确保研究工作的顺利进行。

（四）践：课题组按照计划推进研究，形成规范完整的中检报告

课题组根据开题报告和各个阶段的研究计划落实和推进每一项研究内容，收集过程中产生的数据、资料，并根据研究进程修改、完善研究计划，有针对性地对研究内容、研究方法、时间安排、资源分配等进行慎重而灵活的调整。

研究进程近半时，课题组梳理研究所形成的全部过程性素材，初步分析相关数据，

形成阶段性成果，并撰写中期报告，完成中检汇报。

> **样例 7-5**
>
> ### "基于 BOPPPS 的人工智能应用基础课程混合式教学设计与实践研究" 中期汇报 PPT
>
> "基于 BOPPPS 的《人工智能应用基础》课程混合式教学设计与实践研究"是廖天强老师牵头的校级课题。旨在构建一种基于 BOPPPS 教学模式的混合式教学设计框架，通过实践研究，验证该混合式教学模式在提高学生学习参与度及教师教学效果的有效性。探索适合人工智能类课程特点的混合式教学资源开发与应用策略。
>
> 课题组在完成中期报告的基础上制作了汇报 PPT。作为汇报重点的"研究进展"部分按照时间顺序和研究步骤依次展开，从理论探索确定研究方向，到框架设计搭建研究基础，再到教学设计和教学实施逐步推进研究，与研究目标一一呼应。在教学设计阶段，先介绍评价量表的设计依据，再展示基于此的教学设计模板和具体项目案例，层层深入，引导读者跟随研究思路逐步理解研究的核心内容。
>
>
>
> 《基于 BOPPPS 的人工智能应用基础课程混合式教学设计与实践研究》中期汇报 PPT
>
> PPT 借助丰富多样的可视化元素，将复杂的研究内容转化为直观易懂的信息。在介绍 BOPPPS 教学模式和混合式教学框架时，运用清晰的流程图和结构示意图，将教学过程的各个环节和要素以图形化的方式呈现，使读者能够迅速把握教学模式的整体架构和运作流程。展示学生学习参与度评价量表时，通过表格形式详细列出各级指标和评价内容，方便读者对比分析。在介绍课程项目时，搭配项目界面截图、任务描述和操作示例图，增强了读者对课程内容的感性认识。
>
> 扫描下方二维码可观看 PPT 的具体内容。
>
> （样例来源：廖天强老师课题组中期汇报 PPT）

（五）研/践：课题组定期汇报和研讨，修改完善并完成全部研究计划

为了确保研究的连续性和高效性，课题组需建立定期研讨机制，以周为单位，固定时间组织内部讨论，保障研究工作的持续推进和团队成员间的信息共享，共同优化和落实研究方案、解决研究中遇到的困难和问题，直至课题组完成全部研究任务。

为了提升"做中学"的培训效果，项目组需建立定期汇报机制，以月为单位，定期组织包括专家、科研管理团队、科研带头人参加的汇报会，课题组负责人汇报研究进展

和出现的问题，项目组有针对性地进行指导，确保研究顺利进行的同时提升课题组的课题研究能力。

项目组也要定期深入课题组，参加组内活动，观摩课题组的研究实践，一对一地进一步了解课题研究情况，解决相关问题，直至课题组完成全部研究任务。

样例 7-6

丁沫老师课题组活动记录

课题名称	基于 iSmart 平台的中职英语听说课混合式教学模式的实践研究		
课题负责人	丁老师	课题参与者	杨老师、林老师、何老师、毕老师、王老师、王老师、王老师
活动时间	2021.03.04	活动地点	教学楼会议室
活动主题	研讨本学期研究工作分工、教学设计和教案分工等内容		
参加人员	丁老师、杨老师、林老师、何老师、毕老师、王老师、王老师、王老师		
活动纪要			
1. 调整课题组成员本学期的分工（课堂观察分工和量表分析） 2. 对 Unit3-10 单元听说课教学设计进行分工，完成教学设计和教案 3. 讨论课前学习内容、课上知识点梳理和难点的解析形式，落实核心素养背景下课堂上真实环境下的听说任务设计及课后拓展和测试形式			
活动成果（可加附件）			
1. 本学期课题组研究工作分工： 课堂观察：丁老师、杨老师、林老师、何老师、毕老师、王老师、王老师、王老师 观察量表数据整理与分析：丁老师、林老师、何老师、毕老师 2.Unt 3-Unit 10 教学设计和教案分工： Unit 3- 林老师 Unit 4- 何老师 Unit 5- 王老师 Unit 6- 王老师 Unit 7- 杨老师 Unit 8- 毕老师 Unit 9- 王老师 Unit 10- 丁老师 3. 每单元负责教师将课前学习内容、课上知识点梳理和难点解析形式、课堂真实环境下的听说任务和课后拓展和测试形式整理成文档，并提交			
活动照片（1-2 张）（照片附简要说明）			

研讨、调整课题组成员本学期的分工

样例 7-7

郭富娜老师课题组研究变更表

课题名称	中高职衔接背景下的中职金融专业学生考核评价指标体系研究		
课题负责人	郭老师	工作单位	北京市信息管理学校

变更内容
□变更课题负责人　　□变更课题管理单位　　☑改变课题名称
□申请撤项　　　　　□其他

变更事由
　　为使课题更聚焦，研究更具实践意义和研究价值，经专家指导、课题组研讨，申请将课题名称由"基于 AHP 的"3+2"中高职衔接"转段考核"评价指标体系研究——以金融专业为例"变更为"中高职衔接背景下的中职金融专业学生考核评价指标体系研究"。

课题负责人：郭老师
2021 年 1 月 22 日

学校意见
　　　　同意变更

科研室负责人签字
（盖章）
2021 年 1 月 26 日

样例 7-8

项目组为任桂玲老师课题组给出的指导意见

负责人	任老师	课题编号	1899	课题类别	一般课题
课题名称	基于 CDIO 理念的中职策划类课程创新能力培养策略研究				
立项时间	2020 年 11 月	结题时间	2022 年 11 月		
专家指导意见	根据任老师的课题阶段汇报和上交材料，可以看出课题研究具有较为鲜明的特色和优势。 　　1. 理念运用巧妙：将 CDIO 理念深度融入中职策划类课程创新能力培养中，以 CDIO 的 12 条标准为依据确定策略，从学习目标、教学计划、实践经验、学习方式、考核评估等多个维度构建教学体系，使教学与行业需求紧密对接，让学生在模拟真实的工程环境中提升综合能力，有助于培养出符合市场需求的技能型人才。 　　2. 策略体系完整：构建了全面且系统的内容、方法和评价策略。内容策略以工作项目为载体，打破传统知识教学体系，按学生认知规律分解任务，突出职业性和实践性；方法策略通过模拟情境、小组合作、头脑风暴等方式，激发学生的创新思维和团队协作能力；评价策略采用多元主体（学生自评、同学互评、专家评价、教师评价）和多种手段（笔试、访谈、问卷、反思总结），对学生多方面能力进行全面评估，能较客观地反映学生的学习效果。 　　3. 研究推进有序：在研究过程中，各阶段任务明确，时间安排合理，全体成员积极参与。从研讨课程内容、方法、评价策略的可行性，到准备测评工具，每个环节都按计划稳步推进，体现出良好的团队协作能力和项目管理能力。 　　4. 注重能力培养：研究聚焦于学生创新能力培养，同时兼顾自主探究、时间管理、沟通协作、职业素养等多方面能力的提升，目标全面且具有前瞻性，符合中职教育培养高素质技能型人才的要求，对学生未来的职业发展具有重要意义。 　　结合课题研究的实际进展，提出如下建议： 　　1. 优化测评方案：针对无前测数据和测量间隔大的问题，建议在后续研究中，一方面，收集学生过往的相关学习数据或成绩记录，作为近似前测数据进行对比分析；另一方面，在条件允许的情况下，对下一届学生开展研究时，及时进行前测，并合理缩短测量间隔，以更准确地跟踪学生能力的发展变化，为策略的优化提供更详实的数据支持。 　　2. 成果转化与推广：在研究过程中，注重将研究成果转化为实际的教学资源。例如，将典型课例教学设计整理成册，形成校本教材；把优秀的学生项目成果进行展示和分享，为后续教学提供参考等。 　　　　　　　　　　　　　　　　　　　　　　　　专家签名： 　　　　　　　　　　　　　　　　　　　　　　　　2021 年 5 月 11 日

三、教师方案实施能力培养的阶段性成果

（一）课题组阶段汇报范例

课题阶段汇报

一、课题介绍

课题名称	课题性质	课题负责人
基于 iSmart 平台的中职英语听说课混合式教学模式实践研究	一般课题	丁老师

二、课题研究计划

时间	研究阶段	具体内容
2020.11—2021.01	理论探索阶段	梳理混合式教学模式的内涵与外延
2021.02—2021.05	教学资源设计阶段	依据主题模块整合教材；筛选分类 iSmart 平台数字资源；确定各模块教学资源
2021.06—2021.09	混合式教学模式的构建阶段	依据混合式教学模式和英语听说学习规律，结合 iSmart 平台功能与中职生学习风格等，构建混合式教学模式
2021.10—2022.04	混合式教学模式实践阶段	完成基于混合式教学模式的教学设计，并开展教学实践；开展听说前后测、收集数据；开展调查问卷，并收集数据
2022.05—2022.10	混合式教学模式实践数据统计、分析及结题阶段	完成听说前后测及调查问卷数据分析、形成研究结论；撰写并打磨结题报告；汇总并梳理所有研究成果

三、课题研究进度

时间	对应的研究阶段	对应的研究目标	具体的研究内容
2020.11—2021.01	理论探索阶段	梳理混合式教学模式的内涵与外延	通过研究国内外文献资料，梳理混合式教学模式的起源发展、概念定义、主要模式，总结出混合式教学模式的内涵和外延
2021.02—2021.05	教学资源设计阶段	构建基于 iSmart 平台的中职英语听说课教学模式	依据主题模块整合教材；筛选分类 iSmart 平台数字资源；确定各模块教学资源

四、课题研究过程中开展的活动

序号	活动时间	对应的研究目标	活动内容	活动形式
1	2020.11	梳理混合式教学模式的内涵与外延	学习国内外相关文献	集中学习
2	2020.11	梳理混合式教学模式的内涵与外延	梳理混合式教学模式的起源、发展、概念定义	集中研讨
3	2020.12	梳理混合式教学模式的内涵与外延	梳理混合式教学模式的主要模式及优势特点	集中研讨
4	2021.01	梳理混合式教学模式的内涵与外延	梳理混合式教学模式的内涵与外延	集中研讨
5	2021.02	构建基于 iSmart 平台的中职英语听说课教学模式	整合教材单元为主题模块	集中研讨
6	2021.03	构建基于 iSmart 平台的中职英语听说课教学模式	筛选、分类 iSmart 平台数字资源	集中研讨
7	2021.04	构建基于 iSmart 平台的中职英语听说课教学模式	初步确定各模块的教学资源	集中研讨
8	2021.06	构建基于 iSmart 平台的中职英语听说课教学模式	确定基于 iSamart 平台的混合式教学资源	集中研讨

五、现已取得的研究成果

序号	成果形成时间	成果名称	成果形式	完成人	对应的研究目标
1	2021.01	混合式教学模式的内涵与外延	文献综述	丁老师	梳理混合式教学模式的内涵与外延
2	2021.02	8 个主题单元列表	列表	丁老师	构建基于 iSmart 平台的中职英语听说课混合式教学模式
3	2021.06	iSmart 平台教学资源	数字资源	丁老师	构建基于 iSmart 平台的中职英语听说课混合式教学模式

六、研究中的思考及存在的问题

① 基于 iSmart 平台的教学资源建设还需细化和扩充;

② 关于混合式教学模式的文献学习还需继续与深入。

七、接下来的研究计划

时间	对应的研究阶段	对应的研究目标	具体的研究内容（含研究方法的使用）	预期研究成果名称	预期研究成果形式
2021.06—2021.08	混合式教学模式的构建阶段	构建基于 iSmart 平台的中职英语听说课教学模式	依据混合式教学模式和英语听说学习规律，结合 iSmart 平台功能与中职生学习风格等，运用文献法构建混合式教学模式	基于 iSmart 平台的中职英语听说课混合式教学模式	模式图
2021.09—2021.10	混合式教学模式的实践阶段	研究混合式教学模式应用于中职英语听说课的设计与实施	完成基于混合式教学模式的教学设计，并开展教学实践；确定听说前后测和调查问卷内容；开展听说课前测	混合式教学设计集（初稿）、调查问卷	教学设计集、调查问卷
2021.11—2022.02	混合式教学模式的实践阶段	研究混合式教学模式应用于中职英语听说课的设计与实施	完善教学设计集，开展听说课后测和问卷调查，并收集数据	混合式教学设计集（终稿）	教学设计集
2022.03—2020.04	混合式教学模式实践数据统计分析及结题阶段	探究 iSmart 平台的中职英语听说课的教学效果	运用实验法和调查问卷法，使用问卷星和 SPSS 进行数据分析，验证混合式教学模式的有效性	混合式教学模式实施效果调查分析报告、实验分析报告	调查分析报告、实验分析报告
2022.05—2022.10	混合式教学模式实践数据统计分析及结题阶段	探究 iSmart 平台的中职英语听说课的教学效果	撰写结题报告，并整理所有研究成果	结题报告、研究成果	结题报告、所有研究成果

（二）中期报告主体内容框架

××××× 研究

中期报告

【课题简介】

一、研究进展

二、已取得的主要阶段性成果

　　（一）初步研究成果

　　（二）初步研究效果

　　（三）初步研究结论

　　（四）其他成果

三、存在的问题

四、下一步研究计划

五、课题变化情况

六、附件

参考文献

（三）中期报告范例

具体内容见附件 3

第八章

如何培养教师的
资料整理能力

科学就是整理事实，以便从中得
出普遍的规律或结论。

——（英）查尔斯·达尔文

研究资料的收集和整理是教师有意识地汇集、分门别类地保存研究过程中产生的庞杂、碎片化的数据和材料并将其转化为凝练、结构性的知识体系的过程。资料整理不仅是技术操作，更是思维重构的过程。通过对研究文献、实验数据、教学案例、工作日志等资料进行筛选、分类、分析与整合，教师可以清晰地看到研究进展，及时发现问题，并调整研究策略。同时，资料整理也是教师将隐性知识转化为显性知识，从而产生研究成果、形成研究结论的重要环节。资料整理是课题研究中承前启后的核心步骤，不仅体现教师对研究主题的深刻理解和把握，更体现其信息化工具的掌握、逻辑化思维的运用，是教师从"经验型"迈向"科研型"的关键阶梯。

一、什么是资料整理能力

资料整理能力指研究者在开展课题研究过程中，对与课题相关的各类信息进行收集、分类、存储、归纳和分析，以确保研究的科学性、系统性和有效性的能力。这种能力不仅关乎资料收集和整理的效率和准确性，更在于能否运用科学的研究方法，对整理后的资料进行深入分析，从而揭示出隐藏在数据背后的规律和趋势，使研究结论更具有说服力和可信度。

(一) 课题资料的形式和作用

课题资料是指为了完成某一特定的课题研究所收集、整理、和记录的各种信息、数据和文献的总和。它们如实记载了一个课题从策划、立项、研究到最后结题的全过程，对于形成研究成果、验证研究假设、得出结论具有重要意义。

1. 课题资料的形式

（1）文献资料

包括书籍、期刊文章、学术论文、会议论文、专利、报告等，这些资料提供了研究背景、理论基础、前人研究成果等，有助于研究者了解研究领域的现状和发展趋势。

（2）数据资料

通过问卷调查、实验、观察、访谈等方法收集到的原始数据，以及经过处理和分析后的数据。这些数据是实证研究的核心，用于检验研究假设和构建理论模型。

（3）图片、视频和音频资料

指收集和记录研究情境、背景、现场信息的影像资料，多用于深入理解研究对象。

（4）实物资料

指与课题相关的具有实体形态的资料，如企业真实工作场景相关的实物、教育教学实践相关的实物或其复制品。

（5）研究设计文档

包括开题报告、研究计划、调查问卷、访谈大纲等，这些文档记录了研究的目的、方法、步骤和预期结果，是研究的蓝图。

（6）笔记和备忘录

研究者在研究过程中所做的笔记、思考、灵感记录等，这些是个人对研究问题的深入思考和初步分析的体现。

（7）研究成果资料

研究报告、论文、专著、专利、软件、模型等，这些是课题研究的最终输出，展示了研究的发现、结论和创新点。

2. 课题资料的作用

（1）记录研究过程

课题资料详细记录了研究的全过程，包括研究思路、研究方法、研究步骤等，为研究者提供了清晰的研究轨迹。

（2）提供证据支持

课题资料是研究结论的重要证据支持，通过收集和分析资料，研究者可以验证或推翻研究假设，得出科学的结论。

（3）促进知识交流

课题资料是学术交流的重要媒介，通过分享和交流资料，研究者可以相互借鉴、学习，共同推动学科的发展。

（4）支持成果评价

课题资料是评价研究成果的重要依据，评审专家或机构可以通过审查资料来评估研究的科学性和实用性。

（二）数据资料的收集和分析

1. 如何收集研究数据

（1）明确数据需求

在收集数据之前，需清晰界定课题研究的目标和问题，据此确定所需数据的类型、范围和精度。

（2）选择数据收集方法

根据研究问题和数据类型选择合适的收集方法。

常用的方法有问卷调查法，通过设计问卷，向大量样本发放问卷来收集定量和定性数据；访谈法，包括面对面、电话或视频访谈，深入了解研究对象的观点和经历；观察法，可分为参与式和非参与式观察，直接观察研究对象的行为表现；实验法，控制变量来研究因果关系；文献法，从现有文献资料中提取相关数据；大数据收集法，包括利用网络爬虫、API 接口等技术从互联网获取海量数据。

（3）确保数据质量

数据质量直接影响研究结果的可靠性，收集过程中要对数据进行初步的审核和筛选，避免数据缺失、错误或重复。在问卷调查中，设置逻辑跳转和必填项，减少无效问卷；在访谈时，及时核对关键信息；对于从文献或网络获取的数据，要核实其来源的权威性和准确性。

（4）整理和存储数据

将收集到的数据进行分类整理，按照一定的规则存储在合适的介质中，如电子表格、数据库等。同时做好数据备份，防止数据丢失，并记录数据的收集时间、地点、方法等元数据信息，以便后续查阅和追溯。

2. 如何分析研究数据

（1）数据预处理

对收集到的数据进行清洗、转换和集成等预处理操作。清洗数据是去除噪声、纠正错误、填补缺失值；转换数据是将数据进行标准化、归一化等处理，使其符合分析要求；集成数据是将来自不同数据源的数据合并在一起。

（2）选择分析方法

根据数据类型和研究目的，选择合适的分析方法。

常用的定量分析方法有：描述性统计分析，包括计算均值、中位数、众数、标准差等统计量，以描述数据的集中趋势和离散程度；相关性分析，研究变量之间的关系，如皮尔逊相关系数用于衡量两个定量变量之间的线性相关程度；回归分析，建立变量之间的数学模型，预测因变量的变化。

常用的定性分析方法有：内容分析，对文本数据进行编码和分类，提取主题和关键词；主题分析，从大量文本中归纳出核心主题；扎根理论，通过对数据的不断比较和分析，构建理论模型。

（3）进行数据分析

运用选定的分析方法对数据进行处理，借助统计软件（如 Excel、SPSS、R、Python 等）进行定量分析，通过人工编码或专门的定性分析软件（如 NVivo）进行定性分析。在分析过程中，要注意对结果的解释和验证，确保分析结果的合理性和可靠性。

（4）结果呈现与讨论

将数据分析结果以图表、表格、文字等形式清晰地呈现出来，使读者能够直观地理解数据背后的信息。同时，结合研究问题和已有文献，对结果进行深入讨论，分析结果的意义和价值，探讨研究的局限性，并提出相应的建议和展望。

（三）其他课题资料的收集和分析

1. 其他课题资料的搜集

（1）明确研究目标和范围

在开始搜集资料之前，要清晰地界定课题的研究目标、研究问题和研究范围。这有助于确定需要搜集哪些类型的资料，避免盲目搜集，提高资料搜集的针对性和有效性。

（2）搜集文献资料

学术数据库是获取学术文献的重要渠道，如中国知网（CNKI）、万方数据、维普网等国内知名的学术数据库，以及 Web of Science、EBSCOhost、ScienceDirect 等国际知名数据库。通过合理设置关键词、主题词、作者、时间范围等检索条件，可以精准地检索与课题相关的学术论文、研究报告、学位论文等。此外，一些专业领域的数据库也能提供更具针对性的资料。

（3）搜集实物资料

实物资料的搜集通常涉及对与研究主题直接相关的物品、设备、模型等的获取。可以通过现场考察：亲自前往研究现场观察和记录实物资料；访谈与请求：与研究对象的负责人或相关人员进行访谈，请求他们提供实物资料或允许拍照、录像；复制与模拟等方法获取。

（4）搜集图片、视频和音频资料

这类资料的搜集主要依赖于现代影像技术，可以通过使用相机、摄像机等设备在现场进行拍摄；利用搜索引擎或专业数据库搜索与研究主题相关的图片、视频和音频资料；购买或租赁以及在进行访谈时使用录音设备记录访谈内容等方式获得。

（5）搜集文档类资料

研究开始前制定研究计划和方案；研究过程中随时记录自己的想法、观点、灵感和发现，形成个人研究笔记；参加课题研讨会时记录会议内容、专家观点和建议；研究结束时撰写研究报告、论文、著作等。

2. 其他课题资料的整理分析

（1）资料筛选

对搜集到的资料进行初步筛选，去除与课题研究无关、重复、质量不高的资料。判断资料的相关性可以从标题、摘要、关键词等方面入手，快速了解资料的主要内容，确定其是否与课题研究相关。

（2）分类归档

根据资料的类型、主题、来源等进行分类，建立合理的资料归档体系。

（3）资料摘要与总结

对于重要的资料，撰写摘要和总结，提炼出核心观点、主要内容、研究方法、研究结论等关键信息。摘要和总结的形式可以是文字记录，也可以制作成表格或思维导图，便于快速回顾和比较不同资料的内容。

（4）实物资料的分析

首先对实物资料进行细致的观察，记录其外观、材质、功能等特征。然后描述实物资料与研究主题之间的关联，了解实物资料的产生、使用、迭代等历史背景，解释其在研究中的意义。

（5）图片和音视频资料的分析

利用图像处理技术和音频分析软件，提取图片、视频和音频中的关键特征；对图片、视频和音频资料的内容进行细致解读，识别其中的对象、事件、行为等元素，分析这些内容与研究主题之间的关联，以及它们所反映的现象和问题；通过观看视频、聆听音频，模拟研究对象的情境和体验，并结合个人经验和专业知识，对情境中的现象和行为进行深入分析和解读。

（6）文字资料的分析

对文字中的内容进行整理和归纳，提炼出关键信息和观点；分析文字中记录的思维过程，了解研究者在研究过程中的思考方式和路径，识别思维过程中的亮点和盲点，为后续的深入研究提供启示；从文字中挖掘灵感和创意，为研究的创新点提供素材。

二、如何培养资料整理能力

科研资料的整理能力培养是中职教师科研能力培养中第七个环节，安排在课题计划的实施与调整能力培养之后，为科研成果的梳理与呈现能力培养奠定基础。旨在培养教师在研究过程中有意识、有计划地搜集整理研究资料，准确、完整地收集研究数据，科学规范地分析和使用数据和资料，并基于分析得出研究结论的能力。本环节为研究成果的提炼和结题报告的撰写提供科学客观的依据，决定了研究的质量和效果，是培训中最关键和重要的环节之一。

通过专家培训、集体研讨、课题实践等培养途径，以期达到如下具体目标。

① 了解研究资料和数据的种类和特征；

② 掌握收集研究资料和数据的原则及质量要求；

③ 能够根据研究需要收集不同类型的数据和资料；

④ 掌握常用的数据分析工具和软件；

⑤ 能够根据研究需要对数据和资料进行整理和分析；

⑥ 能够根据数据和资料的分析结果得出相应的研究结论；

⑦ 能够科学全面地表达研究成效和结论；

⑧ 培养教师数据和资料收集与分析能力；

⑨ 培养教师客观、严谨的科学态度。

在成人学习理论、721 法则、学习金字塔模型等理论的指导下，根据需要将"训、研、践"有机结合。具体培训流程如下。

（一）训：开展理论培训，助力教师掌握资料收集与分析的相关知识

1. 专家授课，引领教师学习常用的资料收集与分析方法

资料收集与分析直接关系到研究成果的深度与广度，研究结论的科学性与有效性。在教育教学理论之外，研究资料的收集与分析是中职教师的第二项短板，是培训的第二个难点。为有效提升教师的资料收集与分析能力，应邀请在教育统计学、信息科学领域或相关社会科学研究领域的教授进行授课。这些专家不仅应具备扎实的理论基础，自身也应拥有丰富的实践经验，还要了解中职教师在资料处理和分析方面的常见问题和实际需求。

培训时长建议设定为 12 课时，以确保教师有足够的时间深入理解并掌握资料收集与分析的核心知识。培训内容应涵盖资料收集的意义、基本原则、方法（图 8-1），以及对数据资料进行量化分析的方法和技巧。此外，鉴于现代信息技术的广泛应用，培训还应包括如何利用专业软件进行数据分析的内容，如 SPSS、Excel、Vivo 等（图 8-2）。专家应采用理论讲授与实践操作相结合的方式，通过案例分析、教师实操，帮助教师掌握资料收集与分析的核心内容、主要软件的常用分析工具和方法。

2. 研读教材，帮助教师切实掌握资料收集与分析的方法

专家授课为教师提供了资料收集与分析的基本框架和核心策略，但要真正掌握并灵活运用这些方法，教师还需进行更为系统和深入的学习。应为教师精心挑选适合的资料收集与分析方面的教材作为自学材料，通过研读教材，帮助教师进一步完善知识结构，提升资料收集与分析的技能。

本专题推荐阅读教育科学出版社出版的《教育研究方法导论》，这是美国学者威廉·维尔斯马和斯蒂芬·G·于尔斯共同撰写的一部经典著作。这本书全面系统地介绍了教育研究方法，从研究问题的确定到研究报告的撰写和评价，涵盖了教育研究的各个方面。其中，第三部分"研究工具"详细讲解了抽样设计、测量与数据收集，以及数据分析等关键步骤和技术。通过阅读这部分内容可以帮助教师掌握数据分析的基本方法和技术，深化对数据分析的理解，提高实践能力。此外，还可以学习《SPSS 与研究方法》（荣泰生）和《质的研究方法与社会科学研究》（陈向明）这两本教材，提升教师量化研究和质性研究的综合能力。

相比其他章节，本章的资料收集、数据分析能力培养更强调实操，在自学教材的过程中，教师应注重理论与实践相结合，通过模拟操作、学习分析等方式加深对知识点的理解和记忆。更重要的是，教师要结合自己的研究课题，精读教材之后运用所学方法制定资料收集与分析的方案。在课题研究的全过程中教师要时时复习、深化对相关知识的

课题资料收集整理的重要性 {
资料既能为课题论证提供理论和实施依据，又能发现问题，启发思维，为提炼成果打基础。
课题资料的数量与质量，是判断教育科研的研究与发展水平的重要标志。
}

课题资料收集整理存在的问题 {
不注意分类，变成材料简单的堆砌
临时拼凑，资料的可信度不高
研究资料不规范
}

课题资料的收集与整理 {

课题资料收集的方法 {

课题资料的种类 {
基础性资料：课题立项申请书、立项证书、开题报告、中期报告、课题变更表、结题申请书、结题鉴定表、课题结题报告；
计划性资料：具体每个阶段的研究计划，每个阶段的总结；
过程性资料：文献综述、调查报告、方案论证、阶段报告等；围绕课题的学习材料学习体会；教育教学效果测查情况，检测评价试卷、问卷及检测所得的一些数据资料；研究过程中对研究对象的全部观察记录、调查材料、测验统计等；
专题性资料：围绕课题的研究课实录或教学设计、说课、评课、教者自我反思、课堂评价表、光盘、图片、影像资料；课题组成员所写的课题小结、随笔、案例分析、课题组成员所获得的荣誉；
效果性资料：课题整个研究过程的大事记，主要成果推广应用情况、效果、效益；
成果性资料：课题组成员撰写的经验总结、发表的与课题有关的文章（刊物封面、目录、文章级别、文章）、获奖论文（注明级别、等次）、撰写的专著。
}

收集方法 {
记录法
复印复制法
摘抄法
编目法
量表法
}

注意几个问题 {
收集的目的性、计划性
收集的及时性
保证资料的真实性和准确性
提高收集资料的技术性
}
}

课题资料的整理 {
对研究资料进行分类，做分类标志
分类原则 { 周延原则 相斥原则 }
对数量资料的整理——汇总登记、原始资料登记表
对非数量资料的整理——对文献资料和经验总结、行动研究、访谈调查中的文字资料及开放型问题的回答等非数量材料进行摘要记录、分类，对有价值的事实或典型语句记在摘要卡片上。
}
}

图8-1 "课题资料的收集与整理"思维导图

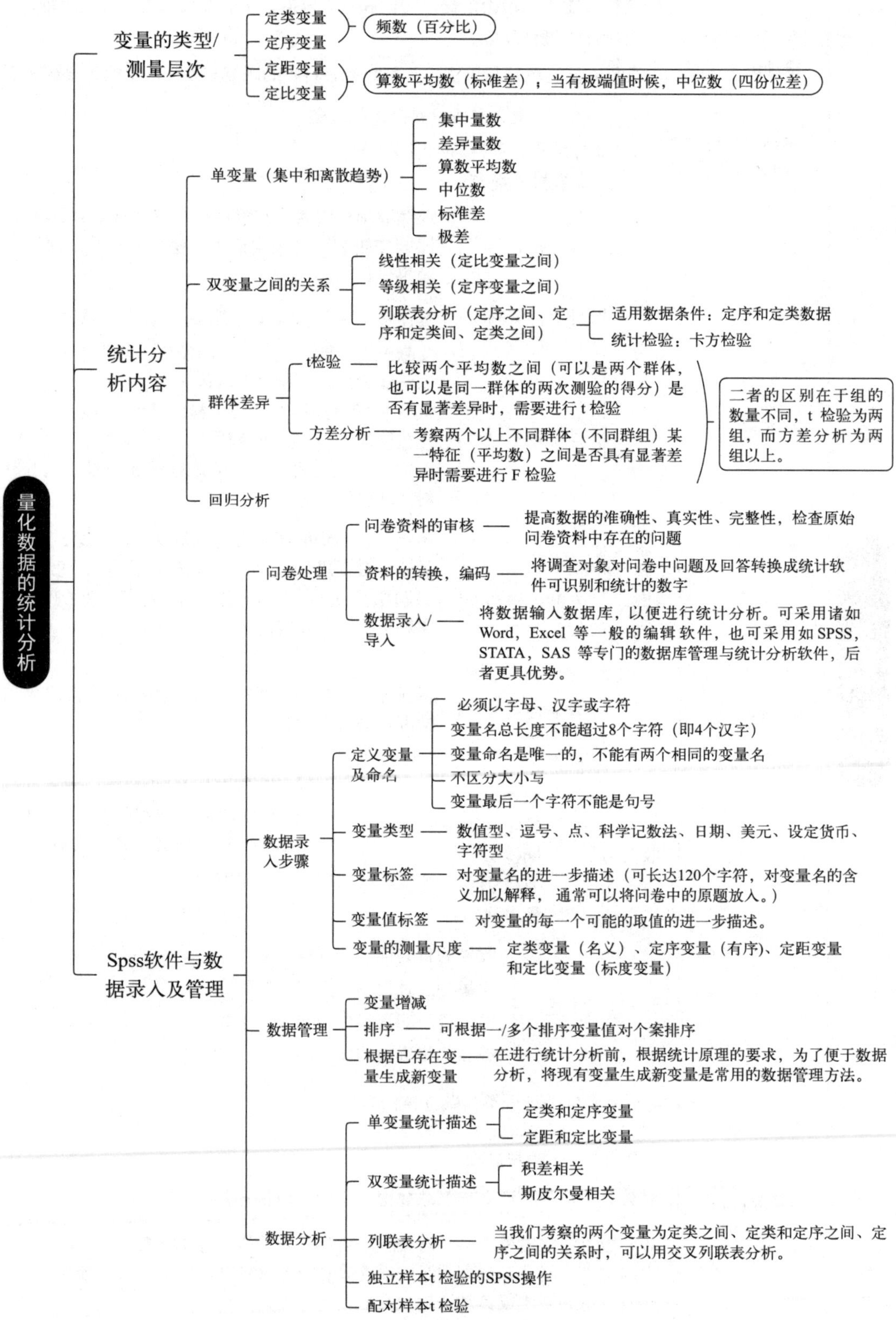

图 8-2 "量化数据的统计分析"思维导图

理解，并用以指导资料收集和分析的实践。

为了促进教师之间的交流与分享，课题组可以固定时间共读教材，并就资料收集与分析中的难点和疑点开展讨论。通过相互启发和借鉴经验，教师可以发现自己的不足并寻求改进之道。同时，项目组也可以组织专题研讨会或工作坊，邀请专家或资深研究人员分享资料收集与分析的最新进展和实用技巧，进一步拓宽教师的视野和思路。

样例 8-1

《教育研究方法导论》第三部分"研究工具"读书笔记

"研究工具"是本书的重要组成部分，包括 4 个章节，详细讲解了抽样设计、测量与数据收集，以及数据分析等关键步骤和技术。

第 14 章的内容是"抽样设计"，是教育研究中的重要环节，它决定了研究结果的代表性和可靠性。作者首先介绍了随机样本的概念，这是抽样设计的基础。随机样本意味着每个个体被选中的概率是相等的，这有助于保证样本的代表性。接着作者详细讨论了多种随机抽样方法，如简单随机抽样、系统抽样、分层抽样等，这些方法各有优缺点，适用于不同的研究情境。此外，本章还介绍了定性研究中常用的有目的抽样设计，这种抽样方法更侧重于选择能够提供丰富信息的样本。

通过本章的学习，可以认识到抽样设计不仅关乎样本的选择，更关乎研究结果的准确性和可靠性。合理的抽样设计能够最大限度地减少偏差，提高研究的可信度。

第 15 章的内容是"测量与数据收集"，是教育研究中的核心环节，它直接关系到研究结果的准确性和有效性。作者首先讨论了测量的信度和效度问题。信度是指测量结果的一致性和稳定性，效度是指测量结果的真实性和准确性。这两个概念是评价测量工具好坏的重要标准；然后介绍了各种测量工具，如测验、量表、问卷等，并详细讨论了如何选择合适的测量工具以及如何进行测量；作者还强调了数据收集过程中的伦理问题，如保护被研究者的隐私、获取知情同意等。

通过本章的学习，可以认识到测量与数据收集的重要性以及其中的复杂性。选择合适的测量工具、确保测量的信度和效度、遵循伦理原则进行数据收集，这些都是教育研究者必须认真对待的问题。

第 16 章的内容是"数据分析：描述统计"，是教育研究中的关键步骤，它能够将收集到的数据转化为有意义的信息。作者在本章主要介绍了描述统计的方法和技术。描述统计是通过计算数据的集中趋势（如平均数、中位数等）和离散趋势（如标准差、方差等）来描述数据特征的；本章还介绍了频数分布表、直方图、饼图等数据展示方法，这些方法有助于直观地了解数据的分布情况。

通过本章的学习，可以掌握描述统计的基本方法和技术，学会如何运用这些方法对收集到的数据进行初步分析和整理。描述统计不仅能够帮助研究者了解数据的整体特征，还能够为后续的推断统计提供基础。

第17章的内容是"数据分析：推断统计"，是教育研究中的高级分析方法，它能够通过样本数据推断总体特征。作者主要介绍了参数估计和假设检验两种推断统计方法。参数估计是通过样本数据估计总体参数的方法，如均值估计、比例估计等。假设检验则是通过样本数据检验总体假设的方法，如t检验、卡方检验等。此外，本章还讨论了回归分析、方差分析等复杂推断统计方法的应用。

通过本章的学习，可以认识到推断统计在教育研究中的重要性。推断统计不仅能够从样本数据中提取出有价值的信息，还能够提供科学的决策依据。掌握推断统计方法和技术，对于提高教育研究的科学性和有效性具有重要意义。

（样例来源：参训教师读书笔记）

3. 拓展资源，丰富教师资料分析相关的知识和能力

在听课、读教材的基础上，为教师提供信息化资源，使其知识更丰富。

① 图书：《教育研究方法导论》第三部分"研究工具"（作者：[美]威廉·维尔斯马、斯蒂芬·G·于尔斯 著 教育科学出版社）；

② 图书：《SPSS与研究方法》（作者：荣泰生 东北财经大学出版社）；

③ 图书：《质的研究方法与社会科学研究》（作者：陈向明 教育科学出版社）；

④ 图书：《SPSS数据分析及定量研究》（作者：马秀麟、邬彤 北京师范大学出版社）；

⑤ 图书：《心理与教育研究中的实验设计与SPSS数据处理》（作者：杜晓新 北京大学出版社）；

⑥ "中国大学MOOC"课程：SPSS数据分析基础（郑州大学平智广等）；

⑦ "中国大学MOOC"课程：学习平台SPSS数据分析及量化研究（北京师范大学马秀麟等）；

⑧ 网络视频资源：科研经验分享|第四节 研究设计与实施；

⑨ 网络视频资源：教学研究数据统计分析（华南师范大学李凤霞）。

（二）践：课题组成员制定科学方案，根据计划收集研究资料和数据

通过听讲、读书和拓展学习，教师已经了解并掌握了常用的资料收集方法，接下来

就要为自己的选题选择恰当的方法和流程并具体应用到研究实践中去。

　　课题负责人召集全体课题组成员组织资料和数据收集为主题的研讨会，针对本研究应收集的资料的类型、方法、分工、注意事项等开展讨论。需要收集的资料类型包括但不限于文献资料（如学术论文、政策文件、行业报告）、量化数据（如问卷调查结果、统计报表）、质性资料（如访谈记录、观察笔记、案例研究）等。针对每种类型资料的特点，共同探讨最适合的收集方法并根据成员的专业背景和兴趣特长合理分配了资料收集的任务。经过反复论证和讨论，课题组最终形成既符合研究需求又具有可操作性的资料和数据收集方案。

　　依据方案，课题组成员各司其职，秉持科学、严谨的态度，注重资料的真实性和可靠性，严格按照规范和要求开展资料收集工作；注重资料的多样性和代表性，确保收集到的资料能够全面反映研究对象的特征和变化；注重资料的准确性和完整性，按照资料类型和研究主题，对收集到的资料进行细致的整理和归档。

　　为了加强团队协作和信息共享，课题组应建立资料共享平台，及时将收集到的资料和数据上传至平台，供其他成员查阅和补充；课题组还应定期召开交流会，分享各自在资料收集过程中的进展和发现。不仅交流收集到的资料和数据，还应就遇到的问题和困难共同寻找解决方案，共同完成资料和数据收集工作。

　　根据分工，课题组成员在研究过程中收集和整理相关资料和数据，并及时共享、补充。

样例8-2

收集整理参考文献，为阅读和分析文献做好筹备

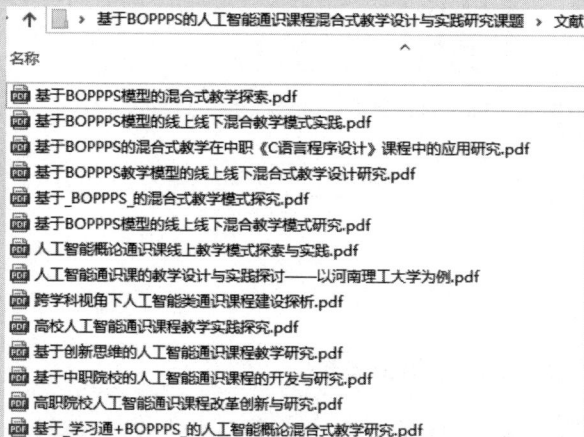

图8-3　"基于BOPPPS的人工智能通识课程混合式教学设计与实践研究"参考文献截图

廖天强老师课题组针对"基于BOPPPS的人工智能通识课程混合式教学设计与实践研究"课题，利用知网和万方数据平台，使用"BOPPPS"和"混合式教学"作为关键字进行了检索，共收集30余篇相关文献，为后续的资料分析做好了充分准备（图8-3）。

（样例来源：廖天强老师课题组文献资料）

样例 8-3

设计并实施问卷调查，收集相关数据

刘桢老师课题组针对"基于 OBE 理念的中职英语课程思政教学设计实践研究"课题，设计了详细的调查问卷。该问卷涵盖学生基本情况、英语学习兴趣、课程思政认知、教学方式偏好等多个维度，共包含20道问题。问卷针对铁道运输服务专业的学生进行了调研，收集了课程思政在中职英语教学中的实施情况以及学生对课程思政了解程度的相关数据，为后续的数据分析和形成研究结论提供了实证支持，有助于进一步优化课程思政的教学设计和实践。图 8-4 展示了调查问卷的部分截图，完整问卷见附件4。

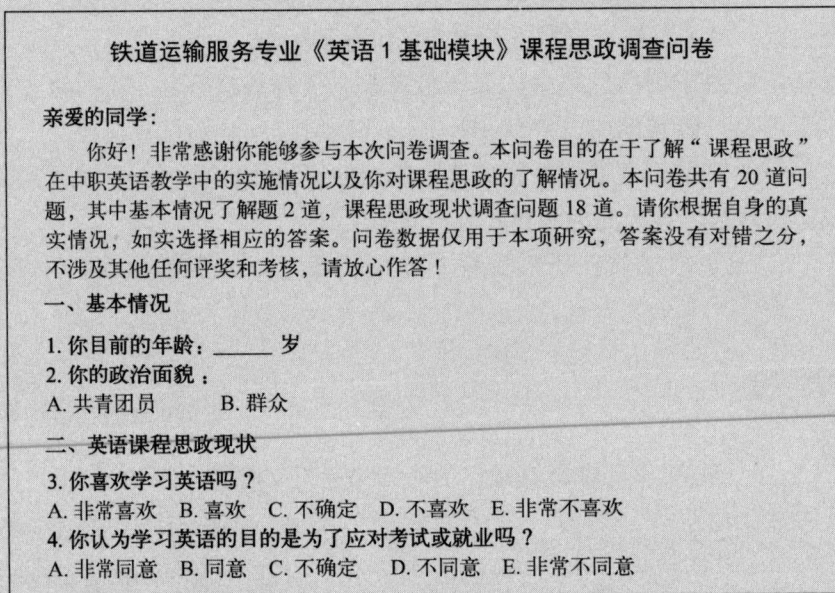

铁道运输服务专业《英语1基础模块》课程思政调查问卷

亲爱的同学：

　　你好！非常感谢你能够参与本次问卷调查。本问卷目的在于了解"课程思政"在中职英语教学中的实施情况以及你对课程思政的了解情况。本问卷共有20道问题，其中基本情况了解题2道，课程思政现状调查问题18道。请你根据自身的真实情况，如实选择相应的答案。问卷数据仅用于本项研究，答案没有对错之分，不涉及其他任何评奖和考核，请放心作答！

一、基本情况

1. 你目前的年龄：_____ 岁
2. 你的政治面貌：
A. 共青团员　　　B. 群众

二、英语课程思政现状

3. 你喜欢学习英语吗？
A. 非常喜欢　B. 喜欢　C. 不确定　D. 不喜欢　E. 非常不喜欢
4. 你认为学习英语的目的是为了应对考试或就业吗？
A. 非常同意　B. 同意　C. 不确定　　D. 不同意　E. 非常不同意

图 8-4 "基于 OBE 理念的中职英语课程思政教学设计实践研究"调查问卷截图

（样例来源：刘桢老师课题组调查问卷）

样例 8-4

设计并开展访谈，收集相关数据

王浩老师课题组针对"中职技能大赛获奖选手成长路径研究"课题，设计了详细的访谈提纲。该提纲涵盖了受访者的基本信息、参赛动机、家庭影响、学习环境、团队作用、心理素质等多个维度，共包含14个问题。课题组对中职技能大赛的12名获奖选手进行了一对一访谈，征得访谈对象同意后进

行了录音，并将录音转成了文字稿。通过访谈，王浩老师课题组收集了中职技能大赛获奖选手培养过程和参赛经历的相关数据，为后续的研究提供了丰富的质性资料。图8-5展示了部分访谈提纲的截图，完整访谈提纲见附件6。

"中职技能大赛获奖选手成长路径研究"访谈提纲

【受访者基本信息】

受访者姓名：

学习或工作单位：

岗位（或角色）：

年龄：

参赛时间：

参赛项目：

访谈地点：

访谈时间：

访谈形式：面对面 / 电话

【访谈问题】

1. 你当时为什么会选择参加大赛？

2. 简单说一说，家庭对你的成为大赛选手的影响？

图 8-5　"中职技能大赛获奖选手成长路径研究"访谈提纲截图

（样例来源：王浩老师课题组访谈提纲）

样例 8-5

设计量表并开展课堂观察，收集相关数据

刘桢老师课题组针对"基于OBE理念的中职英语课程思政教学设计实践研究"课题，设计了详细的观察量表。该观察量表涵盖了习近平新时代中国特色社会主义思想中的文化自信、社会主义核心价值观中的友善，以及职业道德中的爱岗敬业三个观察元素，并制作了三张观察量表。教师使用量表对铁道运输服务专业学生在英语课堂的表现进行了多次课堂观察，重点关注学生在不同课题单元中的行为表现。课题组收集了学生在情感领域目标等级上的行为量化数据，如专注度、参与讨论的积极性、对相关话题的评价能力，以及在实际情境中的应用表现等。这些数据为后续分析学生在英语学习过程中对课程思政内容的接受程度、反应情况以及实践能力提供了宝贵的实证支持，有助于进一步优化中职英语课程思政教学设计，提升学生的综合素质和

思政水平。图 8-6 展示了观察量表的部分截图，完整问卷见附件 8。

学生基于《英语 1 基础模块》思政水平观察量表 1		
观察元素	A2 习近平新时代中国特色社会主义思想——文化自信	
观察对象	观察人	
第一次观察		
观察时间	观察地点	
观察人数	课题	Unit 4 How Can I Get There?
情感领域目标等级	行为量化指标	人数（比例）
接受	当教师讲到中国高铁等交通工具时，专心听讲（不趴着睡觉，不东张西望，眼神跟随老师等）	
反应	积极参加关于国内交通方式的讨论	
评价	当谈论中国高铁等交通工具时，能客观评价，谈论优点时使用了表达赞赏、自豪等的语言或肢体语言	
组织	制定出行方案时，能积极推荐合理的交通工具并阐明理由	
形成品格	主动参加专业活动"城市记号"，宣传祖国名胜古迹	

图 8-6 "基于 OBE 理念的中职英语课程思政教学设计实践研究"观察量表截图

（样例来源：刘祯老师课题组观察量表）

样例 8-6

开展教学实验，收集相关数据

实验的教学内容选自高教社中职《英语基础模块 2》3-10 单元，每个单元分为 4 个模块：Listening & Speaking、Reading & Writing、Language in Use、Unit Task。本次研究选取听说模块作为混合式教学的实验内容，两个班级课程进度、周课时数一致。具体实验步骤分为实验前期、实验中期、实验后期。

（1）实验前期

为确保混合式教学在听说教学中顺利开展，实验前期主要做了两方面的准备：

① 整合 iSmart 平台数字资源和拓展课程资源，组建班群。

进一步根据实验需求将听说部分的资源碎片化，以方便学生利用电脑和智能手机进行自主学习。网络课程包括 PPT 库、微视频库、音频库、测试库、作业库、拓展库等丰富的资源，主要内容是围绕《英语基础模块 2》教材 1-10 单元，将 10 个单元整合为 8 个主题模块进行听说教学设计，设计 8 个主题情境任务。笔者在 iSmart 平台建立了班级英语学习圈，并将实验班的学生按同组异构原则分成了 4 个学习小组，每组选取组长一名，单独设立小圈，以协助学习的开展和教学实验的进行，同时也方便收集资料，统计数据。

②听说前测

为了解两个班级实验前的英语听说水平，开学第一周利用翼课网 app 上中考听说模拟题对两个班的学生进行听说前测。英语听说前测试卷包括两个模块，即听力模块和口语模块。听力部分主要是考查学生听懂对话内容、捕捉关键信息的听力理解能力。口语部分主要是考查学生使用英语表达的流利度、内容表达的准确性和发音的规范程度。

分析实验班和对照班英语听说前测成绩的结果，用 SPSS 软件对前测成绩进行了独立样本 t 检验，假设：

H_0：实验班和对照班的英语听说前测成绩没有显著差异

H_1：实验班和对照班的英语听说前测成绩有显著差异

由表 1 可以看出，实验班的前测成绩平均值为 78.26，样本容量为 25，对照班的前测成绩平均值为 76.79，样本容量为 25，实验班略高于对照班，经过独立样本 t 检验，发现 $t=0.761$。$p=0.449 > 0.05$，这个结果说明实验班和对照班的前测成绩并没有很显著的差异，也就是说这时两个班级同学的成绩水平几乎是相同的（表 8-1）。

表 8-1　实验班和对照班前测平均水平

班级	N	M±SD
实验班	25	78.26±8.156
对照班	25	76.79±8.699
T（p）		0.761（0.449）

（2）实验中期

①在对照班进行传统教学，教材为主要学习内容，教材配备的音频和视频以及 PPT 课件为拓展资源，教师主要在课堂上对学生进行听说训练，当堂考评结合作业考评考核学生的学习表现，学生可以利用微信上传听说作业，教师反馈打分。

② 在实验班进行基于 iSmart 平台的混合式教学模式。

在教学实验过程中，iSmart 平台会对学生学习过程性数据进行记录，结合生生互评和教师点评，教师及时分析数据，表扬表现良好和有进步的同学，让每一个学生都得到关注和鼓励，肯定教育发挥最大的作用，以增强学生的学习信心和学习动力。

（3）实验后期

为了检验实验的效果，分析实验对英语听说教学的影响，实验结束后对学生进行了听说后测，问卷调查。

① 听说后测。在教学实验结束后，再次对两个班的学生进行了听说测试。测试在第十二周进行，测试内容的题型、测试时间和方法、监考老师、评分方式与前测保持一致。

② 对照班和实验班学生参加了北京市英语学业水平测试。

③ 对照班和实验班学生参加了北京教育考试院负责的英国伦敦三一学院英语口语三级考试。

④ 问卷调查。实验结束后，在对照班和实验班进行了问卷调查。以了解学生对混合式教学模式在英语听说教学中应用的态度，以及这种教学模式对学生们的学习行为和学习效果的影响。

研究样本：本次研究以 2020 级学前教育实验班和对照班为调查对象。调查运用了问卷星软件，通过问卷星进行。共发放 50 份，回收 50 份，回收率 100%，有效率 100%。

问卷检验：由于调查问卷中的题项相对成熟，且本研究范围集中，调查对象总量较小，但样本覆盖率高，因此本研究问卷未做预试，直接在正式调查结果中对问卷的信度进行统计检验。本研究采用 SPSS17.0 进行统计分析。采用 Cronbach Alpha（克朗巴哈）系数来检验问卷分量表的内部一致性信度，检验结果：学生对传统教学方法信息源量表的 Cronbach Alpha 系数为 0.974，学生对基于 iSmart 平台下中职英语混合式教学模式教学方法信息源量表的 Cronbach Alpha 系数为 0.951，量表都具有可接受的内部一致性水平。

（样例来源：丁沫老师课题组结题报告）

（三）践：课题组成员分工合作，对研究资料和数据进行分析

在完成了详尽的资料收集工作之后，接下来课题组成员就要根据事先制定的研究计

划，对收集到的资料和数据进行深入的处理与分析。

首先对资料和数据进行清洗和筛选。要对资料进行可靠性验证，确保所收集的资料来源于权威的渠道，如学术期刊、专业书籍、官方统计数据等。对于网络资料，需特别谨慎，尽量选择知名网站或权威机构发布的信息；要检查资料是否有缺失的数据、不完整的访谈记录，必要的时候进行补充修正，确保资料的完整性，要全面核对所有数据和信息，查证存疑资料，删除、替换或调整异常值，确保资料和数据准确无误。

然后对各种资料进行分类。数据资料主要通过结构化的调查问卷、访问表格等获取，涉及大量调查对象，可进行统计分组和汇总。文字资料则多为无结构的观察、访谈材料和文献资料，如观察记录、访谈笔记、个案记录等。对分类后的资料进行整理，去除冗余和重复的信息，汇编成系统、完整的材料，便于后续的分析和研究。

对文字资料进行逻辑和意义分析，揭示其内在特性和规律。通过归纳、抽象和概括等方法，提炼出研究对象的本质特征和发展趋势；对数据资料进行统计分析和处理，如描述性统计、推断性统计等。使用统计图表直观地展示数据特征和趋势；结合定性分析和定量分析的结果，对研究资料进行全面、深入的综合分析，揭示研究对象之间的内在联系和规律，提出有针对性的研究结论和建议。

研究资料的梳理和分析是一个内容复杂、方法多样、周期往复的过程，需要课题组全体成员分工合作，以严谨的态度、极大的耐心和熟练的技术共同完成。随着研究的推进，经常要及时补充相关研究资料，修正相关研究数据，直到形成研究成果，得出研究结论。

样例 8-7

阅读分析收集的文献，撰写文献综述

廖天强老师课题组通过广泛阅读和分析相关文献，形成了关于"基于BOPPPS 的《人工智能应用基础》课程混合式教学设计与实践研究"的文献综述。该综述聚焦于 BOPPPS 教学模式和混合式教学，通过对其理论基础、应用现状及研究成果的系统梳理，为后续研究提供了坚实的理论基础和实践参考。文献综述不仅总结了 BOPPPS 教学模式在高等教育和职业教育中的应用案例，还探讨了混合式教学在提升学生学习兴趣、实践能力和课程实效性方面的潜力。文献综述为优化中职人工智能课程的教学设计、提升教学效果提供了重要的理论支持和实践指导。图 8-7 展示了文献综述的部分截图，完整文献综述见附件 1。

基于 BOPPPS 的《人工智能应用基础》课程混合式教学设计与实践研究
文献综述

【摘要】本综述聚焦于 BOPPPS 教学模式、混合式教学以及二者融合的研究，梳理 BOPPPS 教学模式的内涵与应用，混合式教学的内涵与应用，分析了二者融合在中职人工智能课程教学中的价值，并分别对其进行了评述，旨在为后续研究提供理论基础与实践参考。

【关键词】BOPPPS 教学模式；混合式教学；内涵与应用

随着教育改革的不断推进，探索高效的教学模式成为提升教学质量的关键。BOPPPS 教学模式以其科学的教学流程和对学生参与的重视，为教学带来新活力；混合式教学借助线上线下融合的优势，打破时空限制，丰富教学资源。将二者有机结合，应用于中职《人工智能应用基础》课程，有望解决现存问题，激发学生学习兴趣，提升实践能力，增强课程教学的实效性与前瞻性。本文旨在梳理基于 BOPPPS 和混合式教学的内涵以及其在课堂教学的应用情况，为中职人工智能教育提供有益参考，助力培养适应时代需求的专业技能人才。

图 8-7 "基于 BOPPPS 的《人工智能应用基础课程》混合式教学设计与实践研究"文献综述截图

（样例来源：廖天强老师课题组文献综述）

样例 8-8

分析调研数据，形成调研报告

刘桢老师课题组对前期调查问卷所收集的数据进行了分析与整理，形成了"铁道运输服务专业《英语1基础模块》课程思政开展情况"分析报告。该报告深入剖析了学生在英语课程学习前后对于学习兴趣、课程思政认知及思政水平等方面的变化情况，具体包括学生对英语学习目的的看法、对英语课程中融入思政教育的态度、对中西方文化差异对比及中华优秀传统文化融入英语教学的赞同程度，以及学生在价值观引导、思政教学辅助手段需求等方面的反馈。这些分析和结论为评估课程思政在中职英语教学中的实施效果提供了有力依据，并为进一步优化课程思政教学设计提供了宝贵参考。图 8-8 展示了调查问卷分析报告的部分截图，完整分析报告见附件 5。

铁道运输服务专业《英语 1 基础模块》课程思政调查问卷分析报告

　　课程思政作为教育领域的重要理念，旨在将思想政治教育元素有机融入各类课程教学中，实现知识传授与价值引领的协同发展。铁道运输服务专业作为培养铁路行业人才的关键领域，其课程教学不仅要注重专业技能培养，更需强化思政教育。《英语 1 基础模块》作为该专业的基础课程，对其开展课程思政教学效果的研究意义重大。本调查通过对铁道运输服务专业高一年级 A 班学生在课程学习前后的情况调研，深入分析学生在英语学习兴趣、课程思政认知及思政水平等方面的变化，为优化课程思政教学提供有力依据。

一、调查基本信息
（一）调查对象

　　本次调查选取铁道运输服务专业高一年级 A 班全体学生作为调查对象。该班级学生在专业学习背景、年龄阶段等方面具有一定同质性，便于集中研究课程思政在特定群体中的实施效果。

图 8-8　"基于 OBE 理念的中职英语课程思政教学设计实践研究"

问卷分析报告截图

（样例来源：刘祯老师课题组调查问卷分析报告）

样例 8-9

分析访谈数据，形成分析报告

　　王浩老师课题组对访谈获得的信息进行了梳理、编码和分析，并以具有代表性的获奖选手 DL 为例，撰写了"中职技能大赛获奖选手成长路径"访谈分析报告。该报告深入剖析了选手 DL 的成长历程，从参赛动机、家庭影响、学校环境、团队作用，到备赛目标、能力认知、心理素质调整等方面进行了全面细致的阐述。报告特别强调了大赛对 DL 学业和职业发展的深远影响，同时也探讨了大赛对日常教学的优化作用，并针对学校工作提出了具体建议。通过对 DL 选手的个案分析，为优化职业教育、促进技能人才培养提供了宝贵的参考和洞见。图 8-9 展示了访谈分析报告的部分截图，完整分析报告见附件 7。

中职技能大赛获奖选手成长路径访谈分析报告

　　中职技能大赛作为职业教育领域的重要赛事，对促进学生职业技能提升、推动职业教育发展具有关键作用。深入探究获奖选手的成长路径，能为职业院校教学改革、人才培养提供有价值的参考。本次访谈围绕中职技能大赛获奖选手展开，旨在挖掘其成长过程中的关键因素，总结经验，为优化职业教育提供依据。

一、访谈基本信息
（一）访谈对象

　　本次访谈选取了在中职技能大赛中获奖的选手 DL。DL 在比赛中展现出较强的专业能力，其成长经历具有一定的代表性，能为研究提供丰富信息。

（二）访谈时间与地点

　　访谈于［具体时间］在［具体地点］进行，采用面对面访谈的形式，确保访谈过程的互动性与信息收集的完整性，便于深入交流与观察。

（三）访谈提纲设计

　　访谈提纲围绕参赛动机、家庭影响、参赛契机、学校环境作用、团队成员影响、备赛经验等多个维度设计问题，全面涵盖了选手成长过程中的关键方面，保证访谈内容的系统性与针对性。

图8-9　"中职技能大赛获奖选手成长路径研究"访谈分析报告截图

（样例来源：王浩老师课题组访谈分析报告）

样例 8-10

分析观察量表数据，形成分析报告

　　刘桢老师课题组对两次观察量所收集的数据进行了细致的分析、对比与综合，最终形成了"学生基于《英语1基础模块》思政水平"观察分析报告。报告展现了学生在两次观察中对文化自信、友善和爱岗敬业等思政元素的表现。数据显示，学生在接受、反应、评价、组织和形成品格五个维度上均有显著提升，尤其是在文化自信和职业素养方面进步明显。报告为优化教学内容、创新教学方法、强化实践活动和完善评价体系提供了有力依据，也为课题研究提供了实证支持，助力思政教育与专业课程的深度融合，推动学生全面发展。图8-10展示了量表分析报告的部分截图，完整分析报告见附件9。

学生基于《英语 1 基础模块》思政水平观察量表分析报告

在教育教学中，将思想政治教育融入专业课程是培养全面发展人才的重要举措。《英语 1 基础模块》作为一门基础课程，对学生思政素养的培育具有独特作用。本观察量表旨在通过系统观察与分析，精准把握学生在该课程学习过程中思政水平的发展状况，为优化教学、提升思政教育质量提供有力依据。

一、观察点选点说明

通过对《英语 1 基础模块》9 个单元的深入剖析，提取出重复率最高的三个思政元素，即 A2 习近平新时代中国特色社会主义思想、A3 社会主义核心价值观和 B3 职业道德。鉴于教材内容与学生职业发展需求，进一步将这三个思政元素聚焦到文化自信、友善和爱岗敬业三个关键观察点。这些观察点紧密关联课程知识与学生未来职业素养，有助于全面、有针对性地考察学生思政水平。

二、观察量表设计说明

依据布卢姆情感领域目标等级理论，从接受、反应、评价、组织和形成品格五个维度构建行为量化指标体系。该体系层次分明，能够从不同深度反映学生对思政元素的认知、态度及行为转变。为增强观察的对比性与有效性，选取教材中相隔最远的两个单元，结合各单元教学内容与思政目标，精心设计观察量表。在课堂教学场景下，严格按照量表指标对学生进行系统观察记录，确保数据的真实性与可靠性，进而深入分析学生思政水平的发展轨迹。

图 8-10 "基于 OBE 理念的中职英语课程思政教学设计实践研究"
量表分析报告截图

（样例来源：刘祯老师课题组观察量表分析报告）

样例 8-11

分析实验数据，形成研究结论

本研究将前后测数据录入 SPSS 软件中进行处理，同时在实验结束后利用问卷做调查收集实验数据。本阶段对两种不同的教学方式所产生的教学效果进行比对研究。

① 分析实验班和对照班英语听说后测的成绩结果

经过试验后，用 SPSS 软件对后测成绩进行了独立样本 t 检验，假设：

H_0：实验班和对照班的英语听说后测成绩没有显著差异

H_1：实验班和对照班的英语听说后测成绩有显著差异

由表1可以看出，实验班的后测成绩平均值为88.39，样本容量为25，对照班的后测成绩平均值为79.91，样本容量为25，实验班成绩比对照班高8.48分，经过独立样本t检验，发现$t=5.297$。$p=0.001 < 0.05$，这个结果说明实验班和对照班的后测成绩出现了很显著的差异，实验班学生的学习成绩明显高于对照班学生的学习成绩（表8-2）。

表8-2　实验班和对照班英语听说成绩后测平均水平

班级	N	M±SD
实验班	25	88.39±6.953
对照班	25	79.91±9.336
T（p）	—	5.297（0.001）

② 实验班英语听说前后测成绩的差异性对比

将实验班的前后测成绩，录入SPSS，进行配对样本t检验，假设：

H_0：实验班英语听说前测和后测成绩没有显著差异

H_1：实验班英语听说前测和后测成绩有显著差异

由表8-3可以看出，实验班的前测成绩平均值为78.26，样本容量为25，实验班后测成绩的平均值为88.39，样本容量为25，成绩提升了10.13分，经过配对样本t检验，发现$t=-13.256$。$p=0.001 < 0.05$，这个结果说明实验班学生学习成绩有了明显的提高（表8-3）。

表8-3　实验班英语听说前后测成绩水平

班级	N	M±SD
实验班	25	78.26±9.421
实验班	25	88.39±5.676
T（p）	—	−13.256（0.001）

③ 实验班和对照班英语听说成绩进步情况的差异

实验班和对照班英语听说成绩进步水平如表8-4所示，两个班级都有进步，实验班提升了10.13分，对照班提升了3.12分，实验班的成绩提升要高于对照班，进行样本t检验，发现实验班$t=3.256$，$p=0.001 < 0.05$，对照班$t=1.952$，$p=0.063 > 0.05$，此结果说明，实验班的前后测试差异性显著而对照班前后测试的差异性不显著（表8-4）。

表8-4 实验班和对照班前后测试水平

班级	N	M±SD	T（p）
实验班	25	10.13±9.155	3.256（0.001）
对照班	25	3.12±8.629	1.952（0.063）

④ 实验班和对照班参加北京市英语水平测试和口语等级考试的结果（表8-5）

表8-5 英语水平测试听力优秀率和口语考级通过率

班级	N	北京市英语水平测试 听力优秀率	伦敦三一口语 三级通过率
实验班	25	80%	95%
对照班	25	53%	60%

从表8-5数据来看，利用iSmart平台实施混合式教学的学生的英语水平测试听力部分优秀率比传统教学的学生高33个百分点，口语通过率高45个百分点。说明新的教学模式大幅度提升了学生的英语听说能力，使他们在北京市英语学业水平测试和口语考级中取得了优异的成绩。

（2）对照班和实验班学生问卷调查结果

笔者以"ARCS模型"为主要依据设计调查问卷，并与部分学生进行了沟通访谈。

调查问卷从学生的学习方法、学习行为和学习效果这三个维度去进行调查，共12个选项，学生觉得符合自己实际情况的就选择，不符合就不选择。对实验班和对照班的学生分别进行问卷调查，具体内容和调查结果见表8-6。

表8-6 对照班和实验班学生对学习体验的调查对比

选项		对照A班		实验B班	
		小计	比例	小计	比例
学习方法	1. 本学期的学习方法能够吸引并保持我的注意力	12人	48%	21人	84%
	2. 本学期的学习方法能够激发我的学习热情	8人	32%	22人	88%
	3. 本学期的学习方法让我知道我通过努力可以达到的具体目标	13人	52%	15人	60%

续表

	选项	对照A班		实验B班	
		小计	比例	小计	比例
学习方法	4. 本学期的学习方法让我觉得新知识对我未来的工作和生活是有用的	18人	72%	25人	100%
	5. 本学期的学习方法让我产生满足感或者成就感	8人	32%	19人	76%
学习行为	6. 我会向同学或老师请教学习过程中遇到的问题	10人	40%	21人	84%
	7. 我会帮助同学解决学习过程中遇到的问题	8人	32%	13人	52%
	8. 我在课堂上能够积极参与互动	9人	36%	19人	76%
	9. 我能够认真完成本学期的作业	18人	72%	23人	92%
学习效果	10. 本学期学习结束时,我认为自己的确学到了知识和技能	16人	64%	22人	88%
	11. 本学期学习结束时,我认为自己与同学的关系更融洽了	8人	32%	14人	56%
	12. 本学期学习结束时,我认为自己的自学能力提高了	5人	20%	16人	64%
有效填写人次		25人		25人	

从表8-6可以看出,实验班在学习方法、学习行为和学习效果三个维度的情况均好于传统教学模式。实验班有84%的学生(对照班有48%的学生)认为目前的学习方法能吸引并保持注意力,实验班有88%的学生(对照班有32%的学生)认为激发了他的学习热情。说明基于iSmart平台的混合式教学模式,可以更好地进行情境模拟,能够激发学生探索、思考的兴趣。实验班有76%的学生(对照班有36%的学生)认为自己可以积极地参与教学互动;实验班有64%的学生(对照班有20%的学生)认为自己的自学能力提高了;实验班有88%的学生(对照班有64%的学生)认为自己的确学到了知识与技能,这就说明基于iSmart平台的混合式教学有利于学生的主动学习,协作交流,课堂教学气氛融洽,师生互动、生生互动得到充分体现,学生主动参与到学习过程中来,主动获取信息、探究体验、建构知识、灵活运用,有效地实现了教学目标。学生的学习能力、知识水平等在原有的基础上得到了提升。

(样例来源:丁沫老师课题组结题报告)

（四）研：专家一对一指导，确保研究资料和数据的分析科学准确

为确保研究项目的顺利进行和研究成果的高质量输出，学校科研室管理人员为主的项目组和大学教师为主的专家组采取定期听取课题组汇报和定期参与课题组活动等不同方式对课题组的研究工作开展情况，尤其是研究资料和数据的分析情况进行一对一指导。

项目组熟悉科研管理的各项流程与规范，了解资料收集与整理的标准，指导课题组老师如何高效组织团队、分配任务，以及如何遵循学校的科研管理规定，确保资料收集的合法性与合规性。项目组还会定期检查资料收集分析的进度与质量，及时反馈存在的问题，提出具体的改进建议，确保资料收集的完整性和系统性。

专家组的指导侧重学术深度与前沿视野的引领，强调资料的价值与意义，指导课题组老师如何从浩如烟海的信息中筛选出最具代表性的数据，以及如何运用先进的理论框架和分析工具，深入挖掘资料背后的深层含义，提升资料整理与分析的科学性与准确性。

教师在收集、分析资料和数据时常见问题包括以下几点。

1. 资料和数据收集不及时

中职教师开展课题研究的同时还要完成繁杂的日常工作，常出现时间管理不当、任务优先级判断失误或资源限制等原因导致的未及时收集、整理研究资料的问题。这往往会带来有些即时性资料错过收集时机遗失且无法弥补、重要研究数据遗漏等问题，影响后期研究分析的推进和研究结论的完整性和准确性。

课题组在项目开始之初就应制定详细的资料收集和分析方案，明确各个阶段的目标、任务、可能产生的研究资料和时间节点、负责人。研究过程中应建立定期检查和反馈机制，确保资料和数据按照时间表及时收集。面对不可预见的情况，如资源限制或时间冲突，要灵活调整计划，确保关键资料和数据不被遗漏。

2. 资料和数据收集目标和范围不明确

很多中职教师在制定研究方案阶段思考不够深入和细致，对研究过程中可能产生哪些资料，以及如何收集这些资料没有认识，对所需信息的种类、数量和来源缺乏明确的认识和规划。这会导致收集到大量无用信息，浪费时间和精力，忽视、遗漏关键信息限制后续分析的深度和广度，影响研究进度推进这两个突出问题。

为避免出现这样的问题，最重要的措施依然是在研究开始前制定详细的数据收集计划，明确研究的目标和问题，确保收集的信息与研究主题紧密相关；明确所需信息的种类、数量、来源和优先级别，确保重要信息不遗漏；评估和筛查收集到的信息，确保它们符合研究目标和要求，不遗留过多冗余。

3. 资料和数据收集方法和内容单一

一方面是教师对研究资料的认知不到位，只收集调查、访谈或实验产生的数据，忽视了其他研究资料；另一方面是教师收集资料时仅采用一种或少数几种方法，缺乏多样

性和灵活性。这样也会导致收集到的资料片面、单薄、缺失，无法满足后续分析的需要，限制研究的深度和广度，影响成果的丰富度。

针对上述现象，首先教师要明确研究资料的内容。除了研究数据和报告，与课题相关的教学设计、研究课实录、课堂评价表、案例分析、教学反思等，课题组成员在研究过程中所写的与课题相关的阶段总结、随笔、体会以及课题组成员所获得的课题相关成果、荣誉等都是要收集的研究资料。其次要加强对多种资料收集方法的学习和掌握，如文献综述、实地调查、访谈、观察、实验等，并根据研究目标灵活组合使用多种收集方法，以获取更全面的信息。除文字资料外，也要注意收集实物、图片、音视频等其他多种形式的资料。

4. 欠缺对分析工具的掌握和使用

中职教师工作重心在日常教学实践和班主任管理工作，对专业的数据分析软件不了解、不熟悉。有些课题组还在用手工或 Excel 的初级功能统计和分析调查问卷，用 word 整理访谈记录，导致效率低下或分析结果不准确，也不容易发现规律，使分析流于表面。

教师应通过参加线下培训、小组内部互助、利用线上资源自学等途径，学习和掌握高效的数据分析软件，如 Excel 的高级功能、SPSS、NVIVO 等。应用这些工具对收集的资料进行描述统计、相关性分析、回归分析、方差分析、聚类分析等分析，深入挖掘数据背后的信息和规律；使用软件的可视化工具，呈现数据中的模式和趋势，使分析结果更加直观、易懂。

5. 对研究资料的分析不科学不准确

在分析资料和数据时，教师也常出现选用的分析方法与所要解决的问题不匹配，或处理数据时未遵循相关的标准、方法或流程的情况。这些都会导致分析结果不准确不可靠，无法反映研究问题的本质。如用简单频数统计去分析复杂的态度问题，忽略特定背景和条件进行分析，未充分考虑数据的变异性、异常值及样本代表性从而误导研究结论等。

为避免这些问题发生，教师应明确研究目的和问题，根据问题的性质、数据的特点选择合适的统计方法和分析框架；加强对专业知识和软件技能的学习，处理数据时严格遵循统计学和软件的规范和流程，确保分析的准确性和可靠性；使用交叉验证和敏感性分析增强结论的稳定性和可靠性，尝试不同的分析方法或模型并比较结果的一致性；向相关领域的同行寻求帮助和请专家评审把关，也是提高研究质量和准确性的有效途径。

（五）践：课题组持续补充完善研究资料，分析并形成初步研究结论

课题组已经进行了比较详尽的资料收集和相对深入的分析，但随着研究的逐步推进，可能会发现之前收集的资料因时间、途径和技术的原因而不全面、不够用；研究往往是一个动态过程，新的发现或假设可能需要更多的资料来进一步证实或反驳；另外，资料之间可能存在互补性，通过补充资料，可以更全面地揭示研究对象的本质和规律。因此，

课题组需要在研究不断深入的过程中持续补充和完善研究资料。一方面，可以通过扩大资料收集的范围和深度来实现。另一方面，应注重资料的时效性和前沿性，及时追踪最新的研究成果和行业动态。对于已收集的资料，应进行细致的筛选和验证，确保资料的可靠性和准确性。在补充资料时，还应保持与原有资料的连贯性和一致性，避免引入矛盾或不一致的信息。

随着资料的进一步丰富和完善，也要对其进行进一步分析，以深入挖掘资料的潜在价值，揭示更深层次的规律和趋势。一方面通过增加的资料和数据进行分析，发现资料间的关联，形成更丰富的成果和更深入的结论；另一方面通过运用更精细更综合的方法和技术进行分析，以形成新的研究框架。

在以上全部工作的基础上，课题组应形成初期研究成果，得出初步研究结论，为结题奠定坚实基础。

三、教师资料整理能力培养的阶段性成果

（一）调研问卷范例

具体内容见附件 4

（二）调查报告范例

具体内容见附件 5

（三）访谈提纲范例

具体内容见附件 6

（四）访谈分析报告范例

具体内容见附件 7

（五）观察量表范例

具体内容见附件 8

（六）观察量表分析报告范例

具体内容见附件 9

第九章

如何培养教师的
成果呈现能力

不要害怕展示你的工作，即使它
还不完美。展示是进步的一部分。

——（美）乔纳·伊夫

　　成果梳理与呈现是课题研究的收官之笔，它决定了研究成果能否被准确传递和有效应用。经过精心的设计、辛勤的实践，教师积累了丰富的研究资料。这些素材犹如散落沙滩的珍珠，必须经过采集、打磨和串联，才能展现出其应有的光彩。教师要对研究过程进行全面回顾与总结，清晰地梳理出研究的逻辑链条，并串联研究的主要成果、发现与创新点。同时教师还要具备良好的表达能力，运用文字、图表、信息化媒体等多种形式，生动、全面地呈现研究成果。将庞杂的研究资料转化为清晰的知识体系，并以受众为中心选择表达方式，推动学术交流与合作，真正实现"研以致用"，教师的课题研究才能超越个体经验，成为推动职业教育高质量发展的持久动力。

一、什么是成果呈现能力

　　成果呈现能力指将研究或工作过程中的创新、发现、经验等，通过适当的方式和手段，清晰、系统、条理地展示出来，使他人能够理解、接受并认可这些成果的能力。它不仅包括了对成果内容的提炼和整理，还包括了选择合适的呈现方式和技巧，以确保成果能够准确、有效地传达给目标受众。

（一）研究成果的梳理

1. 如何对研究成果进行分类和界定

　　研究成果可以根据其性质、内容和形式进行多种分类。其中文本性、制度性、技术性和成长性成果是最常见的分类方式之一。

　　（1）文本性成果

　　这是最常见的成果形式，包括论文、著作、课程资源、研究报告、教学案例、教学反思、教育叙事等。论文通常是对某一学术问题进行深入研究和探讨的书面表达，具有严谨的学术性和逻辑性；著作则是对某一领域知识的系统阐述；课程资源涵盖了教材、教案、学材等与教学相关的材料；研究报告是对研究过程和结果的全面记录；教学案例是教学实践中具有代表性的实例分析；教学反思是教师对自身教学行为的思考和总结；教育叙事则是以故事的形式呈现教育实践中的经历和感悟。

　　（2）制度性成果

　　主要涉及学校教育管理、教学管理、专业管理、班级管理、实习实践管理等方面相关制度和机制。这些制度和机制的建立旨在规范教育教学活动，提高管理效率，促进教育教学质量的提升。

　　（3）技术性成果

　　包含教学软件和平台、电子资源库、音像产品以及专利技术等。教学软件能够为教学活动提供更加便捷、生动的工具；电子资源库为教师和学生提供了丰富的学习资源；音像产品可以直观地展示教学内容；专利技术则是对研究中创新技术的法律保护。

（4）成长性成果

体现在学校发展、教师专业成长、学生综合素质提升等方面。学校发展可以通过学校声誉的提高、校园文化的建设、硬件设施的改善等方面来体现；教师专业成长表现为教学能力的提升、科研成果的增加、专业素养的提高等；学生综合素质提升则涵盖了学业成绩的提高、品德修养的增强、创新能力和实践能力的发展等多个维度。

2. 如何按照分类梳理和呈现研究成果

（1）文本性成果

首先，对不同类型的文本性成果进行整理，按照发表时间、主题等进行分类归档。对于论文，可以制作一个详细的清单，包括论文题目、发表期刊、发表时间等信息。对于研究报告等较长的文本，可以撰写内容摘要，方便他人快速了解核心内容。在呈现时，可以将文本性成果整理成一个成果集，或者通过学术网站、公众号等平台进行发布。

（2）制度性成果

以图表和文字相结合的方式，清晰地展示各项制度的主要内容、适用范围和实施流程。可以制作制度手册，将相关制度汇编成册，方便查阅和执行。同时，对制度的建立背景、实施效果进行分析和说明，通过案例展示制度在实际工作中的应用和成效。

（3）技术性成果

对于教学软件和电子资源库，提供详细的使用说明和操作演示视频，方便用户了解和使用。对于音像产品，可以截取精彩片段进行展示。对于专利技术，介绍专利的技术要点、创新之处以及应用前景。同时，可以将技术性成果进行整合，建立一个专门的成果展示平台，方便用户进行浏览和体验。

（4）成长性成果

对于学校发展成果，可以通过对比学校在研究前后的各项指标，如招生人数、升学率、社会评价等，用数据和图表直观地展示发展变化。对于教师专业成长，收集教师的获奖证书、公开课视频、教学成果展示等资料进行展示。学生综合素质提升方面，可以通过学生的作品、竞赛成绩、社会实践活动记录等，全面呈现学生在不同领域的成长和进步。

（二）课题的结题与论证

1. 如何撰写结题报告

课题结题报告是研究工作结束后，课题负责人向相关部门提交的用于全面总结和展示课题研究过程与成果的书面报告，是课题研究的重要成果体现。

课题结题报告因课题立项单位的要求略有不同，但一般来说，基本包括如下构成要素：标题、课题简介、内容摘要、报告正文（包括：问题提出、文献综述、研究内容、研究方法与过程、研究成果、问题与思考、主要成果）、参考文献、附件等。其中问题提出、文献综述、研究内容这三部分与开题报告的内容基本一致。

（1）课题简介

阐述课题的基本情况（课题名称；课题负责人 - 姓名、专业技术职称、职务；主要成员）和研究计划执行情况（研究起止时间；课题变更情况；主要过程；研究成果影响等）。

（2）内容摘要

要求高度概述研究的主要内容、方法、成果和研究结论、观点等，应包括研究目的、对象、方法、主要成果等关键信息。300～500 字为宜。

（3）研究方法与过程

不同于开题报告的简要描述，结题报告中的研究方法与过程部分作为"次详"部分，是整个报告的核心内容之一，需要清晰、详细、全面地阐述研究是如何开展的。

研究方法部分撰写时首先要明确指出本课题采用了哪些研究方法，可以列举 2～3 种主要方法，表述清楚基本路径；之后，阐述选择依据，简要说明选择这些研究方法的原因，即这些方法如何契合课题研究的目标和内容，能够解决研究中的哪些关键问题；接下来，对每种研究方法的具体操作过程进行描述，展现研究的科学性与严谨性。

研究过程部分撰写时首先要划分研究阶段，研究阶段按照时间顺序或研究内容的逻辑顺序划分，使研究过程条理清晰。每个阶段设定一个主题，体现具体的研究内容，详细、完整阐述该阶段开展的具体研究活动内容和如何使用的研究方法，以及产生的阶段性成果等。

（4）研究成果

研究成果是课题结题报告的关键部分。作为结题报告各部分中"最详"部分，集中展示课题研究的价值和意义，一般包括具体成果、研究效果和研究结论三个部分。

具体成果是课题结题报告中展示研究价值在实际应用层面体现的重要部分，直观反映研究对现实的推动作用。撰写时需紧密围绕研究目标，将抽象成果具象化，从多维度清晰呈现；要详细阐述具体成果形成的依据、内容、特色等，详细呈现成果。具体成果包括但不限于教育或教学模式、实施路径、教学设计集、班会教案集、教学资源等。

研究效果是结题报告中衡量研究价值与影响力的关键部分，展示研究目标达成的程度以及带来的实际效益，如学生发展效果、教师成长效果、教育或教学实践效果等。撰写时要紧密围绕研究目标，从多个维度展开，用数据和实例支撑观点，让研究效果清晰明确。研究效果要基于研究数据进行分析形成，适当运用图表展示数据，体现科学性和严谨性。

研究结论是课题结题报告的核心内容之一，是对整个研究过程和成果的高度概括与总结，它不仅要回答研究问题，还要体现研究的价值和意义。撰写时需全面梳理研究内容，精准提炼核心要点，客观呈现研究结果。

（5）问题与思考

剖析研究过程中遭遇的难题并基于这些问题展开深入思考，为后续研究提供经验与方向。这部分内容一般从研究中存在的问题、研究结果的局限性、对未来研究的建议三个方面论述。

撰写研究中存在的问题时要回顾研究过程，梳理实际遇到的困难。要具体描述问题，并分析其对研究造成的影响。

撰写研究结果的局限性时要思考研究结果的适用范围和局限。阐述时除明确指出局限性所在，还要分析为何会产生这些局限。

撰写对未来研究的建议时要基于前面提出的问题和局限性，为后续研究提供方向。针对未解决的问题，提出新的研究思路和可能的研究角度，让后续研究者能从中获得启发。

（6）主要成果

主要成果指成果固化情况及社会影响，包括成果的出版、发表、获奖情况，采纳、转载、引用、时间情况等。课题的主要成果丰富多样，包含但不限于以下成果形式：发表的学术论文、研究报告、学术专著、出版的教材或工具书、出版的案例集或教案集、资源包、开发的新工具、模型、软件等。

（7）参考文献

指报告撰写过程中为了支持自己的观点、研究结果、论述等而引用的其他资料来源。梳理和呈现参考文献时，要注意规范性、准确性、时效性、相关性与全面性。

（8）附件

指研究过程中制定的调查问卷、访谈提纲、量表和撰写的方案等过程性资料。要做好附件整理和呈现工作，以保证其完整性、条理性和规范性。

呈现附件时要注意格式统一规范，确保一致性。要将整理好的附件按照与研究内容的相关性、重要程度或者时间顺序进行排序。要做好附件的索引说明，在课题结题报告正文之后，专门设置附件目录页，列出所有附件的名称、页码和简要说明。

2. 如何进行结题论证

（1）准备论证材料

在进行结题论证之前，课题组成员要对课题研究的全过程和成果进行全面、系统的回顾和整理，确保所有的研究资料完整、准确。同时，准备好结题报告、成果展示材料等相关资料，以便在论证会上进行汇报和展示。

（2）成果汇报与展示

在论证会上，课题负责人进行汇报，按照结题报告的内容，详细介绍课题研究的背景、目的、方法、过程和成果。同时，可以通过多媒体展示、实物演示等方式，更加直观地展示研究成果。在汇报过程中，要突出重点，简洁明了，避免冗长和复杂的表述。

（3）专家提问与答辩

耐心倾听专家的提问，诚恳地表达个人观点，清晰回答问题。对于质疑或建议，保持开放态度，积极探讨解决方案。

（4）专家评价与建议

认真记录专家的评价与建议，作为后续研究的宝贵资源。对专家的肯定表示感谢，对改进意见表示虚心接受并计划实施。

（5）总结与改进

根据专家评审组的意见和建议，课题组成员对课题研究进行总结和反思，找出存在的问题和不足之处，制定相应的改进措施。对于一些需要进一步完善的研究成果，要进行深入的研究和改进，以提高研究成果的质量和水平。最后，根据专家评审组的意见，对结题报告进行修改和完善，形成最终的结题报告。

二、如何培养成果呈现能力

成果呈现能力培养是中职教师科研能力培养中的最后一个环节，旨在培养教师全面梳理课题研究过程、依据研究资料得出研究结论、凝练研究成果撰写结题报告，并以多种形式呈现研究成果的能力。科研成果的梳理和呈现是课题研究的收尾工作，是对课题研究工作全过程的总结和凝练，是评判研究效果和价值的重要依据，也是推广课题研究成果的基础，是最重要的科研能力之一。

通过专家培训、集体研讨、课题实践等培养途径，以期达到如下具体目标。

① 掌握科研成果的内涵及主要表现形式；

② 掌握结题报告的结构和撰写要求；

③ 掌握科研论文的结构和撰写要求；

④ 能够梳理课题研究的全流程；

⑤ 能够规范地撰写结题报告；

⑥ 能够规范地撰写科研论文；

⑦ 能够梳理多种形式的研究成果并恰当呈现；

⑧ 能够按要求完成结题汇报；

⑨ 提高分析、综合、抽象概括能力；

⑩ 提升准确运用语言文字的能力和技巧；

⑪ 提升思维能力和表达能力；

⑫ 提升成果凝练和推广意识。

在成人学习理论、721法则、学习金字塔模型等理论的指导下，根据需要将"训、研、践"有机结合。具体培训流程如下。

（一）训：开展理论培训，助力教师掌握成果呈现的相关知识

1.专家授课，引领教师学习成果呈现的知识和技巧

成果的凝练与呈现至关重要，它不仅是课题研究价值的体现，也是教师综合科研能力的重要展示。为了帮助中职教师提升总结和展示研究成果的能力，应组成熟悉中职教育特点的市区教科院和职教中心教研员为主，擅长课题研究和论文撰写的大学教授为辅的专家团队，为教师全面、系统地讲解成果凝练和呈现的相关知识和技巧。

鉴于成果梳理和呈现环节的重要地位，培训应不少于 12 课时。培训至少涵盖三部分内容：第一是如何梳理和呈现研究成果。结合实例分析和讲解课题成果的类型，以及每种成果的特点、呈现方式及注意事项；第二是如何撰写结题报告。详细讲解结题报告的结构框架、各部分内容的撰写要求，尤其是数据的收集与呈现、结论的提炼与升华等；第三是如何根据课题研究撰写成果性论文。专家将结合具体的论文案例，指导教师如何撰写出符合学术规范、具有创新性和实用价值的论文，为教师的学术发展奠定坚实基础。

在培训过程中，应重视理论讲授与丰富的实例相结合，并重视与教师的互动交流，切实帮助教师理解并掌握成果凝练和呈现的相关知识和技巧（图 9-1），尤其是如何撰写论文（图 9-2）和结题报告（图 9-3）。同时，专家还将鼓励教师提出自己的疑问和困惑，通过现场解答和个别指导，帮助教师解决在实际操作中遇到的问题，提升教师的科研能力和水平。

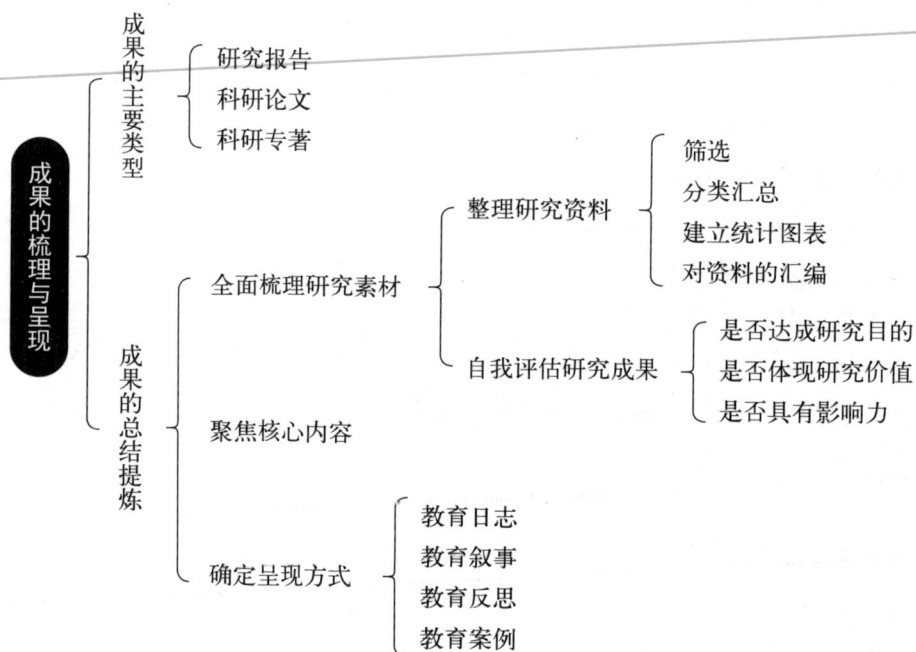

图 9-1 "成果的梳理与呈现"思维导图

科研论文的写作

- 理论论文写作的操作流程："七一"操作模式
  - 选择"一件大事"
  - 形成"一个团队"
  - 锁定"一个想法"
  - 拟定"一个标题"
    - 标题的主题表达：论卓越教师培训课程的建构
    - 标题的观点表达：集体性个人主义学习
    - 标题的概念表达：文化回应性教学法：内涵、价值及应用
  - 搭建"一个框架"
    - 全文框架策略：引言+正文+结语
    - 正文框架搭建策略
      - 概念及其子概念的关系逻辑
      - 概念以及问题的关系逻辑
      - 运用理论视角搭建框架的策略
  - 创作"一篇论文"
    - 先写出第一稿
    - 反复修改
    - 简明和精准表达是第一位的
    - 读者意识（读者可以看懂吗？）
    - 不必纠结学术引用，从基于经验的表达到基于文献的表达
  - 创造"一种机制"
    - 定期研讨制度（每周一次/每两周一次）
    - 3—2—1的反馈机制
    - 有准备（基于文本讨论）、有进展（推进了什么）、有结论（达成了什么）和有方向（下一步工作是什么）
- 实证论文写作的操作流程
  - 问题提出：政策背景＋实践问题＋学术概貌与问题＋研究问题＋研究意义
  - 文献述评：文献边界＋已有基础＋研究不足＋确认研究问题
  - 研究设计：研究问题＋研究方法（资料搜集＋资料分析）＋路线图
  - 研究发现：发现1（问题1）＋发现2（问题2）…发现n（问题n）
  - 研究讨论：一致（相互引证）＋不一致（补充或冲突，给出解释）
  - 研究结论：结论1（问题1）＋结论2（问题2）…结论n（问题n）＋整体判断
- 案例写作的操作流程：DONE模式
  - 实践（Do）
    - 第一，重视学生/学员/客户反馈
    - 第二，重视理论指导
  - 观察（Observation）
    - 第一，结构观察法
    - 第二，流程观察法
  - 命名（Naming）
    - 第一，减词
    - 第二，并词，合并同类型。
    - 第三，借词，借用理论视角来命名自己
    - 第四，造词，如Done模式、SGAF指导模型等
  - 解释（Explanation）
    - 第一，标题的观点表达
    - 第二，遵循标题的内在逻辑
    - 第三，充分运用证据

图9-2 "科研论文的写作"思维导图

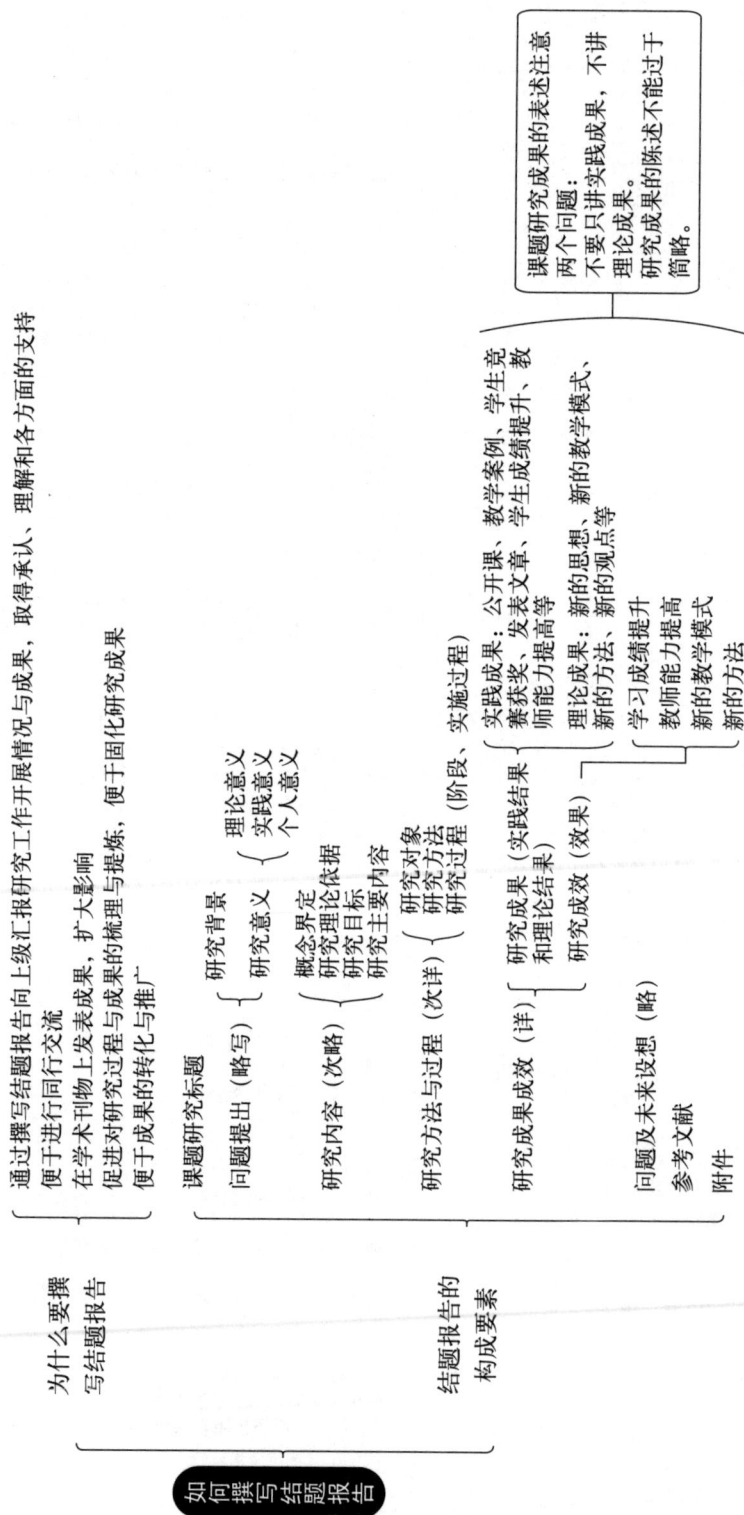

如何撰写结题报告

- **为什么要撰写结题报告**
  - 通过撰写结题报告向上级汇报研究工作开展情况与成果，取得承认、理解和各方面的支持
  - 便于进行同行交流
  - 在学术刊物上发表成果，扩大影响
  - 促进对研究过程与成果的梳理与提炼，便于固化研究成果
  - 便于成果的转化与推广

- **结题报告的构成要素**
  - 课题研究标题
  - 问题提出（略写）
  - 研究意义
    - 理论意义
    - 实践意义
    - 个人意义
  - 研究内容（次略）
    - 概念界定
    - 研究理论依据
    - 研究目标
    - 研究主要内容
  - 研究方法与过程（次详）
    - 研究对象
    - 研究方法
    - 研究过程（阶段、实施过程）
  - 研究成果成效（详）
    - 研究成果（实践结果和理论结果）
      - 实践成果：公开课、教学案例、学生竞赛获奖、发表文章、学生成绩提高、教师能力提升、教
      - 理论成果：新的思想、新的方法、新的观点等
    - 研究成效（效果）
      - 学习成绩提升
      - 教师能力提高
      - 新的教学模式
      - 新的方法
  - 问题及未来设想（略）
  - 参考文献
  - 附件

课题研究成果的表述注意两个问题：
不要只讲实践成果，不讲理论成果。
研究成果的陈述不能过于简略。

如
何
撰
写
结
题
报
告

前言的撰写 {
1. 选题缘由
客观缘由：国家、地方、学校的政策与实践
主观缘由：个人生活与学术研究的历史
2. 问题提出的撰写（引出文献综述的框架）
具体方法：找到研究题目中的核心概念，围绕核心概念进行提问
3. 研究意义的撰写
理论意义：概念框架、新的概念
实践意义：实践者、实践内容、产生的影响。
个人意义：个人工作、生活与研究
}

文献综述的撰写 {
1.文献选择：
数据库选择
搜索过程：关键词或者搜索条件
初步搜索结果
搜索结果的筛选
最终的搜索结果

2.学术史：
确定研究议题第一篇文献和最新的一篇文献
将文献按照某一个标准进行历史分段（如何进行分段，难点）
为每一个历史阶段命名
简述每一个历史阶段的关键学者、作品、观点等。

3.知识图谱：
主要的研究者
主要的研究国家
主要的研究机构
主要的研究主题

4.围绕问题提出问题的综述

5.总体评论：（强调已有的知识边界，确定研究的必要性和
可能性）
}

研究设计的撰写 {
精致化的研究问题

概念界定

理论基础 {
理论基础选择取决于对概念本质的认识
避免选择宏大理论
选择理论的下位概念
}

概念框架 {
研究问题中的概念
理论基础中的概念
用概念图表示出这些概念之间的关系
}

研究方法 {
抽样
资料搜集
资料分析
}

研究框架 {
研究问题、理论基础、资料搜集方法、
资料分析方法用概念图表达出来
}
}

研究结果的撰写 {
直接回答研究问题，说明发现的新事实。
有几个研究问题，就有多少个研究结果
}

研究讨论的撰写 { 用发现的新事实与以往的研究发现对话

研究结论的撰写 { 观点表达（把握分寸）

未来建议的撰写 {
研究建议（研究的不足，还可以继续做出的努力）
政策建议（建议出台相关政策）
实践建议（建议行动的改善）
}

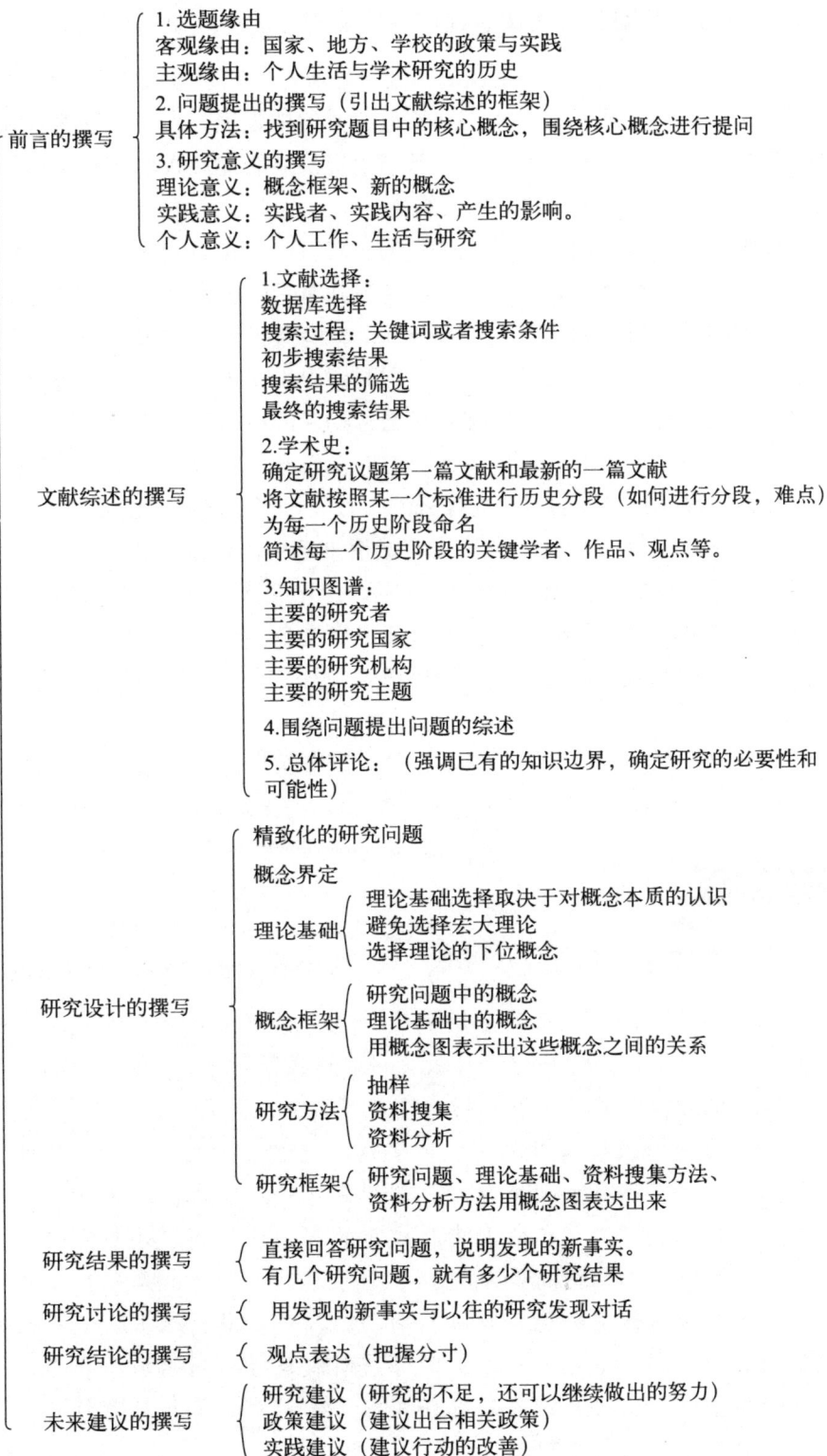

图 9-3 "如何撰写结题报告"思维导图

2. 研读教材，帮助教师切实掌握成果呈现的方法和注意事项

成果呈现、撰写结题报告、呈现研究成果是课题研究中最重要、最复杂的环节之一。短短几次专家讲座，只能呈现基本框架和最核心的知识点。为了帮助教师全面、深入掌握这些知识和方法，需要在专家授课的基础上提供系统而深入的教材研读指导，帮助教师通过自学和集体学习，全面提升相关技能。

本专题推荐阅读北京教育出版社出版的《与教师同走科研路》一书，作者是北京市海淀区教科院院长吴颖慧。该书专为中小学教师量身定做，从教师开展课题研究的视角出发，完整论述课题研究的全过程，每一环节既有关键概念的理论阐释，也有具体开展的方法策略，还有相应的研究工具模板，同时还引用了来自海淀区科研管理以及学校干部教师大量的实践案例，帮助教师理解和把握相应的科研知识和方法。其中，很多经验性的材料、理论性的思考，以及具有指导性的操作方法对教师从事科研有很好的示范作用。作为补充，教师还可以学习李冲锋著的《教师如何做课题》相关章节。

在学习教材的过程中，教师应认真完成读书笔记，记录下自己的学习心得和疑惑。同时，课题组可以固定时间共读教材，开展讨论和交流，分享各自的学习体会和心得，相互启发，共同进步。项目组也可以组织读书交流会，邀请学员分享自己的阅读收获和撰写成果呈现、结题报告、学术论文的经验，通过交流互动，进一步提升教师的撰写能力。

通过系统的教材研读和集体学习，教师可以全面掌握成果呈现、结题报告撰写、成果推广的方法和注意事项，进一步提升科研能力，确保研究成果的高质量呈现。

样例 9-1

《与教师同走科研路》第七章"如何提炼教育研究成果"读书笔记

作者从教育科研成果的主要类型、教育科研成果的总结提炼、如何评价教育科研成果三方面对如何提炼教育科研成果进行了详细的介绍。

作者认为教育研究成果是指教育者（教师、校长、教育行政管理人员等）对某一教育科研项目或者课题进行研究，通过实验观察、调查研究、行动研究和综合分析等一系列研究活动，获得具有一定学术意义或实用价值的创造性结果，是对教育本质、教育内在规律的深刻认识。它是研究者对所从事的教育研究过程和结果进行高度概括和科学总结的产物；是研究者以所研究问题为内容，在认识、分析和解决问题的过程中形成的基本认识，或者是比较成熟的解决问题的策略与技术。教育科研成果有不同的类型和与之相适应的形态，本书作者主要介绍了教育研究报告、教育专著和教育科研论文三种主要的成果类型。

作者把教育科研成果的总结提炼归纳成四个方面的内容：全面梳理课题

研究素材、聚焦成果的核心内容、确定成果的核心框架、选择成果的呈现方式。

梳理课题研究素材包括对文字资料进行审查和分类，对数据资料进行分类与汇总，并编制统计图表，对文字资料与数据资料进行汇编，对研究成果进行自我评估，即研究者在提炼自己的成果的时候要不时地对自己的研究进行反问，比如：（1）成果文本的意思清楚吗？有没有晦涩不清的章节？（2）成果文本的写法正确吗？（3）参考文献写得正确吗？有没有冗长反复的地方？（4）文本的标题反映出研究的主题了吗？（5）研究的目标是否非常清楚了呢？课题研究的目标完成了吗？（6）研究假设被证明了吗？（7）是否所有提到的重要术语都解释了？收集资料所用的方法是否描述清楚了？是否符合研究主题？（8）课题研究的局限性有没有说明？（9）采用的数据可靠吗？对数据进行分析了吗？是不是只简单进行了描述？（10）研究结果清楚地呈现了吗？（11）图表和文字是否列得很清楚？（12）结论是否建立在所收集论据的基础上？（13）有没有什么论点不能被证实？（14）文本中的教育研究方法可信吗？通过研究问题的自我评估也可以对研究成果做更进步的提炼。

作者所说的聚焦成果的核心内容是指进行课题成果提炼的时候要围绕研究的核心内容进行材料的取舍与观点的总结。首先要从核心概念入手，全面梳理研究过程，分析研究素材，归纳出课题最终得出的核心概念。围绕核心概念，明晰内涵、外延、特征。其次，要根据研究目标，明确本课题的研究问题是否清晰应对研究目标，并依据研究问题的类型提炼研究结论和观点。最后，可以采取概念图、鱼骨图等分析方法，理清研究素材之间的脉络，形成突出核心研究内容的观点和结论。

研究成果在申报成果奖的时候，要按照要求填写申报书，作者以北京市基础教育教学成果奖和全国教育科学研究优秀成果奖申报为例，对成果的核心框架进行了说明。

教育科研成果的表现形式多种多样，一般来说，用文字形式表示的科研成果主要有教育科研报告与教育论文以及教育专著或编著。若是描述教育科研工作的结构或进展，一般采用教育科研报告的形式，报告研究的过程、新发现和新成果。根据教育研究的内容与方法的不同，研究报告可以分为实证性研究报告与文献性研究报告两种。

最后，作者指出教育科研成果的评价在操作层面上分为定性评价和定量评价。定性评价是专家依据评价标准独立对研究成果进行逐项分析，然后再进行集中评价，形成鉴定意见。定量评价就是对各项指标赋予权重，对每项指标的评定按照若干等级赋予分值，根据赋予的分值情况进行评价。但总体上是围绕研究目的的达成、课题价值和成果的影响力等三个方面进行评价的。

（样例来源：参训教师读书笔记节选）

3. 拓展资源，丰富教师撰写开题报告相关的知识和能力

在听课、读教材的基础上，为教师提供信息化资源，使其知识更丰富。

① 图书：《与教师同走科研路》第六章"如何做好课题结题"、第七章"如何提炼教育科研成果"、第八章"如何做好研究成果推广"（作者：吴颖慧 严星林 北京教育出版社）；

② 图书：《教师如何做课题》第八章"如何撰写结题报告"、第九章"如何做好结题工作"（作者：李冲锋 华东师范大学出版社）；

③ 图书：《怎么做课题研究：给教师的 40 个教育科研建议》第五章"研究成果总结"（作者：费岭峰 华东师范大学出版社）；

④ 图书：《中小学课题研究》第六讲"课题研究成果表述及评价"（作者：陈岩 北京师范大学出版社）；

⑤ 图书：《一线教师怎样做课题研究》第六章"一线教师课题研究的结题鉴定"、第七章"一线教师课题研究的成果提炼"（作者：段振富 福建教育出版社）；

⑥ 图书：《做个研究型教师：为课题研究实施指南》第十五章"如何做好为课题研究成果的梳理与表达"、第十六章"如何做好研究成果的推广和交流"（作者：徐世贵、李淑红 华东师范大学出版社）；

⑦ 网络视频资源：如何撰写课题结题报告（华南师范大学教育信息技术学院尹睿）。

（二）践：课题组成员全面梳理研究资料，初步凝练研究成果

通过听讲、读书和拓展学习，教师已经从理论上了解并掌握了成果梳理的内涵和方法，接下来就要全面梳理课题的研究资料，撰写本课题相关的论文，凝练研究成果，将所学知识应用到研究实践中去。

课题负责人对照研究计划，依据前期研究方案的分工以及研究任务的实际落实情况，对课题组成员下达成果梳理和呈现任务。课题组按照文本成果、制度成果、技术成果和成长性成果四大类别，对研究报告、文献综述、规范性文件或制度、开发的工具量表、软件、平台、专利以及教师、学生的成长变化情况进行梳理，并思考其呈现形式。课题负责人汇总全组的成果，按照类别制作成果一览表。之后组织全体成员参加的研讨会，对每个成果的内容、形式进行分析，并提出建设性意见。课题组成员根据会上形成的结论修改、完善各项成果，确保成果的全面性、逻辑性、创新性和实用性。

样例 9-2

课题组梳理的各类型研究成果

成果类型	样例	说明
研究报告		教师在课题研究结束后，系统整理研究过程、方法、数据和结论，撰写规范的研究报告。报告应具备清晰的结构，涵盖相关的主要组成部分。完成后可用于校内交流或提交上级部门，作为课题结题的重要依据
论文		教师在科研过程中收集整理研究资料，分析相关数据和成果，撰写规范的学术论文。论文应逻辑严谨、数据准确，并符合学术写作规范。争取在相关领域的期刊上发表，发表时可注明论文与课题的相关性，以提升课题的学术影响力
教学设计		教师根据课题研究成果，设计相关的教学方案或课程活动。教学设计应突出课题的创新点和实践价值，明确教学目标、活动步骤和评估方式等。完成后可用于实际教学，并与其他教师分享，推广课题的应用成果
教材		教师将课题研究的核心内容系统化，编写成教材或教学资源。教材应结合实际案例和应用场景，便于学生理解和掌握。完成后可用于课堂教学或作为校本教材，进一步扩大课题的影响力
案例集		教师可以将课题研究中的典型案例整理成案例集，案例集应包括背景、问题、解决方案和效果分析等，适合用于教学或推广。案例集应注重实用性和启发性，便于其他教师或学生参考和学习

续表

成果类型	样例	说明
学生作品		教师引导学生参与课题研究，指导学生完成与课题相关的作品。学生作品应体现创新性和实践性，教师可将其整理成集，作为课题成果的一部分，同时展示学生的成长和课题的实际应用价值
调研访谈资料		教师在课题研究过程中，通过问卷调查、访谈等方式收集相关数据和信息。调研访谈资料应整理成规范的文档，包括调研设计、访谈提纲、原始数据、分析结果等。这些资料是课题研究的重要依据，也可作为后续研究或教学案例的基础材料
过程性材料		教师在课题研究过程中，详细记录每个阶段的工作，包括会议记录、实验数据、调研过程、阶段性总结等。过程性材料是课题研究的重要支撑，可用于后续总结和反思，也为其他研究者提供参考。建议分类归档，便于查阅和管理
其他成果		教师可根据课题特点，整理其他形式的成果，如推广材料、媒体报道、获奖证书等。这些成果可以进一步展示课题的多样性和影响力，建议制作成电子版和纸质版，方便在不同场合使用

（三）践：课题组成员深入全面研讨，尝试撰写结题报告初稿

在梳理凝练研究成果的基础上，课题组需要深入全面研讨，尝试撰写结题报告。一般由课题负责人组织全体成员召开小组研讨，根据学校科研室提供的标准模板，明确结题报告的撰写的格式和要求。课题组成员围绕结题报告的各个部分，包括研问题提出、研究内容、研究方法与过程、研究成果、问题与讨论等，开展深入细致的讨论。其中问

题提出、研究内容部分与开题报告的内容基本一致，而研究方法与过程，尤其是研究成果部分是讨论的重点。课题负责人记录研讨的过程以及最后形成的结论。

会后，课题组负责人再次全面梳理研究的全过程，综合全组的意见，参考各阶段研究方案和结题报告撰写研讨会的会议纪要，撰写本课题的结题报告。在初稿完成后，课题负责人将完整的结题报告分发给每位课题组成员审阅和修改。课题组成员分别对报告，尤其是研究过程和研究成果部分，提出修改意见。负责人对这些意见进行汇总和分析，与课题组成员进行个别沟通，视需要再次召开全体参加的研讨会，对研究报告进行修改、补充、调整与完善。经过多次迭代与打磨，最终形成课题组结题报告的初稿。

在撰写研究报告的过程中，课题组成员应始终保持认真负责的态度，注重团队合作和相互支持，共同推动研究工作的顺利完成。同时，也要注重报告的实用性和可读性，确保研究成果能够为相关领域的研究和实践提供有益的参考和借鉴。

（四）研：课题负责人汇报，项目组针对各组成果的梳理与呈现进行指导

召开学校科研管理人员（包括科研副校长、科研主任、科研干事）、学校科研带头人、全体课题负责人（即被培训教师）参加的研讨会，课题负责人以结题论证的方式汇报本组的研究成果，科研管理人员和科研带头人聆听并进行问询，给出建设性意见。

教师在梳理成果时常见问题包括以下几点。

1. 研究成果整理不充分

很多教师对研究成果的内涵和外延理解不到位，认为研究成果指的是结题报告和论文，忽视了对其他研究成果，尤其是研究过程中产生的成果的梳理、总结和呈现，会导致大量实践中的创新方法和工具、教育教学案例、学生作品、教学改进策略等宝贵资源被遗漏。而这些成果同样具有重要的学术价值和实践意义，如果不能得到充分的凝练和展示，必然会低估整个课题研究的综合价值。

通过培训和学习，教师应对研究成果的多样性有充分的认识，重视每一类成果的独特价值和贡献。在课题启动之初，应以研究方案和计划的方式明确研究成果的多元化含义，对研究可能产生的各类成果进行规划，并确定责任人，以便在研究过程中有意识地、有针对性地、及时地进行记录和收集。课题进入结题阶段时，应视研究特点对分类存储的各个类型的过程性资料进行全面整理和分析。除结题报告和著作、论文外，调查报告、教育教学设计、案例、反思等文本类成果，研究产生的各类管理制度，研发的量表、工具、软件、资源库、平台、专利等技术性成果，以及学校、教师、学生发展和成长类的成果，都应该在梳理的范围内。

2. 研究成果呈现方式不恰当

不同类型的研究成果有其自身的特点和展示的难点，如果呈现方式不符合学术规范或缺少表现力，信息传递效果不佳，往往会降低研究成果的展示性和吸引力，减少其被

传播和应用的机会。如报告、论文中仅罗列数据和文字，可能会让读者感到枯燥无味；如自主研发的教学工具或平台，若未能充分展示其操作便捷性和功能实用性，容易影响其价值认可度和被推广的可能性。

教师需要特别注重成果的深度挖掘、有效梳理和精心呈现。对于文本类成果，除深入分析数据背后的教育现象，提炼出有价值的观点，还应在表达上遵循学术规范，使用专业术语，注重排版设计，合理利用图表、图片等视觉元素，提高信息的直观性和阅读体验。对于研究中形成的制度类成果，不但要条理系统地描述制度本身，还应清晰地阐述其制定的背景、目的和意义，实施策略和注意事项，以及实施后的预期效果，帮助受众理解其制定的必要性和执行的可行性。技术类成果在展示时应突出其创新点、操作便捷性和功能实用性，通过配备产品说明书、操作手册以及现场演示等方式，直观展现其应用价值。成长类成果除了用数据体现学校、教师、学生通过研究实践实现的提升外，还应深入挖掘成长背后的育人理念、教学方法和师生成长故事，还可以通过访谈、纪录片、作品等形式，生动展现个体或群体的成长轨迹和变化。

3. 结题报告结构和格式不规范

作为标准文本，结题报告有其确定的结构要求和格式规范。但很多教师在撰写结题报告时，经常出现不按照规定结构撰写，人为增加或者减少模块、对报告各个组成部分的内涵理解不到位导致书写内容与标题不符、各部分内容之间缺乏紧密联系和衔接等情况，导致报告逻辑不清晰，内容杂乱无章，难以形成有效的信息传递。另一个不规范常表现在排版、字体、标题设置、目录编制、文献引用等方面存在诸多问题，影响阅读体验的同时也降低了报告的专业性。

不同的机构结题报告的格式和要求不尽相同，教师在动笔前一定要弄清楚负责收缴和评审的部门对结题报告的具体要求是什么，不随意增减和改变，严格按照标准去撰写。应事先设计好整体框架，明确各部分之间的逻辑关系，应注重段落之间的过渡和衔接，确保各部分内容之间形成有机的联系。还可以借助一些专业的排版软件或工具，确保报告在结构、排版、字体字号、标题设置、参考文献等方面符合学术规范，提高报告的排版质量和可读性。

4. 结题报告的内容重点不突出

开题报告侧重对研究背景、目的意义、文献综述、研究审计的阐释，很多教师在撰写结题报告时直接复制了开题报告中的相关内容，导致报告的前半部分内容过多。而在描述研究过程时，对使用了哪些研究方法，开展了哪些调研、访谈、实验，以及具体是如何开展的，获得了哪些研究数据缺乏具体的阐述，内容空洞，缺乏案例支撑，导致结论的得出突兀跳脱，缺少依据。很多教师在研究成果部分简单、直接地罗列了成果的名称，缺少对成果内涵、内容、创新性的陈述，降低了成果的价值性和可信度。

结题报告的重点是展示课题研究的实践过程、核心成果和结论，因此研究的背景、意义等部分要略写，主要笔墨用于对研究过程和研究成果成效的阐释。在撰写报告前，教师应重新审视课题的研究目标和内容，梳理解决核心问题的思路、方法和过程，列出研究的主要成果和创新点，明确报告的书写重心。可以使用流程图展示整体研究过程，并对照研究目标和内容逐一阐述重要研究步骤。应注重对各阶段产生的数据的分析和解读，使用统计分析方法揭示数据背后的教育现象和规律，并用图、表等方式直观呈现，使研究结论真实可信。在描述研究成果时，如前文所述，应根据不同类型的成果的特点进行展示，增强成果的价值性和可借鉴性。要突出研究成果和结论的创新点和独特性，可对比已有研究说明本研究的突破之处，通过案例、访谈等方式生动展示研究成果的实际应用效果。

（五）践：课题组修改完善，形成全面系统的研究成果

针对项目组提出的意见和建议，课题组开展深入讨论，直至形成最终的结题成果，包括结题报告和论文。

样例 9-3

"基于 iSmart 平台的中职英语听说课混合式教学模式实践研究"课题简介

【课题简介】本课题名称为"基于 iSmart 平台的中职英语听说课混合式教学模式实践研究"，区级课题，立项于 2020 年 11 月。课题负责人是丁沫，副高级教师，北京市优秀青年骨干教师，海淀区学科带头人及兼职教研员。主要成员由杨金静、林学征、何嘉乐、毕海涛、王媛媛、王惠、王玉辉七位英语教师组成。课题编号为 1896。课题组按研究设计开展研究实践并根据实际情况及时调整了研究计划和内容安排，如期完成了全部研究内容，达成了研究目标，并通过论文发表和各级交流等方式，进行了成果共享及推广。

（样例来源：丁沫老师课题组结题报告）

样例 9-4

"基于 iSmart 平台的中职英语听说课混合式教学模式实践研究"内容摘要

【内容摘要】本研究利用 iSmart 平台开展混合式教学模式的实践，对中职英语听说课教学模式进行了创新尝试。以文献研究为起点，梳理了 iSmart 平台功能和混合式教学模式的内涵和外延；结合 iSmart 平台功能与特点，按照听说课输入到输出的学习规律，结合中职学生特点，构建了混合式教学模式；

开发 iSmart 平台的功能，使用平台配套数字资源，完成了不同主题的教学设计，并开展了新模式下的英语听说课堂教学实践；通过分析平台数据反馈、问卷调查结果、前后测成绩、北京市水平测试的报告及口语考试成绩得出结论：基于 iSmart 平台的中职英语听说课混合式教学模式能够有效提升中职英语听说课的教学效果，提高教学质量。本研究对于改变目前中职英语听说课的教学现状提供了一个新的参考，为提高中职英语听说的教学和训练提出了一个新的视角和方法。

（样例来源：丁沫老师课题组结题报告）

样例 9-5

"基于 iSmart 平台的中职英语听说课混合式教学模式实践研究"研究过程

混合式教学模式的构建阶段（2021 年 6 月—2021 年 8 月）

（1）基于前人研究成果，结合英语听说规律，初步构建教学模式

国内外学者对混合式教学模式的研究已经非常成熟。混合式教学模式的核心内容是网络学习环境与面对面的课堂教学环境有机整合，强调以学生为主体与教师为主导的教学结构的混合，注重学生的自主学习和合作学习的融合，也是多种教学理论指导如建构主义、行为主义、功能主义等的结合。本研究以平台作为线上学习的载体，以课堂作为线下学习的场所，实现在线学习与传统教学的优势混合。

新课改下的中职英语教学中听是基础，说是听的提高和运用，听是吸收信息、说是表达和传递信息，将听和说结合，实现语言的交际和运用。根据语言学习规律，课前获取语言知识，课上应用语言知识，课后实践语言知识，通过此三个环节来提高英语听说能力。

基于以上两方面思考初步构建模型如图 9-4 所示。

（2）划分听说教学三环节，融入混合教学五要素，进一步完善教学模式

通过文献研究梳理出混合教学包括五大要素：学生、教师、网络技术、学习环境和线上线下资源整合方式。黄荣怀"三环节说"将混合教学分成前期分析、过程设计和教学评价三个步骤。基于以上两个方面的思考，本研究将学生线上自主学习与线下教师课堂引导有机整合，进一步融合五大要素，对其进行前期分析，将英语听说课混合式教学模式分为线上教学阶段、线下教学阶段、教学评价阶段（图 9-5）。

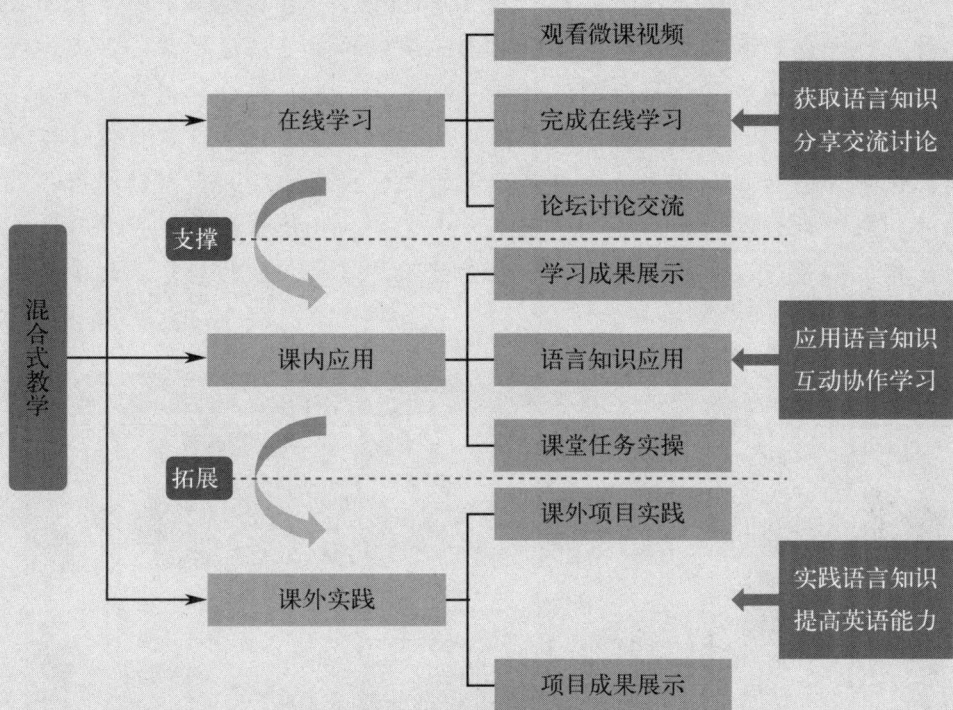

图 9-4　混合式教学模式雏形

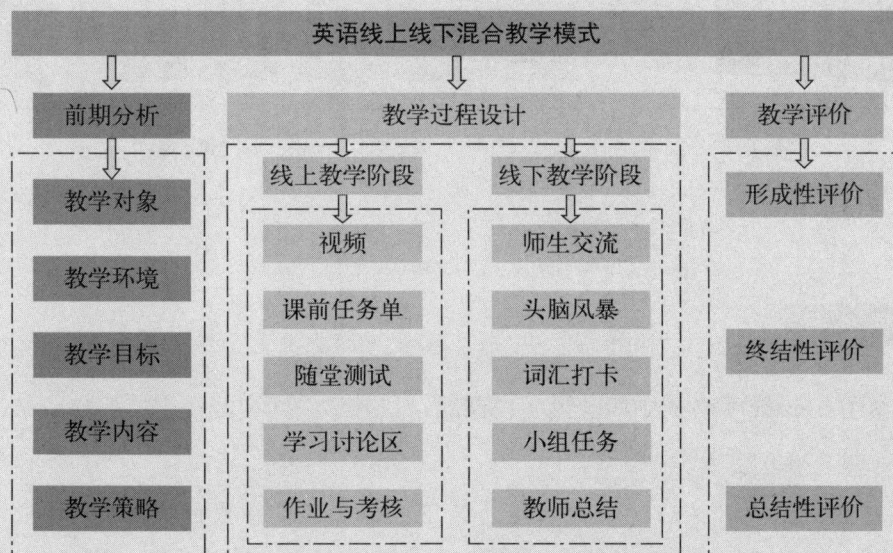

图 9-5　融入"三环节、五要素"的混合式教学模式

（3）挖掘 iSmart 平台功能，结合中职生学习特点，完成教学模式构建

在查阅大量文献资料的基础上，结合 iSmart 平台功能与中职学生学习风格特点，考虑影响学生在线学习的因素，学生的学习态度和需要以及学习评价，建立起新的基于该平台的混合学习框架。首先，充分分析学习内容，学习者以及要达到的学习目标。然后根据这些因素设计教学，课程设计贯穿课前、课中和课后三个部分，使用新设计的混合模式的指导。同时利用各种课内外材料设计教学。最后一个阶段是评价部分，就是根据学生的学习情况进行反馈，给予建议加强改善，提醒学生预习复习，完成作业，以此提高学习效率（图 9-6）。

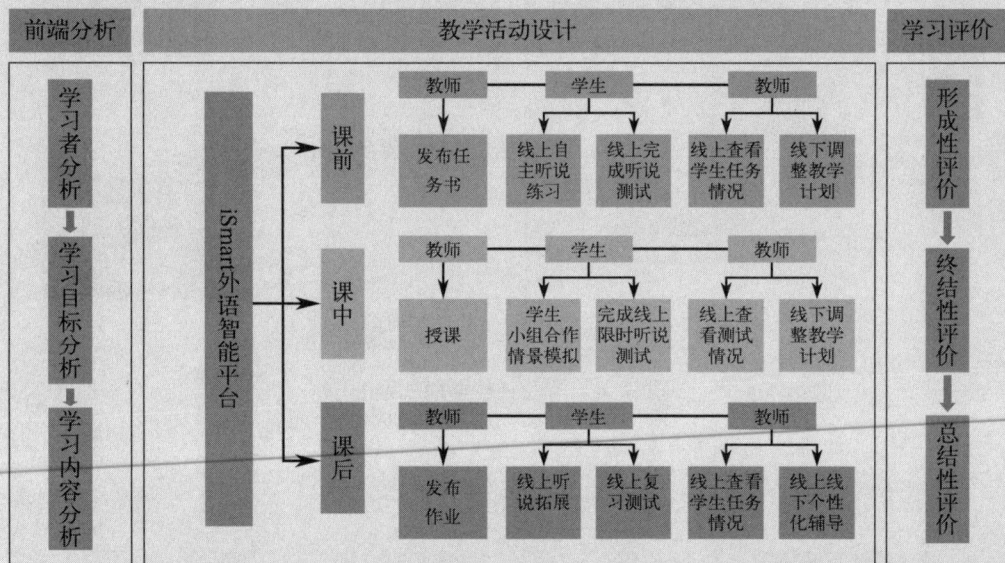

图 9-6　基于 iSmart 平台的中职英语听说课混合式教学模式

（样例来源：丁沫老师课题组结题报告）

样例 9-6

"基于 iSmart 平台的中职英语听说课混合式教学模式实践研究"研究成果

（一）具体成果

1.研究国内外文献资料，梳理总结了混合式教学模式的内涵和外延

通过查阅大量国内外文献，梳理不同学者对混合式教学的研究，总结其共性，可以得出混合式教学模式是一种将传统线下课堂教学与现代线上数字化教学有机结合的教育模式，其核心在于通过技术赋能和教育理念创新，实

现教学资源、教学方法和学习体验的最优整合，既发挥教师引导、启发、监控教学过程的主导作用，又充分体现学生作为学习过程主体的主动性、积极性与创造性。

从外延来说，涉及到教学流程、教学方法、教学资源以及教学评价等多个方面的混合与拓展。其中教学流程的混合包括：课前——通过线上学习，学生可以对新知识进行预习，并将学习过程中的疑难问题反馈给教师；课中——教师针对学生课前反馈的共性问题进行统一讲解，并采用多种形式检查学生对新知识的掌握情况。同时，线下课堂教学对于学生知识建构、话题讨论等依然发挥着核心作用；课后——教师可以布置不同难度的作业，让学生在线上进行拓展学习，并解答学生的疑问。这种教学流程的混合，使得教学更加高效和有针对性。

2. 改变了传统的英语听说教学模式，创建了新型混合式英语听说教学模式

基于已有研究成果，开展学习者分析、学习目标分析和学习内容分析，构建依托 iSmart 平台的，包含课前、课中、课后三阶段的，融合学生、教师、网络技术、学习环境和线上线下资源整合方式五要素的混合式英语听说教学模式。

课前教师发布任务书＋学生利用线上智能平台资源自主学习突破重难点知识；课中教师面授解决难点＋学生合作学习完成情境任务＋线上智能平台限时测试掌握学习内容；课后学生利用线上智能平台自主复习模式可以提高学生英语成绩和学习自主性。

3. 开展基于 iSmart 平台的混合式教学模式设计和实施，形成了教学案例集

为便于学生发展同一话题下的语言综合运用能力，根据《中职英语教学大纲》要求的主题，在教学中将国规教材《英语（基础模块 2）》原有的 10 个单元内容按照大纲话题整合为 8 个模块，并按照新构建的混合式教学模式开展了教学设计。课前教师在 iSmart 平台发布听说预习任务，学生观看微课并完成听读练习进行输入；课中教师针对学生反馈的问题进行重点讲解，同时利用平台的口语测评功能组织口语练习和小组对话活动，实时给予学生发音、语调等方面的指导；课后，借助平台布置多样化的听说巩固任务。

教学实践过程中，收集并整理了丰富的教学案例，形成了教学案例集。案例集涵盖了不同教学阶段的具体操作方法、学生的学习表现及效果分析等内容，为今后基于 iSmart 平台开展英语听说课教学提供了宝贵的参考，也为英语教学改革提供了有益的借鉴经验。

（二）研究效果

1. 基于 iSmart 平台的混合式教学模式提高了学生的知识水平

基于 iSmart 平台的混合式英语听说教学模式，实现课前课后线上的听说

学习和测试，课上在情境下对所学的语言知识进行演练，利用现代化的信息化手段，开展互动式教学，为学生营造轻松、愉快的学习氛围。学生听说能力的发展也使学生对语言知识有了更深的理解和记忆，并养成了用英语思维的习惯。

实验班学生的英语水平测试听力部分优秀率比传统教学的学生高 33 个百分点，口语通过率高 45 个百分点。

实验班的前测成绩平均值为 78.26，样本容量为 25，实验班后测成绩的平均值为 88.39，样本容量为 25，成绩提升了 10.13 分，经过配对样本 t 检验，发现 $t=-13.256$，$p=0.001 < 0.05$，实验班学生学习成绩明显的提高。

2. 基于 iSmart 平台的混合式教学环境大幅度提升了学生学习兴趣

基于 iSmart 平台的混合式英语听说教学模式既有传统课堂教学面对面沟通的优势，又有网络资源丰富、媒体形式多样、人工智能判断和数据及时反馈，可以实现"时时、处处、人人"个性化学习的长处，既注重教师的引导、启发和监控作用，又强调学生学习的主动性和自觉性，有助于学生学习兴趣、自主学习能力的提高和终身学习习惯的养成。

调研数据显示：实验班有 84% 的学生（对照班有 48% 的学生）认为目前的学习方法能吸引并保持注意力，实验班有 88% 的学生（对照班有 32% 的学生）认为激发了他的学习热情。说明基于 iSmart 平台的混合式教学模式，可以更好地进行情境模拟，能够激发学生探索、思考的兴趣。实验班有 76% 的学生（对照班有 36% 的学生）认为自己可以积极地参与教学互动；实验班有 64% 的学生（对照班有 20% 的学生）认为自己的自学能力提高了；实验班有 88% 的学生（对照班有 64% 的学生）认为自己的确学到了知识与技能。可以看出，实验班在学习方法、学习行为和学习效果三个维度的情况均好于传统教学模式。

（三）研究结论

基于 iSmart 平台的混合式教学模式优化了中职英语听说课的教与学的效果。

从定量的角度，通过分析平台数据反馈、问卷调查结果、前后测成绩、北京市水平测试的报告及口语考试成绩，发现实验班在成绩显著优于对照班，学生在知识水平、学习能力、学习兴趣等方面在原有的基础上都得到显著提升。

从定性的角度，混合式教学有利于学生的主动学习，协作交流，课堂教学气氛融洽，师生互动、生生互动得到充分体现，学生主动参与到学习过程中来，主动获取信息、探究体验、建构知识、灵活运用，有效地实现了教学目标，解决了学生"课下不开口、课上开不了口、课后口不开"的难题。进而有效提高英语听说教与学效果。

（样例来源：丁沫老师课题组结题报告）

（六）践：组织现场汇报，课题组完成结题论证

结题论证是课题研究的重要环节，现场汇报则是展示研究成果、接受专家评审的关键步骤。课题组需要精心准备汇报内容，确保现场汇报逻辑清晰、重点突出，并能够充分展示研究的学术价值和实践意义。

在准备阶段，课题组需要对照结题报告，精心制作 PPT。PPT 通常包括问题提出、研究内容、研究方法与过程、研究成果、问题与思考、主要成果等，其中第三和第四部分是汇报的重点。PPT 的文字内容应以关键词、短语或简短句子为主，且充分利用图表、图片、视频等视觉元素，增强信息传递的效果，整体效果应简洁大方，避免使用过于花哨的模板或动画效果，确保整体风格协调，体现学术性。除结题报告和 PPT 外，同时还应准备对研究过程和研究成果进行佐证的材料，如调研报告、教育教学案例、师生作品集、论文、制度汇编、专利、软件、平台及其他体现师生成长的图片、音视频材料等。

结题论证时，课题负责人应按照结题报告的结构，围绕研究的主要成果和创新点清晰、流畅、重点突出地汇报研究的核心内容，充分展示研究的学术价值和实践意义。汇报时应注意语速适中，语气自信，对结题报告的内容进行讲解、分析而非机械读稿、照本宣科。陈述完成后，认真倾听专家的提问和质询，保持开放和诚恳的态度，简洁、有针对性地回答每一个问题，有理有据地与专家进行沟通和交流，虚心接受专家的建议和指导，并客观、全面地进行记录。有效的互动不仅能加深评审专家对研究的理解，还能为课题组提供宝贵的反馈和改进方向。

评审结束后，课题组应认真整理评审专家的意见和建议，明确需要修改的内容和方向。之后讨论、分析专家的意见，根据需要对结题报告进行逐条修改，注意保持报告的逻辑性和一致性。修改完成后，课题组应对结题报告进行最终审阅，确保内容完整、逻辑清晰、格式规范。可以邀请课题组成员或专业人士进行交叉审阅，帮助发现并纠正潜在问题。最终定稿后，课题组应按照相关要求提交结题报告，完成结题论证的全部流程。

样例 9-7

"基于 OBE 理念的中职英语课程思政教学设计实践研究"结题汇报 PPT

"基于 OBE 理念的中职英语课程思政教学设计实践研究"课题是刘桢老师牵头的区级课题。此研究开发了中职英语课程思政元素指标及内涵表，构建了基于 OBE 理念的 EIIEP 中职英语课程思政教学模式，以《英语 1 基础模块》的教学实践为载体展开行动研究，完善了融入思政元素的教学评价指标，达成了预期目标。

课题组在完成结题报告的基础上深入研讨、多次完善，制作了 PPT 并完成了结题汇报。PPT 的内容从问题提出、研究背景阐述，到研究目标、内容、

"基于 OBE 理念的中职英语课程思政教学设计实践研究"结题汇报 PPT

过程及成果的依次呈现，层层递进、环环相扣。在研究过程板块，按照开题、研究、结题阶段逐步展开，每个阶段明确展示了关键任务和使用的研究方法，使观众能轻松跟随研究思路，全面了解课题推进过程，逻辑脉络清晰连贯，内容丰富全面。

PPT 中使用大量图表和动画来呈现复杂信息，增强直观性。在对比 EIIEP 教学模式与传统教学模式优势时，通过列表对比，清晰展示了两种模式在教学中心、导向、协同性和评价方式等方面的差异，让观众一目了然。在展示问卷和观察量表数据时，图表能直观反映学生在不同阶段思政水平的变化趋势，为研究结论提供有力支撑。文字内容简洁明了，避免冗长段落，重点内容突出显示，关键信息清晰可辨。

精美的 PPT 辅以刘祯老师过硬的专业素养、清晰流畅的表达，结题汇报获得评审专家一致好评，课题被评为优秀结题。扫描下方二维码可观看 PPT 的具体内容。

（样例来源：刘祯老师课题组结题汇报 PPT）

三、教师成果呈现能力的阶段性成果

（一）结题报告结构框架

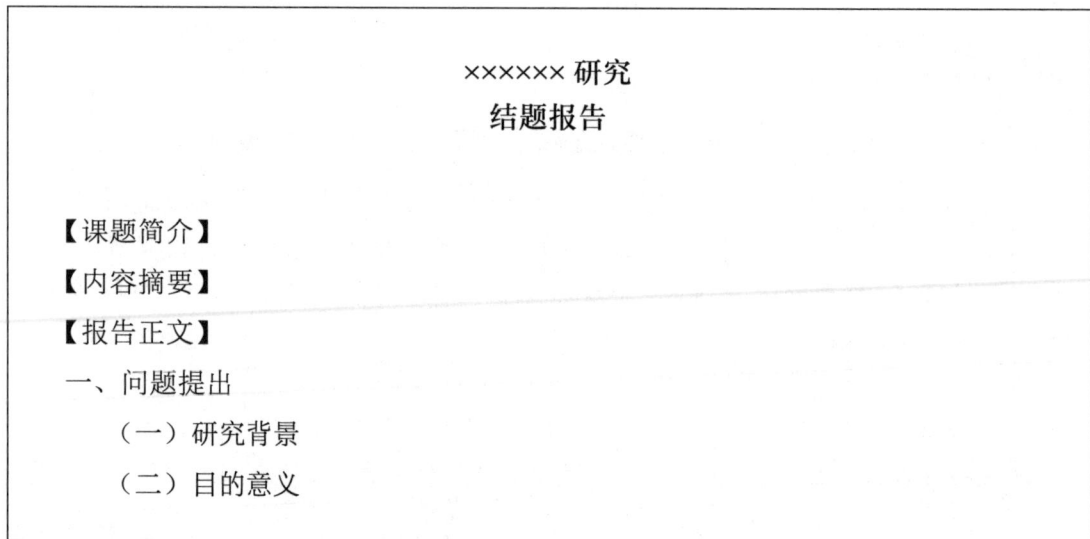

×××××× 研究
结题报告

【课题简介】
【内容摘要】
【报告正文】
一、问题提出
（一）研究背景
（二）目的意义

（三）文献综述

二、研究内容

（一）概念界定

（二）研究理论依据

（三）研究对象

（四）研究目标

（五）研究主要内容

三、研究方法与过程

（一）研究方法

（二）研究过程

四、研究成果

（一）具体成果

（二）研究效果

（三）研究结论

五、问题与思考

六、主要成果

参考文献

（二）论文结构框架

论文标题

[摘要]

[关键词]

引言 / 前言—写作意图

正文

一、提出问题—论点

二、分析问题—论据和论证

三、解决问题—论证方法与步骤

四、结论

参考文献

（三）结题及论证阶段任务梳理

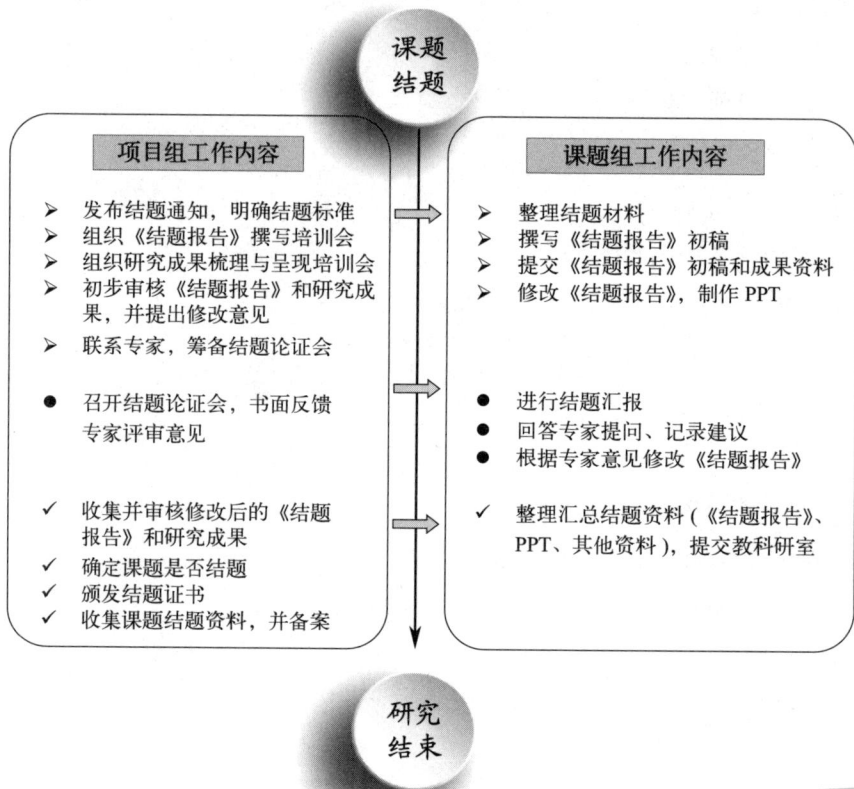

课题结题

项目组工作内容

➤ 发布结题通知，明确结题标准
➤ 组织《结题报告》撰写培训会
➤ 组织研究成果梳理与呈现培训会
➤ 初步审核《结题报告》和研究成果，并提出修改意见
➤ 联系专家，筹备结题论证会

● 召开结题论证会，书面反馈专家评审意见

✓ 收集并审核修改后的《结题报告》和研究成果
✓ 确定课题是否结题
✓ 颁发结题证书
✓ 收集课题结题资料，并备案

课题组工作内容

➤ 整理结题材料
➤ 撰写《结题报告》初稿
➤ 提交《结题报告》初稿和成果资料
➤ 修改《结题报告》，制作PPT

● 进行结题汇报
● 回答专家提问、记录建议
● 根据专家意见修改《结题报告》

✓ 整理汇总结题资料（《结题报告》、PPT、其他资料），提交教科研室

研究结束

（四）结题报告范例

见附件10

第十章

如何评价教师课题研究能力培养效果

系统的反馈是学习型组织的核心。没有反馈，就没有学习；没有评价，就没有进步。

——（美）彼得·圣吉

评价能够为被评价对象提供多维度、全方位的反馈，是保障项目质量的有力抓手。在教师培养过程中，严格的评价体系是保障教师培养质量的核心。从培训课程的设置合理性、培训方法的有效性，到教师在培训后的知识与技能提升程度，评估都能全面把关。评估过程能促使教师学习课题研究的方法、理论等知识，在实践中不断尝试和改进，从而提升研究能力。此外，评估能激发教师参与课题研究的积极性，当教师在项目评估中获得认可，如在教学、班级管理、课题研究方面取得成绩、提升能力，会激发他们参与后续培训与自我提升的热情。评估还可促进学校形成良好的研究氛围，加强教师之间的交流与合作，激励更多教师主动投入到教育教学研究与创新中，提升教育教学水平、促进教师专业发展、推动学校发展。

一、基于柯氏模型构建教师课题研究能力评价模型

评价是指依据明确的目标，按照一定的标准，采用科学的方法，对事物的价值、状态、成效等方面进行判断、分析和评估的过程。能力评价是对个体在知识、技能、态度等多方面水平的综合衡量。而课题研究能力的评价是指对教师在提出研究问题、设计研究方案、收集与分析数据、撰写研究报告等一系列课题研究过程中所展现出的能力进行评估。课题研究能力评价是个长期的过程，可分为诊断性评价、形成性评价和终结性评价，覆盖教师课题研究能力培养实施过程的前、中、后各个阶段。

柯克帕特里克培训评估模型（以下简称"柯氏评估模型"）从反应、知识技能掌握、行为改变以及实际效益产出四个层级进行评估，构建了一个全面且系统的评估体系，提供多元化的评估方式，能够满足客观、全面、科学、深入地评价中职教师的课题研究能力的现实需求，确保评估结果的客观性和准确性。此外，柯氏评估模型聚焦于通过对培训效果的深入评估，发现培训过程中存在的问题，有助于此优化中职教师课题研究能力的培训内容与方法，提升培训效果。

（一）选择柯氏四级模型，确定评估依据

柯氏评估模型（Kirkpatrick Evaluating Model）（图 10-1）是由唐·柯克帕特里克（Donald L. Kirkpatrick）于 1959 年提出的评估模型，故称为柯氏评估模型，也叫四级评估模型。

柯克帕特里克将培训效果分为 4 个递进的层次：反应层、学习层、行为层、结果层，并提出在这四个层次上对培训效果进行评估，以下是该模型的主要内容。

1. 反应层评估

反应评估是指受训人员对培训项目的印象如何，反应层评估主要是在培训项目结束时，通过问卷调查来收集受训人员对于培训项目的效果和有用性的反应。这个层次的评

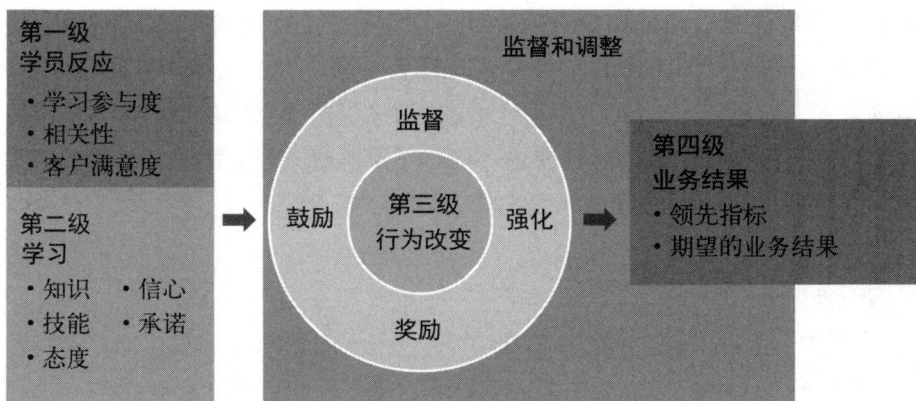

图 10-1 柯氏评估模型图

估可以作为改进培训内容、培训方式、教学进度等方面的建议或综合评估的参考。

2. 学习层评估

学习评估是目前最常见，也是最常用到的一种评价方式。它是测量受训人员对原理、技能、态度等培训内容的理解和掌握程度。培训组织者可以通过书面考试、操作测试等方法来了解受训人员在培训前后，知识以及技能的掌握方面有多大程度的提高。

3. 行为层评估

行为的评估指在培训结束后的一段时间里，由受训人员的上级、同事、下属或者客户观察他们的行为在培训前后是否发生变化，是否在工作中运用了培训中学到的知识。通常需要借助于一系列的评估表来考察受训人员培训后在实际工作中行为的变化，以判断所学知识、技能对实际工作的影响。行为层是考查培训效果的最重要的指标。

4. 结果层评估

结果的评估即判断培训是否能给企业的经营成果带来具体而直接的贡献。结果层评估可以通过一系列指标来衡量。通过对这些指标的分析，管理层能够了解培训所带来的收益。

柯氏四层评估模型从反应、学习、行为、结果四个层面，为培训效果评估提供了清晰且系统的框架。它与课题研究能力培养的阶段性及目标性高度契合，能全面、动态地覆盖课题研究能力培养实施过程的前、中、后各个阶段，实现对中职教师课题研究能力培养的有效评估与持续改进。鉴于此，选用柯氏评估模型作为理论依据，构建课题研究能力评估模型。

（二）聚焦课题研究能力，形成评估内容

柯氏四层评估模型设计之初主要应用于管理人员培训，后在企业培训和教育培训等

领域也被广泛应用，对培训成果进行的科学评估取得了良好效果。本项目中，借鉴柯氏评估模型的框架，针对中职教师的自身特点，结合8项能力的培训内容和"训·研·践"耦合的培训方式，对反应层、学习层、行为层和结果层四个层次的评估内容和手段进行了具体设计，四个层级相互关联、层层递进，构建了课题研究能力培养评估模型（图10-2），确保全面、系统地评估中职教师课题研究能力的培养效果。

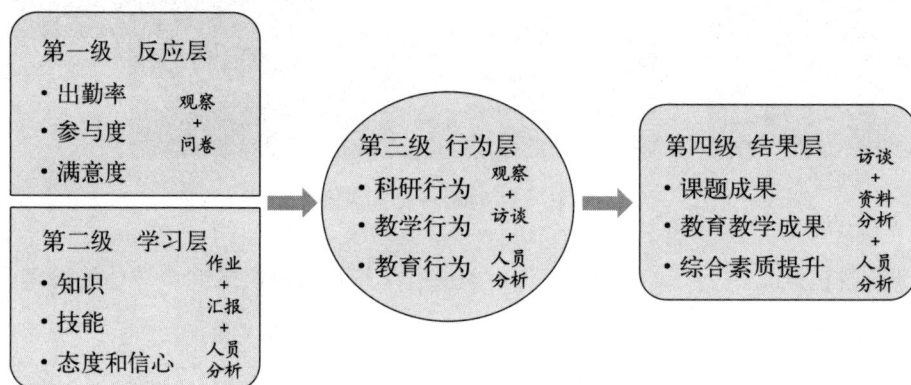

图10-2 "训·研·践"耦合式课题研究能力培养四级评估模型

1. 反应层

在培训进行的过程中及培训结束时，通过观察参训教师的现场反应，开展出勤率、参与度和满意度调查，进行个别访谈等方式，收集与培训人员、内容、方法、过程等方面相关的数据，形成过程性评价资源，并通过对数据的分析得出反应层的评估结论。

2. 学习层

在完成一个培训专题后，通过分析参训教师现场表现、评估基于8门课程的各专题完成的任务质量、分析各阶段汇报（包括选题、文献综述、研究目标与内容、研究方法使用设计、研究数据整理分析、研究成果梳理与呈现，以及开题、中检和结题汇报）的质量等方式，对参训教师知识、技能、态度或信心等方面进行评价，得出学习层的评估结论。

3. 行为层

在培训进行过程中至培训结束一年左右，观察和记录参训教师在课堂教学、班级管理、课题研究三个重要工作领域的表现，访谈与其合作的教师及管理人员，分析参训教师将培训中习得的知识和技能进行应用和转化的程度，分析参训教师在工作中行为方式的改善程度（包括参训教师的教学能力、班级管理能力和课题研究能力等情况），得出行为层的评估结论。

4. 结果层

培训结束后一到三年内，从教育、教学、科研等相关部门收集资料和数据，重点包括所教学生综合素质的提升、参训教师本人综合素质的提升、取得的教育教学成果、取得的课题研究成果等，分析培训为参训教师和学校带来的成果和作用，得出结果层的评估结论。

二、运用四级评估模型，开展教师课题研究能力评估

在完成中职教师课题研究能力的全流程培训后，基于"训·研·践"耦合式课题研究能力培养四级评估模型，从反应层、学习层、行为层和结果层四个方面对中职教师的课题研究能力进行评估，得出评估结论。

（一）调查教师参与度与满意度，进行反应层评价

1.制作相关工具量表，了解教师参与度与满意度

在开展中职教师课题研究能力培养的过程中，项目组基于课题研究的各个环节开展了近 30 次的系列专家讲座，包含课题选题、课题申报、开题报告撰写、信息检索与文献综述、教育理论与模型、课题研究设计、研究方法的使用、数据的收集与整理、科研论文撰写、结题报告撰写、研究成果的梳理与呈现等，覆盖课题研究全流程。此外，项目组还组织开展了基于课题研究全流程的专题研讨活动 60 余次。在这些研讨活动中，项目组对课题研究全流程进行详细且有针对性的指导。为了解参训教师反应层的表现情况，项目组在培训前设计制作了培训项目签到表、参与度观察量表和满意度调查问卷。针对每一次专家讲座和专题研讨，项目组做好组织参训教师签到、进行参与度观察和组织参训教师填写"满意度调查问卷"等工作，从出勤率、参与度和满意度三个维度进行数据收集、分析，了解教师课题研究能力反应层变化情况。

样例 10-1

参训教师参加结题报告专家讲座的反应层评价

项目组开展了两次结题报告撰写的专家讲座，以引领参训教师学习如何正确、高效撰写结题报告。在专家讲座前、中、后三个阶段，项目组做好组织参训教师签到、观察参训教师参与培训情况和专家讲座活动满意度调查工作，收集数据和资料，形成过程性评价资源。培训后，通过分析专家讲座的出勤率、参与度和满意度三个方面的过程性资料和数据（表10-1、表10-2），得出反应层的评价结果。

表10-1 "结题报告的撰写"专题讲座参与度观察结果

统计视角	观察点	等级			
		A 非常好	B 较好	C 一般	D 未完成
倾听	参训教师倾听专家讲课情况	9	/	/	/
互动	参训教师参与回答问题情况	8	1	/	/
自主	参训教师质疑、提出问题和解决问题情况	8	1	/	/
达成	参训教师教学目标达成度	9	/	/	/

表10-2 "结题报告的撰写"专题讲座满意度问卷调查统计结果

题目	选项A	占比	选项B	占比	选项C	占比
1. 您对讲座的组织形式是否满意？	满意	100%	一般	0%	不满意	0%
2. 您对专家的内容安排是否满意？	满意	100%	一般	0%	不满意	0%
3. 您对专家的教学组织是否满意？	满意	100%	一般	0%	不满意	0%
4. 您对专家的表达是否满意？	满意	100%	一般	0%	不满意	0%
5. 您对本次讲座是否有收获？	很多收获	100%	有点收获	0%	无收获	0%
6. 您对自己如期结题是否有信心？	非常自信	90%	比较自信	10%	不自信	0%

通过数据分析可以看出：两次专家讲座参训教师的出勤率均为100%。参与度观察数据显示教师认真倾听、积极与专家互动，主动向专家提出问题，达到培训目的。在"满意度调查问卷"调查中，参训教师反馈对讲座形式、内容、专家表达等非常满意，且增强了撰写结题报告的信心，为撰写结题报告打好了知识基础。

（样例来源：项目组评价实施资料）

2. 分析相关数据和资料，得出反应层评价结论

在中职教师课题研究能力培养的全过程中，针对系列专家讲座和专题研讨，项目组收集过程性数据和资料并进行分析，得出课题研究能力培养反应层评价结论。

出勤率：在系列专家讲座和专题研讨中，参训教师的出勤率达到90%。除去生病或公假原因外，参训教师积极参加每一次专题活动，保证了较高的出勤率。良好的出勤率是实现培训效果的保障。

参与度：通过对系列活动的参与度观察，发现参训教师的倾听情况理想，全程学习气氛好；面对专家和项目组的提问，参训教师表现积极，全部都做出了普遍性呼应；参训教师对专家和项目组提出的问题积极思考，认真回答。此外，参训教师还结合自身的课题研究实际，向专家和项目组提出实际问题，寻找解决方案。参训教师在专家讲座和专题研讨活动中整体参与度较高。

满意度：通过系列活动的满意度调查问卷分析发现，参训教师对于专家讲座和专题研讨的组织形式、内容安排、专家的表达和研讨活动的设计与开展都非常满意，满意度达到95%。参训教师普遍认为通过专家讲座和专题研讨活动，系统、详细地学习了课题研究全流程的专业知识，以及各个研究阶段的注意事项，为开展课题研究打好了知识基础，获益良多。

通过反应层评估发现参训教师对于专题讲座和专题培训均具有较高的积极性、参与度，和满意度。同时，通过调查了解培训实施中组织的不足，如在教育理论与模型的专家讲座和专题研讨后，参训教师反应对理论的学习和了解还不够全面和深刻，基于此，项目组又安排了后续讲座和学习活动，带领参训教师继续深入学习，夯实学习效果。整个项目的系列培训活动为后续的学习层、行为层和结果层评价活动的开展打好了基础。

（二）考察教师知识与能力掌握情况，进行学习层评价

1. 制作反馈表和分析表，了解教师知识和技能变化

项目组制作"学习情况反馈表"，一般在每个专题培训后一个月内，通过"问卷星"向参训教师发放，收集他们在专家讲座、专题研讨、科研培训教材学习等活动中的学习收获，并通过数据分析，了解他们对培训知识的掌握情况。项目组面向参训教师布置作业，通过分析作业完成情况，了解他们对知识的掌握情况，检验学习效果。项目组根据各项专题培训内容和课题研究实践，定期召开阶段汇报活动。在汇报活动中，项目组根据设计制作的"参训教师汇报效果分析表"的内容，对教师的汇报资料进行收集与整理，并进行质量分析，研判参训教师对知识的掌握情况，以及基于所学知识在课题研究中的技能提升情况。项目组还收集其他过程性资料，如读书笔记、培训体会等，了解教师课题研究能力学习层变化情况。

样例 10-2

《课题研究成果及时间表》助力参训教师梳理研究成果

在各个课题进行研究成果梳理、凝练之初，参训教师对研究成果的内涵认识不够深入，对成果形式的了解不够全面，认为课题的研究成果主要是结题报告和论文，忽视了其他类型的研究成果。

为帮助参训教师全面、按时、有效梳理各种形式的研究成果，项目组设计制作了《课题研究成果及时间表》，助力参训教师做好计划，并有序推进各项成果的梳理进度，最终形成研究成果。

丁沫老师的课题为"基于 iSmart 平台的中职英语听说课混合式教学模式实践研究"。通过项目组的系列专题培训，丁老师掌握了课题研究成果的多种形式，以及每一种形式的成果应如何梳理和呈现。有了相关知识的基础，丁老师基于课题研究的实际情况，带领课题组老师梳理出研究成果的种类和内容，在《课题研究成果及时间表》中进行梳理。课题的研究成果包含结题报告，基于 iSmart 平台的中职英语听说课混合式教学模式图，《英语基础模块2》8 个主题模块下的听说课教学设计，区级研究课、科研课题研究课及比赛录像和论文成果集等。课题组先是经过研讨，初步确定了各项成果的体现形式和完成的时间节点。之后，在专题研讨中，丁老师进行了汇报。项目组根据课题研究时间以及各项研究成果之间的逻辑关系，帮助参训教师进行了调整。研讨后，丁老师与课题组再次开展讨论，确定了各项成果的名称、形式以及推进的各个时间节点的具体任务。课题组根据表格中的安排，有序推进，最终形成了形式多样、内容丰富的研究成果。

参训教师通过填写《课题研究成果及时间表》学习并实践研究成果梳理的方式方法，提升了计划制定和实施能力，并为结题报告的撰写和结题汇报做好了充分准备（表 10-3）。

表 10-3　课题研究成果及时间表（部分）

	成果名称	体现形式	最终完成时间	节点 1		节点 2		节点 3		节点 4	
1	基于 iSmart 平台的中职英语听说课混合式教学模式实践研究结题报告	纸质打印	2022.10	2021.12	完成报告框架	2022.02	完成报告初稿	2022.05	完成报告修改稿	2022.10	完成报告终稿

续表

	成果名称	体现形式	最终完成时间	节点1		节点2		节点3		节点4	
2	基于iSmart平台的混合式教学模式图	电子样张	2021.08	2021.06	确定混合式教学模式框架	2021.07	完成教学模式图初稿	2021.08	完成教学模式图终稿	—	—
3	《英语基础模块2》8个主题模块下的听说课教学设计	教学设计及教案纸质打印	2022.09	2021.09	分工讨论并确定听说课设计框架	2021.10	完成教学设计初稿并开展课教学实践	2022.03	完成教学设计修改稿	2022.09	完成教学设计终稿，整理配套电子资源

（样例来源：丁沫老师课题组研究成果梳理资料）

样例10-3

正确使用教育理论助力参训教师撰写高质量结题报告

中职教师在撰写结题报告时经常遇到各种困惑，其中如何运用教育理论是一个突出的问题。一线教师在撰写开题报告时会选择2~3个教育理论作为课题研究的依据，但在正确、规范运用教育理论时经常出现理论和研究"两张皮"的现象。为避免这样的问题出现，项目组开展了一系列的专家讲座和专题研究活动，带领参训教师学习理论、选对理论、用好理论。经过学习、研讨与实践，参训教师在研究中能够正确使用教育理论，真正发挥了理论的支撑作用。

王秀雅老师的《CBI理念在中职商务英语专业阅读教学中的应用研究结题报告》充分印证了培训效果。课题聚焦中职商英专业英语阅读教学，经过学习、文献阅读和专题研讨，王老师选用了CBI理念作为理论依据。在研究设计与实施中，课题组首先基于CBI理念与基本原则，以学科知识为中心，梳理总结商务类别与主题（表10-4）；其次，结合教学内容和商务类别与主题，确定CBI理念指导下的英语阅读教学商务主题教学资源，形成商务英语阅读学习手册（图10-3）；接下来，以CBI主题模式与"6T"教学法为依据，结合教学要求和学生特点，构建"基于CBI理念的商务英语阅读教学模式"

（图 10-4），形成课题研究的主要成果，并基于模式形成体现 CBI 理念的商英专业英语阅读教学设计；经过三轮行动研究的实践，完善教学模式，打磨教学设计，开展观察和问卷调查，进行数据对比，验证教学模式实施的有效性。研究结果显示 CBI 教学使得学生的英语阅读能力、学习兴趣、学习意识得到显著提升，提高了教学效果。

表 10-4　商务主题的梳理与总结

Topics for Business English		6 大商务内容包含 12 个商务专业主题	
社交 Social	Socializing with clients 与客户社交（注重商务场合交流、沟通技巧等）	会议 Meeting	Arranging meetings 安排会议（会议议程表，提出建议，表达同意等）
	Making travel arrangements 商务旅行全套安排（预订，登记酒店，询问信息，学习旅行规则等）		Answering the telephone 接听电话（职业化的接听，转接，留言，会议相关）
演讲 Presentations	Introducing the product 介绍产品（组织演示，介绍你自己，连接短语和动词等）	通讯 Correspondence	Dealing with orders 处理网络定单（发出、查询、回复、确认常用短语）
	Describing your company 描述你的公司（获得观众的注意，强调，描述趋势等）		Making deals 电子交易（阅读销售报告，描述变化，理解、阅读合同等）
谈判 Negotiating	Business negotiation with clients 和客户建立合作关系（商务谈判中的表达，提供和询问想法，道歉等）	领导与管理 Leader management	Talking about staffing 谈谈雇员（形容人物，谈论问题，表达义务，讨论员工等）
	Closing deals 达成交易（讨价还价的语言，获得回应，学习打断，提出建议等）		Being a leader 当好一名领导（谈论有关做事动机，提供帮助，谈论领导能力）

图 10-3　参训教师基于不同主题形成的商务英语阅读学习手册（部分）

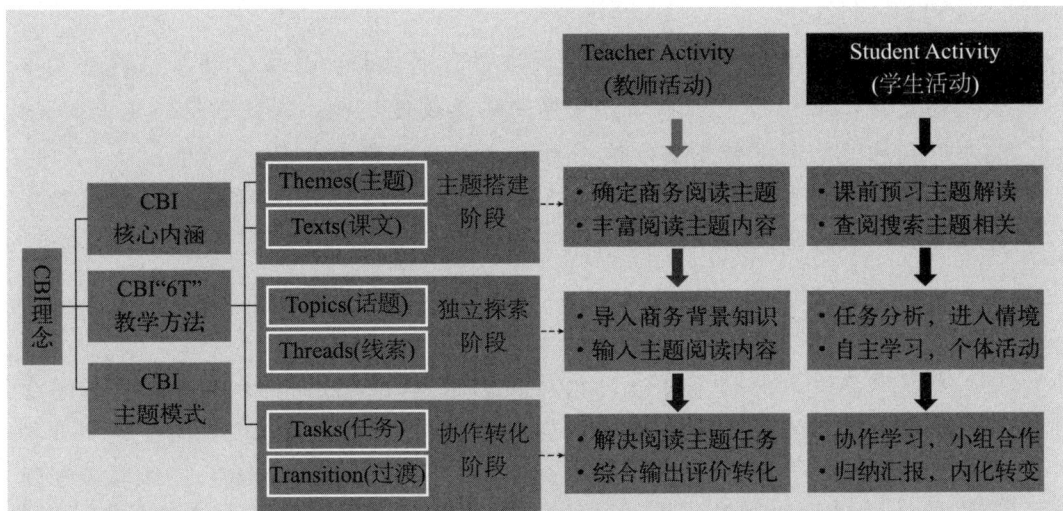

图 10-4　基于 CBI 理念的商务英语阅读教学模式

在结题评审会上，评审专家对王秀雅老师的结题报告给予了高度评价。专家一致认为结题报告理论框架明确、结构完整、层次清晰、内容详实、科学规范，研究成果具有较高的推广应用价值，尤其是教育理论选择适恰，使用规范合理，为研究的设计和实践提供了扎实的科学依据，整个结题报告质量较高。

王老师的结题报告质量充分证明了参训教师通过系列培训掌握了结题报告的要素和撰写注意事项，并通过实践显著提升了撰写结题报告的能力。

（样例来源：王秀雅老师课题组结题资料）

样例 10-4

培训项目大大提升了参训教师的科研动力和自信心

在整个的培训过程中，我慢慢接触到真正的教科研思路和思维，掌握了课题进展的流程，第一次完成了申报书的撰写，学习了文献综述的前期中期及后期的各项工作（这个得慢慢消化，不是一蹴而就的事），跟着专家实操了 CNKI 的文献搜索和 SPSS 问卷的设计及统计，接触了几个实用的理论依据，观摩了本校多个市级及区级优秀课题的结题汇报展示，理解了关键内容的涵义和撰写注意事项，比如研究背景、研究目的、研究意义、概念界定、理论依据、研究目标、研究内容、研究方法、研究过程流程图的使用和制作、预期研究成果等。

在期中考试之后的家长会上，我对所有家长和学生做了动员，取得了家长们的支持，共同为学生职业责任感的培养创造环境。家校联动，携手前进，这个课题才能顺利进行下去，这个研究才能真正有意义。

有了领导们和同事们的倾力相助，我们科研种子教师都充满信心，踏实走在教科研的大道上。

（样例来源：王玉辉老师项目培训体会）

我深深感受到科研领导每一次对我们课题的深入剖析和细致辅导，感受到他们对我们每一位科研种子的上心和用心，即使周末休息时间，仍然帮助我们查阅每一本书、每一份资料，在微信群里共同讨论探究，对我们结题报告的种种问题细细斟酌，答疑解惑。他们的坚持和用心一直陪伴我们成长。他们就像我们的大家长，为我们操心，一直不断地帮助我们、支持我们、鼓励着我们。每一次学习、每一份任务、每一个要求都着实鞭策我，让我拥有难得的成长体验，坚定了我的学习毅力，养成了我的包容心态，增强了我的研究信心。

非常幸运能在科研种子这个幸福温暖的大家庭里，和大家一起学习，一起前行。每一位科研专家和领导都给予了我们极大的力量和帮助。种子老师们之间也是互帮互助，一起查找资料、分析课题、研究文献、理清思路，让我真正感受到教育科研是具有生命活力的课堂，感染我全身心投入其中，促使我不断地把教育科研的先进理念和日常教育教学融合在一起，扎实学习，不断进步。教育科研，因为热爱，所以坚持。

（样例来源：王秀雅老师项目培训体会）

2. 分析相关数据和资料，得出学习层评价结论

在科研项目实施过程中，通过分析反馈表、作业质量、课题阶段汇报情况，以及其他资料，得出课题研究能力培养学习层评价结论。

知识方面：整个项目实施过程中，项目组在每次专家讲座、专题培训和科研培训教材学习后发放"学习情况反馈表"，反馈表的有效回收率达到90%；每次活动后布置培训作业，作业提交率达到92%，除特殊原因外，参训教师均能够积极填写反馈表、完成作业。通过对反馈表的数据分析，发现参训教师从专家讲座的内容中学习和丰富了科研专题知识，其中收获最为显著的是通过文献综述撰写、研究理论选择与使用的专家讲座，参训教师学习了相关知识以及注意事项，形成了系统、科学的知识储备；通过作业完成的资料分析发现参训教师的作业准确率较高，达到95%，体现了较为理想的学习效果；在专题研讨过程中，参训教师能够将所学知识应用到研究实际中，并准确阐述，体现了较好的学习效果；在科研培训教材学习中，参训教师根据项目组提供的教材进行自学与思考，作为专家讲座的有益补充，完善科研知识结构，为后续学习和研究打好了基础。

技能方面： 在学习科研知识的基础上，项目组组织参训学员基于课题研究与实践进行课题阶段汇报，并记录"汇报效果分析表"。通过资料分析，可以看出参训学员在从选题到研究成果梳理与呈现的各个阶段都能够将所学的知识合理地运用到课题研究的各个环节，且在项目组给出的阶段汇报专家指导意见后，能够进行调整和完善，确保课题研究的科学性和规范性。经过课题研究全流程的培训，参训教师较好地掌握了课题研究的各项技能，其中文献综述撰写、研究理论的选择与应用、研究成果的梳理与呈现等几方面的能力提升明显。

态度和信心方面： 从"学习情况反馈表"和培训作业质量可以看出，参训教师表现积极、主动，完成度较高；在阶段性汇报时，他们自信、积极，能够主动和项目组进行沟通与交流；在科研培训教材学习和读书交流等活动中也展现了强烈的学习愿望和学习兴趣。参训教师能够克服困难，主动开展自学、课题组交流等活动，丰富自身科研知识体系，提升课题研究能力。

通过学习层评估发现，参训教师通过专家讲座和专题研讨等活动，较好地学习和掌握了课题研究全流程的专业知识，系列培训活动达到了良好的知识传递效果；专题研讨和课题阶段汇报等活动反映出他们能够将所学知识有效运用到课题研究实践中，保障课题研究的科学性和规范性；专题培训、阶段汇报、读书交流、撰写培训体会等活动展示出参训教师在课题研究知识学习和实践过程中，有强烈的求知欲，学习态度积极、主动，愿意交流与分享，自信心和成就感得到大幅提升，也为后面的课题研究做好了知识储备和技能支持。

（三）分析日常工作表现，进行行为层评价

1.制作观察量表，了解教师行为变化情况

项目组根据科研专题培养项目内容，制作系列观察量表，在科研专题培训项目实施过程中至项目结束后一年左右，通过课堂教学听课、主题班会观摩、科研课题管理等途径观察参训教师在教学、教育和科研行为上的变化，收集数据和资料；通过与参训教师的领导或同事进行访谈，深入了解他们将培训知识内化并迁移到教学、教育和科研的行为上的改变；通过参训教师撰写的培训体会，了解他们对自我行为改变的认识和影响。综合参训教师在教学、班级管理和课题研究能力方面的行为改变及程度，了解教师课题研究能力行为层变化情况。

样例 10-5

奥尔夫教学法助力教学效果显著提升

在开展课题研究前，曹毅老师负责的中职学前教育专业的视唱练耳课采用传统的授课方式。传统的教学方式导致出现大多数学生缺乏学习兴趣、接受专业知识困难、专业技能掌握不熟练、教学效果不理想等问题。

在参加科研专题培训项目后，曹毅老师开展了题为"奥尔夫教学法在中职学前教育专业视唱练耳课的实践研究"的课题研究。曹老师依据奥尔夫音乐教学法的主要特点和视唱课的教学要求，构建了"视唱练耳课三阶段教学流程图"（图 10-5），开展了课前、课中、课后三阶段的奥尔夫教学法的创新实践。

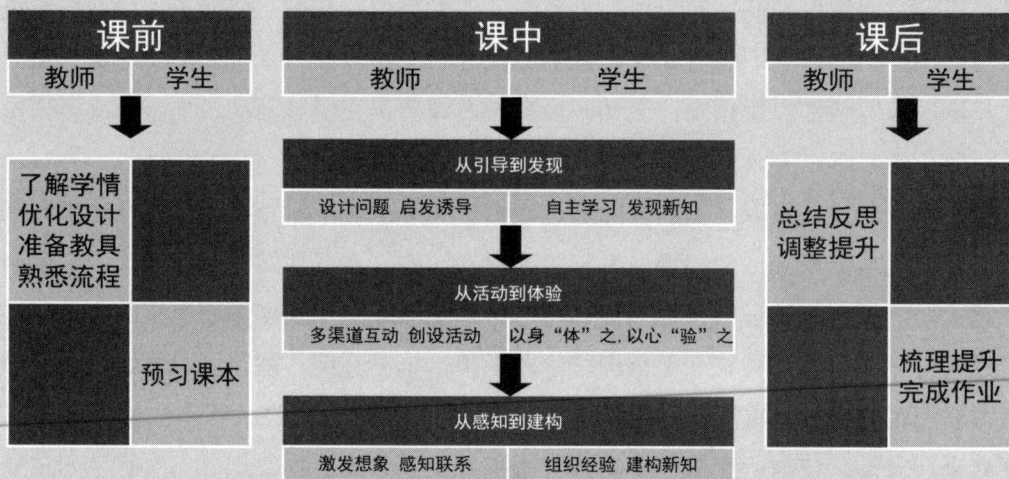

图 10-5　参训教师基于奥尔夫教学法构建的视唱练耳课三阶段教学流程图

以《笑一个吧》课堂教学为例，在传统的教学中，按部就班地采用教师分句教授、学生分句学习、教师弹琴引导学生视唱与歌曲讲解等方式，学生学习动力不足、教学氛围死板、教学目标不易实现。在课题研究后，曹老师运用构建的教学流程开展教学。课前给学生布置预习作业，让学生预热，激发学生的学习兴趣。课上，教师采用奥尔夫教学法中的柯达伊手势教唱新歌；之后给歌曲演唱加入脚、腿、手、指四声势，丰富学习方式；随后又出示四种打击乐器，引导学生总结特点和演奏方式，带领学生学习并体验；最后布置歌曲创编任务，让学生分组探索声势与乐器的组合，完成创编任务。课后，鼓励学生在原有的歌曲创编基础上带声势演唱歌曲，丰富歌曲演唱形式。

奥尔夫教学法在视唱练耳课教学中具有明显的优势和特色：第一是强调身体参与，增强节奏感；第二，运用了柯达伊手势，提升了学生对音准的把握；第三，教学流程分步引导，层层递进，逐步深入；第四，增加了创编活动，提高了学生参与度；第五，引领学生探索乐器与声势搭配，培养学生的创造力和合作能力。

经过奥尔夫教学法的创新教学，学生的音乐学习兴趣、学习积极性、合作能力、创造力和音乐专业技能均得到显著提升，达到了令人满意的教学效果（图10-6）。

图10-6 曹毅老师运用奥尔夫教学法开展研究课教学

（样例来源：曹毅老师课题组结题资料）

样例 10-6

中华优秀传统文化故事学习模式提升学生职业责任感培养效果

职业责任感对中职学前教育专业学生至关重要，但现实却是职业责任感现状参差不齐，虽有职业道德教育，但培养内容缺乏针对性，培养方式缺乏规范化和系统化，培养形式以灌输为主，培养效果不佳。

王玉辉老师在参加科研专题培训后，基于课题研究构建了"基于'知情意行'和'Skibeck'的学生职业责任感学习模式"（图10-7），形成了校本教材《中华优秀传统文化故事——学前教育篇》（图10-8），并开展系列教育创新研究与实践活动（图10-9），包括：学生自学及小组分享并选出全班分享代表；双周班会时间由学生代表在全班分享（可以运用PPT等辅助手段）学习方式；通过阅读和观看，感悟并联系实际，进行故事分享和探讨，同时参加各种相关活动加深对故事的理解，并付诸实际行动。基于系列研究实践，王老师梳理编纂出具有借鉴意义的《运用中华优秀传统文化故事培养中职学前教育专业学生职业责任感班会教案》（图10-10）。经过问卷调查和访谈数据分

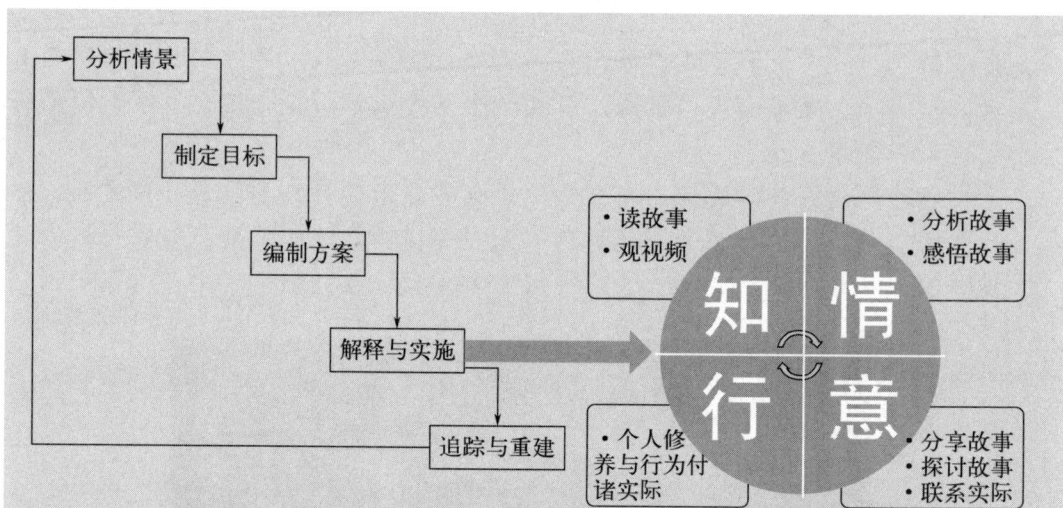

图 10-7 参训教师基于"知情意行"和"Skilbeck"构建的学生职业责任感学习模式

水滴石穿

宋朝时，有个叫张乖崖的人，在崇阳县担任县令。当时，崇阳社会风气很差，盗窃成风，甚至县衙的钱库也经常发生钱、物失窃的事件。张乖崖决心要抓住一个机会，好好杀一杀这股歪风。有一天，他终于找到了一个机会。这天，他在衙门周围巡行，忽然看到一个管理县衙钱库的小吏，慌慌张张地从钱库中走出来。张乖崖急忙把库吏喊住，问："喂！你这么慌慌张张干什么？"

"没什么。"那库吏回答道。

张乖崖联想到钱库经常失窃，判断库吏可能监守自盗，便让随从对库吏进行搜查。结果，在库吏的头巾里搜到一枚铜钱。张乖崖把库吏押回大堂审讯，问他一共从钱库偷了多少钱。库吏不承认另外偷过钱，张乖崖便下令拷打。

库吏不服，怒冲冲地乱叫："偷了一枚铜钱有什么了不起，你竟然这样拷打我？你也只能打我罢了，难道你还能杀我？"

张乖崖看到库吏竟敢这样顶撞自己，也不由十分震怒，他毫不犹豫地拿起朱笔，宣判说："一日一钱，千日千钱，绳锯木断，水滴石穿。"

判决完毕，张乖崖吩咐衙役把库吏押向刑场，斩首示众。

这个判决起到了很强的震慑作用。从此以后，崇阳县的偷盗风被刹住，社会风气也大大地好转了。

思考题：联想学前教育专业，有什么感悟？请和老师、同学进行分享。

图 10-8 参训教师编纂的《中华优秀传统文化故事——学前教育篇》(摘选)

- 自学与分享
  - 学生自学并准备分享内容。
  - 小组选出全班分享代表。

- 全班分享
  - 在双期班会时进行全班分享。
  - 可使用 PPT 等辅助手段。

- 学习方式
  - 阅读、观看并领悟。
  - 联系实际进行故事分享和探讨。

- 实际行动
  - 参加相关活动加强理解。
  - 付诸实际行动，将所学应用到实践中。

图 10-9 参训教师基于职业责任感学习模式开展的系列
教育活动示意图

图 10-10 参训教师基于职业责任感学习模式和教学活动
实践形成的《班会教案》

析发现，运用中华优秀传统文化故事培养中职生职业责任感的创新实践与传统培养方式相比具有学生乐意主动接受、效果性强等优势，同时也体现了寓教于乐的教育理念，实现了浸润式培养。从实践成效来看，用中华优秀传统文化故事培养中职学前教育专业学生职业责任感的效果显著。

（样例来源：王玉辉老师课题组结题资料）

样例 10-7

科研专题培训提升参训教师课题研究能力

科研专题培训项目参训教师具有较强的科研愿望和科研热情，也有强烈的学习意愿和学习动力，但在参加培训前，他们缺乏系统的科研知识，课题研究能力相对薄弱，几乎没有主持过任何级别的科研课题，也鲜有课题研究成果。

在经历科研专题培训和课题研究实践后，参训教师学习并掌握了课题研究的系统知识，提升了课题研究能力，形成了体现中职教育特色的教育、教学研究成果。在科研专题培训期间及之后一年内，每位参训教师都主持了科研课题，共有国家级、市、区、校级科研课题 24 项（表 10-5）。课题内容覆盖混合式教学模式、奥尔夫教学法、评价指标体系、学生大赛选手选拔、学生职业责任感培养、学生创新能力培养、CBI 理念应用、游戏设计模式应用、课程思政、学生专业能力培养、学科实践性活动、游戏化教学等多个研究方向，且形成丰富多样的研究成果。课题研究经验和成果也迁移、辐射到教育教学实践中，各种教学模式、教学设计、指标体系、策略建议、教学资源等具体成果在校内及多所援助学校中被广泛应用，均取得了显著效果，充分发挥了课题研究对教育教学质量提升的促进作用。

表10-5 参训教师主持市级及以上课题汇总表（部分）

序号	名称	立项单位	级别
1	信息化环境下案例教学模式在中职德育课教学中的实践研究	中国职业技术教育学会德育工作委员会	国家级
2	基于 iSmart 平台的中职英语听说混合式教学模式实践研究	全国教育信息技术研究院	国家级
3	中职学生信息安全素养培养实践研究	中国职业技术教育学会信息化工作委员会	国家级
4	中高职衔接背景下人工智能专业学生职业能力模型的构建研究	北京市教育科学规划领导小组办公室	市级
5	产教融合背景下中职游戏设计与制作专业人才培养模式研究	北京市教育科学规划领导小组办公室	市级
6	信息化环境下美术设计与制作专业人才培养模式创新实践研究	北京市教育科学规划领导小组办公室	市级
7	职业高中学生显性和隐性词汇学习策略培训效果对比研究	北京市教育学会	市级

续表

序号	名称	立项单位	级别
8	计算机网络技术专业学生专业核心素质培养的实践研究	北京市职业技术教育学会	市级
9	体现专业特色的中职英语学业评价研究	北京市职业技术教育学会	市级
10	依托"岗e通"平台的财经技能课程教学模式创新研究	北京市职业技术教育学会	市级
11	奥尔夫音乐教学法应用于中职学前教育视唱练耳课的实践研究	北京市职业技术教育学会	市级
12	中高职衔接背景下的中职金融专业学生发展性评价指标体系研究	北京市职业技术教育学会	市级
13	中职技能大赛金牌选手成长路径研究	北京市职业技术教育学会	市级
14	运用中华优秀传统文化故事培养中职学前教育专业学生职业责任感实践研究	北京市职业技术教育学会	市级
15	基于 ARCS 的《智能语音应用开发》游戏化教学设计实践研究	北京市职业技术教育学会	市级
16	基于 PGSD 模型的在线精品课程构建研究	北京市职业技术教育学会	市级
17	中职动画类课程活页式教材开发与应用研究	北京市职业技术教育学会	市级
18	基于 CDIO 理念的中职电子商务策划类课程应用研究	北京市职业技术教育学会	市级
19	学习科学理论融入中职课堂教学实践研究	北京市职业技术教育学会	市级
20	CBI 理念在中职商务英语阅读教学中的应用研究	北京市职业技术教育学会	市级
21	"MOOC+SPOC"模式下中职数学教学模式实践研究	北京教育网络和信息中心	市级
22	基于 PGSD 的中职网络信息安全专业课程体系构建研究	北京市数字教育中心	市级
23	京蒙协作教育人才"组团式"帮扶背景下教师职业能力培养途径研究	内蒙古自治区教育科学规划领导小组办公室	市级
24	基于校园环境建设的中职生典型职业素养培养途径研究	内蒙古自治区教育科学规划领导小组办公室	市级

（样例来源：参训教师课题汇总资料）

2. 分析相关数据和资料，得出行为层评价结论

在科研专题培训中及培训后，项目组通过对课堂教学和主题班会观察量表数据、领导和同事的访谈数据、从学校相关部门收集到的资料以及参训教师的培训体会等进行分析，得出课题研究能力培养行为层评价结论。

科研行为： 经过系列专家讲座、专题研讨、课题组内部研讨，以及各级各类课题的研究实践，参训教师掌握了课题研究全流程的专业知识，即选题、研究计划的制定、文献的查找与综述、教育理论的选择、研究方法的使用、研究数据的统计与分析、研究成果的梳理以及研究报告的撰写，形成了形式丰富、内容全面的研究成果。参训教师的课题研究能力得到大幅度提升。

教学行为： 项目组通过分析观察到的参训教师的课堂教学表现，以及对领导和同事开展的访谈等途径收集到的数据和资料，发现参训教师通过科学的方法和规范的研究流程找到了有效解决教学实际问题的途径，学生的学科素养和专业素养均得到显著提升，教师的课堂教学效果有明显改善。

教育行为： 参训教师的教育课题既体现中职教育特色，又与学生专业结合。通过观察到的主题班会效果、对领导和同事的访谈，以及从学生角度了解到的教育效果等数据和资料，发现基于教育理论形成的教育类课题的研究成果科学、有效地解决了教育问题，保证了教育活动开展的针对性和实施效果。

通过行为层评估发现科研专题培训对参训教师的科研、教学和教育行为产生了积极且显著的影响。在科研方面，参训教师开展的课题研究质量高，科研能力显著提升；教学上，教师能从科研视角探寻解决教学实际问题的解决途径，解决教学实际问题，提升教学质量；教育行为上，基于教育理论的课题研究和实践解决了班级管理的困惑，课题结合中职教育与学生专业特点，促进学生全面发展。

（四）跟踪教师长期行为变化，进行结果层评价

1. 制作有关成果统计量表，收集教师长期发展成果

项目组设计制作有关成果统计量表，包括但不限于课题统计表、教育教学成果获奖统计表、论文发表获奖统计表、教师教学比赛获奖统计表、教师荣誉称号统计表、指导学生比赛获奖统计表、教师专业证书统计表等，从相关部门收集信息、进行分析，并对有关人员进行访谈，测量出培训对参训教师本人素质、学生素质、学校发展等多方面的长期影响，了解教师课题研究能力结果层变化情况。

样例 10-8

科研专题培训促进参训教师显著提升综合素养

在培训结束后一年至三年内，通过从学校教育、教学、科研部门收集的资料发现参训教师的综合素养进步明显，主要体现在以下几个方面。

课题和论文成果：参训教师主持市级及以上科研课题共 24 项，课题研究包含教育教学多个研究方向，且都取得了丰硕的研究成果。参训教师基于课题研究和教育教学实践撰写的论文中共有 70 余篇在市区级论文比赛中获奖或在区级以上刊物发表。参训教师的 1 项科研成果获得区级科研成果奖特等奖、2 项成果获得市级教育教学成果二等奖。科研成果的获得证明参训教师的课题研究能力、论文撰写能力、成果梳理与凝练能力显著提升，也体现了科研专题培训的有效性。

大赛获奖成果：参训教师积极参加各级各类教学技能大赛，共获得国际级、国家级、市级各类比赛奖项 50 余项。参训教师善于将课题研究的成果应用到教学实践中，并将基于理论进行科学思考的习惯迁移到技能大赛的备赛和比赛中，助力比赛取得优异成绩。

专业证书成果：参训教师获得各级各类专业技能证书 20 余项，体现了他们出色的专业技能和水平。

指导学生获奖成果：参训教师作为学校的骨干教师，指导学生在多项国际、国家、市级技能大赛中获得奖项共计 30 余项。学生通过参赛取得了优异成绩，也通过备赛和比赛加速了专业技能的提升。

名誉称号成果：参训教师因表现突出、成绩显著，获得多项荣誉称号，包括 1 位市级学科带头人、9 位区级学科带头人和 4 位区级骨干教师、1 位市职教名师、1 位市职教专业带头人和 3 位市职教青年骨干教师。这些荣誉称号的获得充分说明了参训教师的综合实力和全面发展。

（样例来源：参训教师各项成果汇总资料）

2. 分析相关数据和资料，得出结果层评价结论

在科研专题培训之后较长一段时间内，项目组通过对收集到的多项成果统计表的数据和科研培训对学校发展产生影响的资料进行分析，得出课题研究能力培养结果层评价结论。

课题、论文成果： 参训教师在课题研究方面的积极性大幅提升，且在研究的深度和广度上都有出色表现。培训有效提高了教师参与课题研究与撰写论文的能力，助力教师将教学实践中的经验转化为理论成果，促进了教师科研能力的提升。

教育教学成果： 参训教师通过参与教学比赛，教学设计、课堂把控、教学方法与手段运用等教学基本功得到显著锻炼和提高。在指导学生技能大赛的过程中，参训教师不断学习新知识，提升了自身专业技能和指导比赛的能力。参训教师获取各类专业证书，进一步充实专业知识，提高了知识水平和专业能力。

综合素质提升： 参训教师获得的多项荣誉称号是对教师专业能力、教育教学水平、学术研究能力等综合素质的高度认可，充分彰显出教师在专业化发展上的重大突破，加速教师向专业型、研究型教师迈进。

通过结果层评估发现科研专题培训对参训教师的科研、教学和教育行为产生了积极且显著的影响，有效提升了教师综合能力，对教育教学工作起到了良好的推动作用，也在援助学校的教育教学科研工作中发挥了一定的引领作用，促进了学校的发展，扩大了学校的影响力。

三、对教师课题研究能力培养模式的整体思考

经过多年的实践探索，项目组围绕"训·研·践"耦合式课题研究能力培养模型的实施展开了深度思考。在这一过程中，项目组从培训内容的针对性、培训方式的灵活性以及培训效果的持续性等多个维度出发，梳理出贴合实际且具有可操作性的培训模式实施建议。同时，实践是一个不断发现问题和解决问题的过程。项目组也察觉到在实际推行培养模型时，仍然存在一些不足。这些问题都需要在后续的实践中重点关注，通过优化方案、整合资源、丰富培训途径等方式加以改善，从而让培养模型发挥更大效能。

（一）培训模式可推广到中小学教师培养

本项目着重聚焦于中职教师课题研究能力的培养，但中小学教师和中职教师在诸多方面存在着显著的共性，因此对于以实践为主开展课题研究的中小学教师，中职教师课题研究能力培养模式也具有可行性。

从工作特征来看，无论是中小学教师还是中职教师，日常教学工作都较为繁重，且都需要不断提升自身专业素养以适应教育发展需求。在研究目的上，两者都致力于通过课题研究来改进教学方法、提高教学质量、促进学生全面发展，同时实现自身的专业成长。而在课题实践过程中，从选题、设计研究方案、收集与分析数据到撰写研究报告等环节，也遵循着相似的科学流程。

基于这些共性，本书中阐述的以开展实践研究为主的教师课题研究能力培训模式，对于中小学教师而言同样适用。当然，由于不同阶段教育侧重点的差异，其差别主要体现在研究内容上。中职教育侧重于职业技能培养和学生专业发展，而中小学教育则侧重于基础学科知识教学和学生综合素质启蒙等方面的研究。

本书呈现的案例主要围绕中职学校教师的课题研究展开。不过，对于其他中小学教师来说，只需依据自身教学实际和学生特点，将研究内容进行相应的替换，便能使用本培训模式。如此，不仅能够有效拓宽本培训模式的应用范围，也为广大中小学教师提升课题研究能力提供了一条切实可行的路径，助力他们在教育科研领域不断探索创新，促进专业成长。

（二）培训模式可依据实际需要灵活使用

本项目所构建的课题研究能力培养模式，依托于一系列完整且系统的专题培训项目实践，涵盖了"科研种子教师培养项目""科研骨干教师培养项目"以及"课题研究全流程培训项目"等。这些项目聚焦课题全流程的专题培训，因此培养模式适用于完整、成体系的科研培训使用。

但在实际运用场景里，本培养模式的使用也展现出高度的灵活性。一方面，它能够全面应用于教师课题研究能力的全流程培训，从最初的选题确定，到研究方案设计、数据收集与分析，再到最终研究成果的梳理与呈现，全程给予教师专业且系统的指导。另一方面，本模式也可依据实际需要，用于课题研究能力的专题培训。例如，学校若计划开展全员培训，或是针对特定课题研究环节进行专题培训，完全可以从培养模式中选择某一个或某几个章节内容，开展具有针对性的培训。就像"如何开题"这一章节，其详细阐述了开题的关键要点、流程以及注意事项，对于教师准确把握研究方向、合理规划研究路径具有较高的借鉴价值。

值得注意的是，课题研究能力培养模式在构建时，是以追求最高效、最优的培训效果为目标进行设计实施的，但在实际使用过程中，由于教师的专业基础、研究经验各不相同，所涉及的课题类型、难度也存在差异，因此本培养模式如何依据不同教师和课题的具体情况反复运用，还需要科研管理工作者们根据实际需要，灵活调整培训内容、方法与节奏，确保模式能最大程度地契合各类需求，真正助力教师提升课题研究能力。

（三）以信息化赋能教师研究能力培养

在项目实施进程中，除了有序开展系列线下培训活动外，也应充分运用信息化手段推动培训高效开展。

在培训环节，信息化手段拓宽了教师的学习渠道。如今，网络上各类在线课程和讲座为培训提供了丰富的学习资源。以中国大学 MOOC 平台为例，其汇聚了众多优质的教育研究方法课程，这些课程由知名学者和教育专家精心讲授，内容涵盖了从基础理论到前沿研究动态的方方面面。中职教师通过在线学习这些课程，便能获取最新的科研知识，不断提升自身的科研理论水平。

从实践层面来看，线上的微信群、企业微信群等社交平台是教师们交流的重要阵地。

在这些虚拟空间里，教师们能够随时随地分享各自在学习和研究实践中的科研知识和宝贵经验，共同探讨遇到的难题与困惑。无论是在工作日的间隙还是在周末，老师们都能及时在群里发起交流。这种方式彻底打破了传统沟通和交流在时间和空间上的障碍，真正实现了学习与交流的泛在化。教师们不再受限于地域和时间，能够更为便捷地汲取他人的智慧，从而显著提升沟通效果，加速问题的解决进程。

总之，信息化手段为中职教师研究能力培养注入了强大动力，带来了诸多便利。它不仅丰富了教师的知识获取途径，还搭建了高效的交流平台，全方位助力中职教师研究能力培养效果实现进一步提升。

（四）以全流程数据支撑培养效果评价

在项目实施效果评价环节，"训·研·践"耦合式课题研究能力培养四级评估模式发挥着关键作用。此评估模型的四层评价贯穿培训开始前直至项目结束后三年，因而全流程数据成为精准评估培养效果的核心要素。

培训前，全面收集教师的基本信息与科研基础数据尤为重要。如教龄反映教师的教学经验积累程度，已参与课题数量体现其科研活跃度，过往科研成果则展示科研实力与水平。同时，通过问卷调查、访谈等形式，深入了解教师对培训的初始期望与态度。这些数据能帮助培训组织者精准把握教师的科研需求，从而设计出具有针对性的培训方案，为后续培训工作筑牢根基。

培训过程中，借助多元化工具收集数据。线上学习平台可实时记录教师的学习时长、课程完成进度、互动参与度等；问卷能定期收集教师对培训内容、教学方法的反馈；观察量表则可由科研管理人员对教师课堂表现进行量化记录。这些数据综合起来，能够有效验证教师在培训期间的学习成果，及时发现问题并调整培训策略。

进入研究与实践阶段，收集观察量表、统计表以及各类相关资料，分析教师在实际课题研究、教育、教学中的行为表现和，全面评估教师将所学知识转化为实践行动的能力。

培训结束后的较长时间内，持续收集各类成果数据，包括发表的论文、申请的专利、获得的科研奖项、个人荣誉等，直观呈现教师课题研究能力提升带来的实际成果和全方位影响。

综上，在开展教师课题研究能力培养项目时，全流程的数据、资料收集与整理工作具有高度的必要性和重要性。只有确保每个阶段的数据完整、准确、真实，才能在效果评价时有一整套坚实的数据支撑，进而实现评价的客观性、科学性和完整性。

実研培
践讨训

附录

中职教师课题
研究能力培养
课程标准

《科研课题的确定与表述》
课程标准

一、课程性质与任务

本课程是"中职教师课题研究能力培养"课程体系中的第一门课程。课程旨在培养教师发现教育教学实践中的热点和难点问题，将其转化为科研问题，并表述为规范的科研课题的能力。科研课题的确定决定课题研究的核心内容，也为后期进行文献检索和理论依据确定起到关键作用，是开展教师科研能力培养的起点。

二、课程目标

通过专家指导、集体研讨、自学及实践等途径，培养教师能够发现中职教育教学实践中的实际问题，并转化和表述为科研课题的能力，以达到以下具体目标。

① 掌握课题的选题标准；

② 掌握课题标题的规范表达方式；

③ 能够梳理、总结教育教学实践经验，形成选题方向；

④ 能够发现教育教学中的问题，形成选题方向；

⑤ 能够通过文献等途径了解教育热点，形成选题方向；

⑥ 能够查找、使用选题指南，形成选题方向；

⑦ 能够清晰、准确、规范地表述选题内容；

⑧ 提升问题意识，激发科研热情。

三、课程内容与要求

本课程以成人学习理论、721法则、学习金字塔和柯氏四层评估模型等为理论依据，设计、形成"选题的确定"和"课题的表述"两大模块课程内容。通过专家专题讲座、团队研讨和课题组成员实践等方式培养教师课题的确定和表述能力。

课程模块		课程内容与要求	课时	课程资源	阶段成果
模块一　选题的确定	子模块一 教师学习如何确定选题	（1）聘请科研专家做有关开题的专题讲座，从理论、选题原则与策略、选题的步骤与流程等方面指导教师如何选题 （2）学校教科研专职管理人员做进行科研课题选题的专题讲座，从中职教育教学实践角度对教师进行选题培训 （3）科研榜样进行选题分享，介绍选题过程中的成功经验和注意事项 （4）教师阅读科研专著对应章节的内容和学校科研室提供的《信息科研》中的相关内容，学习选题的相关知识，掌握选题的注意事项	4 4 4 4*2	（1）海淀区教科院专家讲座《如何开题》PPT、视频资料 （2）学校科研室主任讲座《如何进行科研课题的选题》PPT、视频资料 （3）学校在研各级各类课题汇总表 （4）科研榜样分享《如何选题》PPT、视频资料 （5）《教师如何做研究》"第三章 从实际中来：研究问题的确定" （6）校级科研刊物《信息科研》第1期"教师进行课题研究应如何选题"	
	子模块二 课题组讨论，初步确定选题	（1）课题组教师基于前期理论学习研讨教育教学中的实际问题和中职教育中的热点和痛点问题，结合课题组教师的专业和教育教学实践确定研究方向 （2）课题组老师深入研讨，形成初步的研究选题	4 4	（1）近年来市、区、校级课题指南 （2）近年来各级教育政策、文件 （3）教育教学热点问题主题列表	（1）课题组活动记录——头脑风暴并确定研究方向 （2）课题组活动记录——初步确定研究选题
	子模块三 科研专职人员带领教师集体研讨，修改完善选题内容	科研专职人员带领教师针对选题内容中的研究对象、研究内容和研究方法进行集体研讨，修改完善研究选题	4*2		
	子模块四 课题组再讨论，确定选题内容	课题组老师依据研讨中科研专职人员的修改建议再次研讨，确定研究选题	4		（1）课题组活动记录——确定研究选题 （2）《科研骨干教师选题意向表》（初稿）

续表

课程模块		课程内容与要求	课时	课程资源	阶段成果
模块二 课题的表述	子模块一 教师学习如何正确表述选题内容	（1）复习专家有关开题专题讲座中如何进行课题表述的内容 （2）聘请科研专家针对各个选题进行专题指导，指导教师正确表述选题内容	4 4	（1）海淀区教科院专家讲座《如何开题》PPT、视频资料 （2）北京市教育学院专家对各项选题进行一对一指导的视频资料与PPT （3）学校教科研室提供的如何表述课题的学习资料	
	子模块二 科研专职人员带领教师集体研讨，修改完善选题内容	教师分组进行选题汇报，科研专职人员带领教师针对选题内容中的理论依据、研究方法、研究内容进行集体研讨，逐一打磨选题内容	4*2		参训教师选题汇报PPT
	子模块三课题组讨论，确定最终选题内容	课题组教师讨论，基于专家指导意见和研讨结果修改完善，形成最终的选题内容，并规范表述课题标题内容	4*2		（1）课题组活动记录——确定最终选题内容 （2）《科研骨干教师选题意向表》（终稿）

四、课程实施

开设本门课程的具体实施建议，包含以下几点。

（一）师资团队

课程实施前，构建三支师资团队。各个团队根据各自的职责对参训教师的选题进行指导。

三支师资团队包括：校外科研专家团队，包含北师大、北理工、首师大等高校教授和市区教科院专业研究人员等，主要负责对教师开展理论知识、专业知识讲座、课题指导等活动；校内科研管理团队，包含学校科研副校长、科研室主任和科研干事等，主要负责设计、组织和管理"科研骨干教师培养"项目，全程负责项目的实施；校内科研"小导师"团队，包含学校的区级科研种子教师、区级科研参训教师、区校级科研先进教师、校级科研种子教师等，主要负责参与课题研究和项目培训的指导工作，发挥示范和引领作用，以同伴学习提升教师科研能力。

1. 校外科研专家团队

通过专家有关选题的专题讲座，培养参训教师从教育教学实践、课题指南、文献资料等途径发现问题，转化为研究问题，并能够规范表述的能力。通过专家有关选题指导的专题讲座，对参训教师的选题内容进行一对一指导，提升选题内容的科学性和规范性。

2. 校内科研管理团队

科研管理团队根据项目实施计划，组织参训教师学习与研讨。学校科研室主任做选题的专题讲座，指导参训教师基于实践做好选题工作；科研管理团队分享有关选题的学习资料，组织参训教师学习，掌握选题的原则与注意事项等；主管科研工作的副校长对各个选题进行逐一指导，引领参训教师做好选题内容的修改完善与确定工作，提升选题培训与实施的效果。

3. 校内科研"小导师"团队

科研"小导师"代表进行"如何选题"的专题经验分享，并引领参训教师掌握选题注意事项，提升选题工作的实施效率。

（二）课程资源

本课程实施中，充分发挥学校的信息化优势，构建"线上＋线下"课程资源。

1. 纸质教材

① 科研专著《教师如何做研究》"第三章 从实际中来：研究问题的确定"，指导教师如何从教育教学实践中发现问题，并将实际问题转化为研究问题；

② 学校教科研室提供的校级科研刊物《信息科研》第 1 期"荐佳法"板块内容"教师进行课题研究应如何选题"。

2. 数字资源

① 中国大学 MOOC《教师如何做研究》课程；

② 科研骨干微信群分享资料：理论知识、选题的注意事项等。

3. 培训资源

① 海淀区教科院专家专题讲座《如何开题》PPT、视频资料；

② 北京市教育学院专家对各项选题进行一对一指导的视频资料、PPT；

③ 学校科研室主任讲座《如何进行科研课题的选题》PPT、视频资料；

④ 科研榜样分享《如何选题》PPT、视频资料。

（三）评价标准

本课程实施中，依据"柯克帕特里克评估模型"设置反应层、学习层、行为层和成果层四级评估模型，对参训教师的课题确定与表述能力进行评价。

1. 反应层

通过观察参训教师专题讲座与研讨活动的参与情况、开展满意度问卷调查、统计参训教师参加活动的考勤，收集相关数据，并通过数据分析结果对参训教师的出勤率、参与度和满意度进行评估，得出选题能力反应层的评估结论。

2. 学习层

通过观察和分析参训教师在选题专题讲座和选题研讨现场的表现、选题任务的完成情况、选题汇报的质量等方式，对参训教师的知识、技能、态度和信心等方面进行评估，得出选题能力学习层的评估结论。

3. 行为层

通过观察和记录参训教师在选题过程中的表现、分析参训教师将选题培训和选题研讨中习得的知识和技能在选题过程中进行应用和转化的程度，对参训教师的科研行为进行评估，得出选题能力行为层的评估结论。

4. 成果层

通过分析参训教师的《科研骨干教师选题意向表》内容、对比分析参训教师选题初稿与定稿之间的区别，对参训教师的科研能力进行评估，得出选题能力成果层的评估结论。

《参考文献的检索与综述》
课程标准

一、课程性质与任务

本课程是"中职教师课题研究能力培养"课程体系中的第二门课程，开设在"科研课题的确定与表述"课程之后，为"研究方案的撰写与汇报"课程奠定文献基础。课程旨在培养教师全面系统搜集有关文献的能力；整理、归纳、分析、甄别、选用文献的能力；对一定时期某一学科或某一研究专题的学术成果和研究进展进行系统、全面的概述和评论的能力。文献综述提供了科学的论证依据和研究方法，避免重复劳动，提高科学研究的效益，是学术研究和学术论文写作的一个重要环节。

二、课程目标

通过专家指导、集体研讨、自学及实践等途径，培养教师聚焦、收集、阅读、处理各种信息的能力，以达到以下具体目标。

① 能够正确确定关键词；

② 掌握文献检索的方法、途径和步骤；

③ 能够依据关键词对文献进行查找、筛选；

④ 能够对文献进行梳理、归纳和提炼；

⑤ 掌握文献综述撰写的要求、格式、方法及注意事项；

⑥ 能够对文献进行分析和综述；

⑦ 提升教师关注领域研究前沿的意识；

⑧ 提升教师在他人研究成果的基础上开展研究的能力。

三、课程内容与要求

本课程以成人学习理论、721法则、学习金字塔和柯氏四层评估模型等为理论依据，设计、形成"文献的检索""文献的阅读""文献的综述"三大模块课程内容。通过专家专题讲座、团队研讨和课题组成员实践等方式培养教师文献的检索、阅读和综述能力。

课程模块		课程内容与要求	课时	课程资源	阶段成果
模块一　文献的检索	子模块一 教师学习如何检索文献关键词	（1）教师阅读如何检索参考文献关键词相关学习资料，学习检索文献关键词的方法 （2）课题组老师基于选题，找到文献的关键词	4 4	（1）《如何做好文献综述》第一、二、三章 （2）校级科研刊物《信息科研》第2期"教师开展课题研究应如何进行文献综述"	（1）课题组活动记录——文献关键词学习笔记 （2）课题组活动记录——确定本课题的关键词
	子模块二 教师学习如何检索文献	（1）聘请专家做有关如何检索文献的专题讲座，指导教师检索文献的方法、途径和步骤 （2）课题组老师基于选题内容，根据关键词检索有需要的文献	4	中国农业信息中心郭溪川研究员讲座《研究流程、信息检索、论文综述》PPT等资料	
模块二　文献的阅读	子模块一 教师学习如何阅读文献	（1）课题组老师大量阅读相关研究领域的文献 （2）课题组老师根据所整理的文献，筛选所需要的文献	4		课题组活动记录——检索有效文献
	子模块二 教师学习如何梳理文献	课题组对筛选出来的文献进行梳理、归纳、提炼	4		

续表

课程模块		课程内容与要求	课时	课程资源	阶段成果
模块三 文献的综述	子模块一 教师学习撰写文献的要求、格式等	（1）课题组完成文献初稿，科研专职人员针对各个选题指导教师修改文献综述初稿	4	科研专职人员对文献综述初稿进行一对一指导的资料与PPT	文献综述初稿
		（2）教师分组进行文献综述汇报，科研专职人员带领教师针对文献综述内容进行集体研讨，逐一打磨文献综述内容	4		
	子模块二 教师学习如何综述文献	（1）聘请科研专家做如何进行文献综述的专题讲座，从什么是文献综述、如何做文献综述、为什么要做文献综述等方面指导教师如何进行文献综述	4	北京师范大学周钧教授讲座《如何做文献综述》PPT等资料	文献综述终稿
		（2）课题组教师讨论，基于专家指导意见和研讨结果修改完善，形成最终的文献综述终稿	4		

四、课程实施

开设本门课程的具体实施建议，包含以下几点。

（一）师资团队

课程实施前，构建三支师资团队。各个团队根据各自的职责对参训教师的文献综述进行指导。

1. 校外科研专家团队

通过专家有关文献检索的专题讲座，培养参训教师阅读文献后发现、分析、解决问题的能力，使用文献检索工具的能力，使培训教师掌握正确的文献检索方法；通过专家有关文献综述的专题讲座，以及对参训教师所写的文献综述进行一对一指导，帮助培训教师通过综述他人研究成果，进而发现自己研究课题的不足，明确研究方向和重点，促进课题的发展。

2. 校内科研管理团队

科研管理团队根据项目实施计划，组织参训教师学习与研讨。学校科研室主任指导参训教师做好文献检索与综述工作；科研管理团队分享有关文献检索与综述的学习资料，组织参训教师学习，掌握文献检索与综述的原则与注意事项等；主管科研工作的副校长对各个文献综述进行逐一指导，引领参训教师做好文献综述内容的修改完善与确定工作，提升文献检索与综述培训与实施的效果。

3. 校内科研"小导师"团队

科研"小导师"代表进行"如何进行文献检索与综述"的专题经验分享，并引领参训教师掌握文献检索与综述注意事项，提升文献检索与综述工作的实施效率。

(二) 课程资源

本课程实施中，充分发挥学校的信息化优势，构建"线上＋线下"课程资源。

1. 纸质教材

① 科研专著《如何做好文献综述》"第一章 综述文献 为何？为谁？如何？"，指导教师如何利用主要的目录或文章数据库进行研究文献的在线检索；"第二章 检索及筛选 实用筛选与方法学质量筛选（第一部分——研究设计与抽样）？"，指导教师利用两种筛选方式保证综述的有效性、相关性和准确性；"第三章 检索及筛选 方法学质量（第二部分——数据收集、干预、分析、结果和结论）"，指导教师如何进行有效的数据收集、适当的统计分析、正确的结果报告以及合理的解释和结论；

② 学校教科研室提供的校级科研刊物《信息科研》第 2 期"荐佳法"板块内容"教师开展课题研究应如何进行文献综述"。

2. 数字资源

① 中国大学 MOOC《信息素养：开启学术研究之门》课程；

② 科研骨干微信群分享资料：文献检索的技巧、文献综述的注意事项等。

3. 培训资源

① 中国农业信息中心郭溪川研究员讲座《研究流程、信息检索、论文综述》PPT 等资料；

② 北京师范大学周钧教授讲座《如何做文献综述》PPT 等资料；

③ 科研专职人员对文献综述初稿进行一对一指导的资料与 PPT。

(三) 评价标准

本课程实施中，依据"柯克帕特里克评估模型"设置反应层、学习层、行为层和成果层四级评估模型，对参训教师的文献的检索与综述能力进行评价。

1. 反应层

通过观察参训教师专题讲座与研讨活动的参与情况、开展满意度问卷调查、统计参训教师参加活动的考勤，收集相关数据，并通过数据分析结果对参训教师的出勤率、参与度和满意度进行评估，得出文献检索与综述能力反应层的评估结论。

2. 学习层

通过观察和分析参训教师在文献检索与综述专题讲座和文献检索与综述研讨现场的表现、文献检索与综述任务的完成情况、文献检索与综述汇报的质量等方式，对参训教师的知识、技能、态度和信心等方面进行评估，得出文献检索与综述能力学习层的评估结论。

3. 行为层

通过观察和记录参训教师在文献检索与综述过程中的表现、分析参训教师将培训和研讨中习得的知识和技能在文献检索与综述过程中进行应用和转化的程度，对参训教师的科研行为进行评估，得出文献检索与综述能力行为层的评估结论。

4. 成果层

通过分析参训教师的文献综述内容、对比分析参训教师文献综述初稿与定稿之间的区别，对参训教师的科研能力进行评估，得出文献综述能力成果层的评估结论。

《教育理论的学习与应用》
课程标准

一、课程性质与任务

本课程是"中职教师课题研究能力培养"课程体系中的第三门课程，开设在"参考文献的检索与综述"课程之后，为"研究方案的撰写与汇报"课程奠定理论基础。课程旨在培养教师树立正确的教育教学观，掌握教育教学规律，优化知识结构，提高教育理论水平和应用教育理论指导研究实践的能力。教育理论的学习与应用能够提升研究的高度和水平，保障研究的科学性，而教育理论是中职教师的能力短板，因此本课程是培训的难点。

二、课程目标

通过专家指导、集体研讨、自学及实践等途径，培养教师提高教育理论水平和实际应用的能力，以达到以下具体目标。

① 了解常用教育理论的基本内容和原则；
② 能够针对研究内容选择适用的教育理论、模型；

③ 能够对选用的教育理论、模型进行深入学习，掌握其内涵、策略、方法、适用范围等；

④ 能够将选用的教育理论应用到研究的全过程中；

⑤ 提升教师理论水平及综合素质；

⑥ 提升教师应用教育理论指导实践能力。

三、课程内容与要求

本课程以成人学习理论、721 法则、学习金字塔和柯氏四层评估模型等为理论依据，设计、形成"教育理论的学习"和"教育理论的应用"两大模块课程内容。通过专家专题讲座、团队研讨和课题组成员实践等方式培养教师提高教育理论水平和实际应用教育理论的能力。

课程模块		课程内容与要求	课时	课程资源	阶段成果
模块一　教育理论的学习	子模块一 教师学习常用教育理论和模型	（1）聘请专家做关于常用教育教学理论的专题讲座	4	学校李敏捷副校长讲座《常用教育学理论和模型介绍》PPT、视频资料	
		（2）课题组教师基于前期的理论学习，了解每个理论和模型的基本理念和原则	4		
	子模块二 课题组讨论，确定课题所用教育理论和模型	（1）校内科研管理团队引导教师如何针对所研究的问题，选择合适的教育理论和模型	4		课题组活动记录——头脑风暴并确定选用的教育理论和模型
		（2）课题组教师根据研究的目的、对象和方法来选择合适的教育理论和模型，从而确保研究的有效性和可靠性	4		
	子模块三 课题组深入学习所用教育理论和模型	（1）校内科研管理团队帮助课题组老师选择合适的教育理论和模型	4		课题组活动记录——阅读相关的专业书籍和文章
		（2）课题组教师根据选用的教育理论和模型进行深入学习，以便更好地将其应用于课题研究	4		

	课程模块	课程内容与要求	课时	课程资源	阶段成果
模块二 教育理论的应用	子模块一 教师针对教育理论、模型进行研究设计	（1）课题组教师运用所选的教育理论和模型，进行具体的研究设计	4		
		（2）课题组教师进行研讨，课题负责人汇报研究设计	4		
	子模块二 教师修改、完善研究设计	（1）专家对各课题的研究设计进行一对一有针对性的指导	4		
		（2）课题组教师根据专家指导意见，修改、完善研究设计	4		
	子模块三 教师根据研究设计最终确定理论设计	经过多次的研讨、修改，最终根据研究设计形成理论设计	4		

四、课程实施

开设本门课程的具体实施建议，包含以下几点。

（一）师资团队

课程实施前，构建三支师资团队。各个团队根据各自的职责对参训教师的教育理论进行指导。

1. 校外科研专家团队

通过专家有关教育理论的专题讲座，培养参训教师对教育理论的理解和应用能力；通过专家有关教育理论指导的专题讲座，对参训教师的课题研究进行深入探讨，使参训教师能够学习到最新的教育理论研究成果，从而更好地运用教育理论指导课题研究。

2. 校内科研管理团队

科研管理团队根据项目实施计划，组织参训教师学习与研讨。科研管理团队协助参训教师进行教育理论的学习和应用，组织参训教师学习教育理论的背景、内涵、应用场景及其局限性，主管科研工作的副校长对各个课题选用的教育理论进行逐一指导，使参训教师可以更好地将教育理论应用于课题研究，提高课题的质量和效果。

3. 校内科研"小导师"团队

科研"小导师"代表进行"教育理论应用"的专题经验分享，并引领参训教师找到适合的教育理论和模型，提升课题研究的科学性。

（二）课程资源

本课程实施中，充分发挥学校的信息化优势，构建"线上＋线下"课程资源。

1. 纸质教材

《学科教育心理学》；

2. 数字资源

科研骨干微信群分享资料：教育教学理论等；

3. 培训资源

学习李敏捷副校长专题讲座《常用教育学理论和模型介绍》PPT、视频资料。

（三）评价标准

本课程实施中，依据"柯克帕特里克评估模型"设置反应层、学习层、行为层和成果层四级评估模型，对参训教师的教育理论学习与应用能力进行评价。

1. 反应层

通过观察参训教师专题讲座与研讨活动的参与情况、开展满意度问卷调查、统计参训教师参加活动的考勤，收集相关数据，并通过数据分析结果对参训教师的出勤率、参与度和满意度进行评估，得出教育理论学习与应用能力反应层的评估结论。

2. 学习层

通过观察和分析参训教师在教育理论专题讲座和常用教育理论学习研讨现场的表现、选择适合的教育理论和模型、深入学习课题所需教育理论和模型、将所选教育理论和模型应用到课题研究的全过程等方式，对参训教师的知识、技能、态度和信心等方面进行评估，得出教育理论学习与应用能力学习层的评估结论。

3. 行为层

通过观察和记录参训教师在选择合适教育理论过程中的表现、分析参训教师将常用教育理论学习培训和针对课题选择适合的教育理论和模型研讨中习得的知识和技能在课程研究过程中进行应用的程度，对参训教师的科研行为进行评估，得出教育理论的学习与应用能力行为层的评估结论。

4. 成果层

通过分析参训教师的课题研究内容、查看所选教育理论和模型是否应用于课题研究的全过程，判断课题研究是否因理论应用而具有高度和科学性，对参训教师的科研能力进行评估，得出教育理论的学习与应用能力成果层的评估结论。

《科研方法的学习与运用》
课程标准

一、课程性质与任务

本课程是"中职教师课题研究能力培养"课程体系中的第四门课程，开设在"教育理论的学习与应用"课程之后，为"研究方案的撰写与汇报"课程奠定方法基础。课程旨在培养教师掌握常用研究方法，选择适用研究方法并应用于研究实践的能力。研究方法的学习与应用能够提高研究的高度和水平，保障研究的规范性，是培训的重要内容。

二、课程目标

通过专家指导、集体研讨、自学及实践等途径，培养教师掌握科学的研究方法并应用其开展实践的能力，以达到以下具体目标。

① 了解常见科研方法的名称和基本内容；
② 掌握常用科研方法的概念、原理、适用范围及注意事项；
③ 掌握常用科研方法的实施步骤和操作技巧；
④ 能够针对研究内容选择合适的科研方法；
⑤ 能够对所选研究方法进行详细使用设计；
⑥ 能够正确、规范地应用所选科研方法；
⑦ 提高教师自身专业素养和学术能力；
⑧ 提升课题研究过程的科学性和研究结果的信度和效度。

三、课程内容与要求

本课程以成人学习理论、721法则、学习金字塔和柯氏四层评估模型等为理论依据，设计、形成"科研方法的学习"和"科研方法的运用"两大模块课程内容。通过专家专题讲座、团队研讨和课题组成员实践等方式培养教师运用适当科研方法进行科学研究的能力。

课程模块		课程内容与要求	课时	课程资源	阶段成果
模块一 科研方法的学习	子模块一 教师学习常用科研方法	（1）教师阅读常用科研方法的相关内容，学习科研方法的相关知识，掌握常用科研方法 （2）聘请科研专家做关于常用科研方法的专题讲座 （3）课题组教师基于前期的学习，掌握常用科研方法的概念、原理、适用范围及注意事项等	4*2 4*4 4	（1）校级科研刊物《信息科研》第4期"文献研究法""行动研究法"和第5期"文件调查法"和"访谈法" （2）北京市海淀区教育科学研究院心理所的赵宏玉老师讲座《一线教师课题研究中的研究方法》PPT、视频资料 （3）北京教育学院教育管理与心理学院的王志明老师讲座《运用行动研究促进教育教学改进——方法讨论和实践路径》PPT、视频资料 （4）北京市教育学院的靳伟博士讲座《教育研究方法的选择与使用》PPT、视频资料	
	子模块二 课题组讨论，确定课题所用研究方法	（1）校内科研管理团队引导教师如何针对所研究的问题，选择合适的科研方法 （2）课题组教师根据研究的目的、对象和方法来选择合适的研究方法，从而确保研究方法的正确、规范使用	4 4		课题组活动记录——头脑风暴并确定选用的科研方法
	子模块三 课题组深入学习所选研究方法	（1）校内科研管理团队帮助课题组老师选择合适的研究方法 （2）课题组教师根据选用的研究方法进行深入学习，确保所选择的方法能够有效地回答研究问题、实现研究目的，并符合研究的实际情况	4		（1）课题组活动记录——阅读相关的专业书籍和文章 （2）课题组活动记录——充分地讨论和分析确定研究方法

续表

课程模块		课程内容与要求	课时	课程资源	阶段成果
模块二 科研方法的运用	子模块一 教师针对科研方法进行研究方法设计	（1）课题组教师运用所选的科研方法，进行具体的研究方法设计	4		
		（2）课题组教师进行研讨，课题负责人汇报研究方法设计	4		
	子模块二 教师修改、完善研究方法设计	（1）专家对各课题的研究方法设计进行一对一有针对性的指导	4		
		（2）课题组教师根据专家指导意见，修改、完善研究方法设计	4		
	子模块三 教师根据研究方法设计最终确定研究蓝图	经过多次的研讨、修改，最终根据研究方法设计形成研究蓝图	4		

四、课程实施

开设本门课程的具体实施建议，包含以下几点。

（一）师资团队

课程实施前，构建三支师资团队。各个团队根据各自的职责对参训教师的科研方法进行指导。

1. 校外科研专家团队

通过专家有关科研方法的专题讲座，帮助参训教师了解和掌握各种科研方法，包括调查法、实验法、观察法、文献研究法等。通过专家有关科研方法指导的专题讲座，为参训教师提供相关的理论依据和实践案例，以便参训教师更好地理解和应用这些方法。

2. 校内科研管理团队

科研管理团队根据项目实施计划，组织参训教师学习与研讨。科研管理团队协助参训教师进行科研方法的学习和运用，组织参训教师学习科研方法的基本概念和原理、应用范围和适用场景、实施步骤和操作技巧、注意事项，主管科研工作的副校长对各个课题选用的科研方法进行逐一指导，使参训教师可以更好地将科研方法应用于课题研究，提高课题的可靠性和有效性。

3. 校内科研"小导师"团队

科研"小导师"代表分享自己的科研经验和技能，并提供相关的工具和实践指导，以便教师之间更好地进行科研活动和学术交流。

（二）课程资源

本课程实施中，充分发挥学校的信息化优势，构建"线上＋线下"课程资源。

1. 纸质教材

校级科研刊物《信息科研》第 4 期"文献研究法""行动研究法"和第 5 期"问卷调查法"和"访谈法"。

2. 数字资源

科研骨干微信群分享资料：科研方法的选择与运用的注意事项等

3. 培训资源

① 北京市海淀区教育科学研究院心理所的赵宏玉老师讲座《一线教师课题研究中的研究方法》PPT、视频资料；

② 北京教育学院教育管理与心理学院的王志明老师讲座《运用行动研究促进教育教学改进——方法讨论和实践路径》PPT、视频资料；

③ 北京市教育学院的靳伟博士讲座《教育研究方法的选择与使用》PPT、视频资料。

（三）评价标准

本课程实施中，依据"柯克帕特里克评估模型"设置反应层、学习层、行为层和成果层四级评估模型，对参训教师的科研方法的学习与运用能力进行评价。

1. 反应层

通过观察参训教师专题讲座与研讨活动的参与情况、开展满意度问卷调查、统计参训教师参加活动的考勤，收集相关数据，并通过数据分析结果对参训教师的出勤率、参与度和满意度进行评估，得出科研方法的学习与运用能力反应层的评估结论。

2. 学习层

通过观察和分析参训教师在科研方法专题讲座和科研方法研讨现场的表现、科研方法的基本概念和原理的理解、科研方法的实施步骤和技巧的掌握情况等方式，对参训教师的知识、技能、态度和信心等方面进行评估，得出科研方法的学习与运用能力学习层的评估结论。

3. 行为层

通过观察和记录参训教师在正确、规范使用科研方法过程中的表现、分析参训教师将习得的科研方法知识和技能在课题研究过程中进行应用的程度，对参训教师的科研行为进行评估，得出科研方法的学习与运用能力行为层的评估结论。

4. 成果层

通过分析参训教师的课题研究内容，查看参训教师是否正确、规范地应用适合的科研方法进行课题研究，以及能否运用科研方法解决教育教学实际问题，对参训教师的科研能力进行评估，得出科研方法的学习与运用能力成果层的评估结论。

《研究方案的撰写与汇报》
课程标准

一、课程性质与任务

本课程是"中职教师课题研究能力培养"课程体系中第五门课程，既是前四门课程的综合应用，又为后续课程提供框架和指导。课程旨在培养教师撰写研究方案和完成开题汇报的能力。研究方案的撰写是对课题研究进行整体构思与设计的过程，是课题实施和成果产生的依据；研究方案的汇报是向专业人员展示方案并获得指导的过程，使研究思路更清晰，计划更具体。此课程承上启下，是培训体系中最核心、最关键的环节。

二、课程目标

通过专家指导、集体研讨、自学及实践等途径，培养教师综合运用所学知识与技能制定可行的研究计划，撰写完整的开题报告，面向专家进行开题汇报的能力。具体目标如下。

① 了解开题的意义与必要性；

② 掌握开题报告的基本要素；

③ 能够准确撰写研究目标和内容；

④ 能够制定研究计划、设计研究步骤；

⑤ 能够表述预期的研究成果；

⑥ 能够完整撰写开题报告；

⑦ 掌握开题的常见方式和一般流程；

⑧ 能够完成开题论证；

⑨ 能够根据专家意见修改完善开题报告；

⑩ 提升教师分析问题、解决问题的能力。

三、课程内容与要求

本课程以成人学习理论、721 法则、学习金字塔和柯氏四层评估模型等为理论依据，设计、形成"研究方案的撰写"和"开题报告的汇报"两大模块课程内容。通过专家专题讲座、团队研讨和课题组成员实践等方式培养教师研究方案的撰写与汇报能力。

课程模块		课程内容与要求	课时	课程资源	阶段成果
模块一　研究方案的撰写	子模块一 教师学习如何撰写开题报告	（1）聘请科研专家做关于开题的专题讲座，从为什么要开题、如何撰写开题报告、开题准备及开题后要做哪些工作等方面进行培训，并对参研人员的开题报告进行逐一讲评。针对问题提出完善意见	4	（1）海淀区教科院专家侯兰老师讲座《如何开题》PPT、视频资料；海淀区教科院专家高培志讲座《教育科研课题的申报与开题论证》PPT （2）北京师范大学教师教育研究所宋萑教授讲座《研究设计》PPT （3）科研室主任讲座《如何厘清研究内容》PPT （4）《教师做科研》"第二章"开题：设计研究蓝图" 《与教师同走科研路》"第三章如何进行课题研究设计"和第四章如何进行开题论证" 校级科研刊物《信息科研》第 3 期"教师开展课题研究应如何进行开题论证"	
		（2）聘请科研专家做关于研究设计的专题讲座，重点围绕框架设计、理论基础、方法选择、研究步骤、技术路线图等方面进行培训	4		
		（3）学校教科研室主任做关于研究内容的专题讲座，从中职教育教学实践角度对教师进行专题培训	4*2		
		（4）教师阅读科研专著对应章节的内容和学校科研室提供的《信息科研》中的相关内容，学习开题的相关知识，掌握开题的注意事项	4*7		
	子模块二 科研专职人员对开题报告进行指导	（1）科研专职人员带领教师围绕研究背景、研究目标、研究内容的撰写进行集体研讨，将研究目标与内容进行科学规范地表达 （2）科研专职人员带领教师完成语言表达的逻辑和完整性 （3）科研专职人员带领教师将研究目标和内容一一对应 （4）科研专职人员带领教师设计研究的技术路线 （5）科研专职人员带领教师整合各部分内容，撰写预期成果	4*2	（1）近年来市、区、校级课题开题模版 （2）目标与内容的对应表	课题组活动记录——撰写开题记录

续表

课程模块		课程内容与要求	课时	课程资源	阶段成果
模块一 研究方案的撰写	子模块三 课题组教师研讨撰写结题报告	（1）课题负责人组织课题组成员一起研究，基于前期理论学习，将文献综述、教育理论以及科研方法融合到开题报告中，并细化、调整研究内容，制定相应的研究计划和设计研究步骤，确定研究人员及分工，思考预期成果 （2）课题组老师根据开题框架形成初步的开题报告	4*7	优秀课题开题报告样例	（1）课题组活动记录——头脑风暴并确定研究计划等 （2）课题组活动记录——初步撰写开题报告
	子模块四 课题组集体研讨修改开题报告	课题组老师依据研讨中科研专职人员的修改建议再次研讨，确定报告终稿	4		
模块二 研究报告的汇报	子模块一 教师学习如何进行开题汇报	（1）科研榜样做开题示范 （2）科研副校长对课题汇报的方法做专题培训	4*2	科研榜样示范视频及PPT	开题报告
	子模块二 课题组修改调整开题报告	（1）科研人员带领参训教师进行开题打磨，召开数次"开题研讨会"及"预审会"，优化开题报告 （2）课题组通过学习材料了解论证会的价值及论证方式，学会填写开题备案表；制作汇报PPT和汇报发言稿	4*7		教师开题汇报PPT
	子模块三 参训教师进行开题汇报	（1）科研室聘请专家，组织召开评审会，教师做开题汇报并回答专家质询，专家对开题报告提出意见和建议 （2）教师整理开题会资料，与课题组一起分析专家意见，对研究方案做出修改，提交开题报告终稿	4*2	开题评审会视频材料	（1）开题备案表 （2）课题组活动记录 （3）开题专家意见表 （4）开题报告终稿 （5）各课题组完成的开题报告

四、课程实施

开设本门课程的具体实施建议，包含以下几点。

（一）师资团队

课程实施前，构建三支师资团队。各个团队根据各自的职责对参训教师的开题报告进行指导。

1. 校外科研专家团队

包含北师大、北理工、首师大等高校教授和市区教科院专业研究人员等，主要负责对教师开展理论知识、专业知识讲座、课题指导等活动。通过专家有关开题的专题讲座，参训教师继续学习如何提出具体的研究方案，选择研究方法，整理研究思路和技术路线，确定工作分工及实施步骤，寻求相关支持等细节内容，进而形成规范出的开题报告。随着课题的进展，提高参训教师分析问题和解决问题能力、规范表述的能力以及语言表达能力。

2. 校内科研管理团队

科研管理团队分享相关的学习资料，组织参训教师学习与研讨，反复研磨开题报告。组织参训教师进行开题论证会的预审查，提出修改意见，并监督课题组落实。主管科研副校长对各个课题进行逐一指导，引领参训教师做好开题报告的修改，提升培训与实施的效果。

3. 校内科研"小导师"团队

科研"小导师"代表进行"开题汇报"的专题经验分享，并引领参训教师掌握开题汇报注意事项，提升开题工作的实施效率。

（二）课程资源

本课程实施中，充分发挥学校的信息化优势，构建"线上＋线下"课程资源。

1. 纸质教材

① 科研专著《教师如何做课题》"第五章　如何做好开题论证会"，指导教师如何做好开题报告，并使课题顺利通过开题评审；

② 学校教科研室提供的校级科研刊物《信息科研》第 3 期 "教师开展课题研究应如何进行开题论证"。

2. 数字资源

① 中国大学 MOOC 课程；

② 科研骨干微信群分享资料：以往优秀课题开题报告（唐茜、杨金静课题）等；

③ 侯兰老师开题讲座视频资料。

3. 培训资源

①《教师做科研》"第二章　开题：设计研究蓝图"；

②《与教师同走科研路》"第三章　如何进行课题研究设计"和"第四章　如何进行开题论证"；

③ 校级科研刊物《信息科研》第 3 期 "教师开展课题研究应如何进行开题论证"；

④ 优秀课题开题报告样例。

（三）评价标准

本课程实施中，依据"柯克帕特里克评估模型"设置反应层、学习层、行为层和成果层四级评估模型，对参训教师的课题的方案撰写与汇报能力进行评价。

1. 反应层

通过观察参训教师专题讲座与研讨活动的参与情况、开展满意度问卷调查、统计参训教师参加活动的考勤，收集相关数据，并通过数据分析结果对参训教师的出勤率、参与度和满意度进行评估，得出方案撰写与汇报能力反应层的评估结论。

2. 学习层

通过观察和分析参训教师在开题专题讲座和开题研讨现场的表现、开题任务的完成情况、开题汇报的质量等方式，对参训教师的知识、技能、态度和信心等方面进行评估，得出方案撰写与汇报能力学习层的评估结论。

3. 行为层

通过观察和记录参训教师在开题过程中的表现、分析参训教师将开题培训和开题研讨中习得的知识和技能在开题过程中进行应用和转化的程度，对参训教师的科研行为进行评估，得出方案撰写与汇报能力行为层的评估结论。

4. 成果层

通过对比分析参训教师开题初稿与定稿之间的区别，以及参训教师在开题汇报预审会与开题评审会上的汇报表现差异，对参训教师的科研能力进行评估，得出方案撰写与汇报能力成果层的评估结论。

《课题计划的实施与调整》
课程标准

一、课程性质与任务

本课程是"中职教师课题研究能力培养"课程体系中第六门课程，开设在"研究方案的撰写与汇报"课程之后，所产生的素材和资源为后续两门课程提供基础。课程旨在培养教师落实研究计划，收集和整理研究资料，根据实际情况调整和完善实施计划的能力。本课程是确保研究计划和方案科学准确地落实和产生数据、成果的关键环节，是培训的重要内容。

二、课程目标

通过专家指导、集体研讨、自学及实践等途径，培养教师能够实施课题研究计划、落实研究方案的能力，培养教师调整研究中出现问题以及学会撰写中期报告的能力。具体目标如下。

①能够依据研究方案制定具体细致的实施计划；

②能够按照计划落实和推进课题研究；

③能够根据实际情况及时调整与修正实施计划；

④掌握中期报告的结构与要求；

⑤能够撰写规范的中期报告；

⑥能够收集和整理过程性资料；

⑦能够梳理和呈现阶段性成果；

⑧能够完成中期汇报；

⑨提升教师的规划能力和调整能力；

⑩提升教师的执行能力和实践能力。

三、课程内容与要求

本课程以成人学习理论、721法则、学习金字塔和柯氏四层评估模型等为理论依据，设计、形成"课题计划的实施与调整"和"课题中期报告撰写与汇报"两大模块课程内容。通过专家专题讲座、团队研讨和课题组成员实践等方式培养教师课题计划的实施与调整能力。

课程模块		课程内容与要求	课时	课程资源	阶段成果
模块一　课题计划的实施与调整	子模块一　教师学习制定细化的研究方案	（1）聘请专家做题为《如何实施课题研究》的专题讲座，指导教师学习依据开题汇报的内容，将研究计划细化，制定详细的执行方案	4	（1）海淀区教科院专家侯兰老师讲座《如何实施课题研究》PPT	课程培训阶段总结
		（2）学校教科研室布置教师定期填写并提交学期研究计划表和研究活动记录表等，指导教师细化并实施研究计划，有效开展课题研究	4*2	（2）学期计划表、研究活动记录表	
		（3）教师组织课题组研讨哪些是课题过程性资料，如何收集，对日常收集中出现的问题及时调整。组织阅读科研专著对应章节的内容，记录组内研讨内容，完成填写活动记录表，进行学习分享，推进课题研究	4*7	（3）《教师做科研》"第四章　从计划到反思" （4）《与教师同走科研路》"第五章　如何进行课题研究过程管理" （5）参训老师自行选择的相关书籍等	

续表

课程模块		课程内容与要求	课时	课程资源	阶段成果
模块一 课题计划的实施与调整	子模块二 教师根据研究方案调整实施	（1）科研专职人员带领教师进行集体研讨，指出阶段实施中的问题，对出现的问题及时纠正与调整 （2）课题组内汇报个人研究进展，分享研究心得，固化研究成果。课题组每月汇报课题研究进展，提交进度表	4*7		（1）月课题进度表、课题组研讨汇报PPT （2）研究活动记录表
模块二 课题中期汇报	子模块一 教师学习如何撰写中期报告和进行中期汇报	（1）学校科研主任做《如何撰写中期报告和进行中期汇报》专题讲座 （2）科研榜样做中期汇报示范展示	4*2	（1）专题讲座《如何撰写中期报告和进行中期汇报》视频和PPT （2）科研榜样中期汇报视频和PPT	—
	子模块二 科研专职人员组织教师研讨中期报告和汇报PPT	（1）科研专职人员组织课题组多次研讨打磨中期报告 （2）学校科研室组织召开"中期彩排会"、"中期预审会"等，对中期报告和汇报PPT进行打磨	4*3		（1）中期报告初稿、修改稿 （2）中期汇报PPT初稿、修改稿
	子模块三 课题组撰写中期报告并制作汇报PPT	（1）课题组梳理中期报告各部分内容，形成中期报告初稿 （2）课题组多次研讨、修改中期报告 （3）课题组多次研讨、修改中期汇报PPT （4）课题组学习中期汇报注意事项，进行中期汇报演练	4*7		（1）中期报告 （2）中期汇报PPT
	子模块四 教师进行中期汇报中期报告修改稿	（1）教师参加中期评审会，汇报并回答专家质询 （2）教师整理评审会资料，分析专家意见，对研究中出现的问题做出调整与修正 （3）课题组研讨并形成中期报告和汇报PPT终稿	4	中期评审会视频资料	（1）中期报告和汇报PPT终稿 （2）中检评审会专家意见表

四、课程实施

开设本门课程的具体实施建议，包含以下几点。

（一）师资团队

课程实施前，构建三支师资团队。各个团队根据各自的职责对参训教师关于课题研究过程的管理及课题中期汇报进行指导。

1. 校外科研专家团队

通过专家有关中期报告撰写和中期汇报的专题讲座以及中期汇报的一对一指导，帮助参训教师及时发现问题，为课题研究进行诊断与评估，避免课题研究的偏差，同时培养参训教师提升课题的管理能力及处理研究资料、梳理阶段性研究成果的能力。

2. 校内科研管理团队

科研管理团队根据项目实施计划，组织参训教师学习与研讨，同时也对课题进行客观诊断和实时评估。学校科研室主任指导参训教师做好日常的课题管理；帮助参训教师形成研究思维与习惯，推进研究的进展，提高研究的效率与质量，落实研究计划的实施效果。

3. 校内科研"小导师"团队

通过观摩科研"小导师"的中期示范汇报，进行专题经验分享，引领参训教师掌握，提升中期报告撰写和中期汇报的实施效率。

（二）课程资源

本课程实施中，充分发挥学校的信息化优势，构建"线上＋线下"课程资源。

1. 纸质教材

① 科研专著《与教师同走科研路》"第五章 如何进行课题研究的过程管理"，指导参训教师学习课题的组织与管理、如何进行研究素材管理以及如何做好中期检查等内容；

② 科研专著《教师如何做课题》"第六章 如何实施课题研究"，指导参训教师落实研究方法，处理研究资料、发表阶段成果、做好课题管理等内容；"第七章 如何面对中期检查"，指导参训教师了解中期检查的作用和方式，学会撰写中期报告以及汇报的具体方法。

2. 数字资源

① 中国大学 MOOC《信息素养：开启学术研究之门》课程；

② 科研骨干微信群分享资料：以往优秀课题的中期报告及 PPT 等。

3. 培训资源

① 学校科研主任专题讲座《如何撰写中期报告和进行中期汇报》PPT；

② 科研专职人员对中期报告初稿和修改稿进行一对一指导的资料与 PPT；

③ 科研榜样中期汇报视频和 PPT。

（三）评价标准

本课程实施中，依据"柯克帕特里克评估模型"设置反应层、学习层、行为层和成果层四级评估模型，对参训教师的课题计划的实施与调整能力进行评价。

1. 反应层

通过观察参训教师专题讲座与研讨活动的参与情况、开展满意度问卷调查、统计参训教师参加活动的考勤，收集相关数据，并通过数据分析结果对参训教师的出勤率、参与度和满意度进行评估，得出课题计划的实施与调整反应层的评估结论。

2. 学习层

通过观察和分析参训教师每学期填写的《学期研究计划表》、中期汇报研讨现场的表现、课题资料收集的数量和质量等方面，对参训教师的知识、技能、态度和信心等方面进行评估，得出课题计划的实施与调整学习层的评估结论。

3. 行为层

通过观察和记录参训教师的日常研究进展汇报、每学期填写的《课题活动记录表》以及与课题相关的公开课等，分析参训教师课题研究的进展、落实研究方法、课题管理的能力，对参训教师的科研行为进行评估，得出课题计划的实施与调整行为层的评估结论。

4. 成果层

通过分析参训教师的研究活动记录、阶段性成果的数量与质量以及中期报告，分析参训教师研究活动的有效性，对参训教师的科研能力进行评估，得出课题计划的实施与调整成果层的评估结论。

《研究数据的收集与分析》
课程标准

一、课程性质与任务

本课程是"中职教师课题研究能力培养"课程体系中第七门课程，开设在"课题计划的实施与调整"课程之后，为"科研成果的梳理与呈现"奠定基础。课程旨在培养教师清晰、准确、完整地收集研究数据，科学规范地分析和使用数据，基于数据分析得出研究结论的能力。本课程为形成研究成果提供科学客观的依据，决定了课题成果的质量，是培训中最关键和重要的环节。

二、课程目标

通过专家指导、集体研讨、自学及实践等途径，培养教师能够收集研究数据，寻找适合的分析方法，使用相应的软件进行数据分析并得出结论的能力。具体目标如下。

① 了解研究数据的种类和特征；
② 掌握收集研究数据的原则及质量要求；
③ 能够根据研究需要收集不同类型的数据资料；
④ 掌握常用的数据分析工具和软件；
⑤ 能够根据研究需要对数据进行整理、清洗和分析；
⑥ 能够根据数据分析结果得出相应的研究结论；
⑦ 培养教师数据收集与分析能力；
⑧ 培养教师客观、严谨的科学态度。

三、课程内容与要求

本课程以成人学习理论、721 法则、学习金字塔和柯氏四层评估模型等为理论依据，设计、形成"研究数据的收集与梳理"和"研究数据的分析与表达"两大模块课程内容。通过专家专题讲座、团队研讨和课题组成员实践等方式培养收集数据、分析数据和撰写结论的能力。

课程模块		课程内容与要求	课时	课程资源	阶段成果
模块一 研究数据的收集与梳理	子模块一 教师学习数据收集的方法和技巧	聘请科研专家做《数据收集与梳理》的专题讲座，教师学习获取研究资料的方法	4	北京师范大学裴淼老师讲座《课堂观察》PPT	
	子模块二 教师根据研究需要选择恰当数据收集的方法	课题组老师阅读相关科研专著，基于研究方法，选择获取研究资料的途径，并收集研究资料，例如：观察、问卷、访谈、听课、实验、研讨、查阅等方法	4*7	（1）《教师如何做课题》"第六章 如何实施课题研究"、《与教师同走科研路》等科研专著 （2）研究资料的统计实例	观察量表、记录表、调查问卷、访谈提纲、听课记录、研讨记录、音视频资料等
	子模块三 教师按照既定的方法收集和梳理数据	科研人员带领参训教师对原始的研究资料进行检查、整理并审核，确保研究资料真实、准确、完整、合理	4*2		

续表

课程模块		课程内容与要求	课时	课程资源	阶段成果
模块二 研究数据的分析与表达	子模块一 教师学习数据分析方法	聘请科研专家做题为《如何进行 SPSS 数据分析》的专题讲座，教师学习 SPSS 软件的使用方法	4	（1）北京师范大学陈彬莉专题讲座《如何进行 SPSS 数据分析》视频资料 （2）《教师如何做课题》《与教师同走科研路》等科研专著相关章节	
	子模块二 教师选用适合的分析方法进行数据分析	科研人员带领教师确定适合的分析方法（定量分析与定性分析），通过图表或数学方法，对数据的分布状态、数字特征和随机变量之间关系进行整理、分析，计算有关指标	4*2		
	子模块三 教师通过数据分析得出研究结论	教师根据分析结果，利用文字、图表或可视化方式科学逻辑地解释与描述，并得出相应的结论	4*7		

四、课程实施

开设本门课程的具体实施建议，包含以下几点。

（一）师资团队

课程实施前，构建三支师资团队。各个团队根据各自的职责对参训教师的进行研究数据的收集与分析指导。

1.校外科研专家团队

通过专家有关研究数据的收集与分析的专题讲座，培养参训教师收集数据、整理数据的能力，使参训教师掌握数据分析方法；通过专家有关数据分析的专题讲座，以及对参训教师各阶段收集的数据进行一对一指导，帮助参训教师熟悉研究资料的获取方法，能够比较熟练地使用统计图表、数据处理软件等对数据进行归类分析。

2.校内科研管理团队

科研管理团队根据项目实施计划，组织参训教师学习与研讨。学校科研室主任指导参训教师做好研究数据的收集与整理；科研管理团队分享有关数据收集与分析的学习资料，组织参训教师学习，掌握科研资料的整理原则和方法、SPSS 数据分析方法等；主管科研工作的副校长对各参训教师进行逐一指导，引领参训教师做好数据结论的分析与总结，提升培训与实施的效果。

3. 科研榜样

科研榜样代表进行"数据处理与分析"的专题经验分享，并引领参训教师掌握数据的分析整理方法，提升培训的实施效率。

（二）课程资源

本课程实施中，充分发挥学校的信息化优势，构建"线上＋线下"课程资源。

1. 纸质教材

① 科研专著《教师如何做课题》"第六章 如何实施课题研究"，指导教师学习怎样落实研究方法，处理研究资料等；

② 科研专著《与教师同走科研路》"第五章 如何进行课题研究过程管理"引导教师学习如何规范课题文档、整理研究素材。

2. 数字资源

① 中国大学 MOOC《信息素养：开启学术研究之门》课程；

② 科研骨干微信群分享资料：研究资料的统计实例等。

3. 培训资源

① 资料：北京师范大学裴淼老师讲座《课堂观察》PPT 等资料；

② 北京师范大学陈彬莉专题讲座《如何进行 SPSS 数据分析》视频资料；

③ 科研专职人员对数据收集与分析进行一对一指导的资料与 PPT。

（三）评价标准

本课程实施中，依据"柯克帕特里克评估模型"设置反应层、学习层、行为层和成果层四级评估模型，对参训教师的数据收集与分析能力进行评价。

1. 反应层

通过观察参训教师专题讲座与研讨活动的参与情况、开展满意度问卷调查、统计参训教师参加活动的考勤，收集相关数据，并通过数据分析结果对参训教师的出勤率、参与度和满意度进行评估，得出数据收集与分析能力反应层的评估结论。

2. 学习层

通过观察和分析参训教师在数据收集与分析专题讲座和每次研讨现场的表现、数据收集与分析任务的完成情况、汇报的质量等方式，对参训教师的知识、技能、态度和信心等方面进行评估，得出数据收集与分析能力学习层的评估结论。

3. 行为层

通过观察和记录参训教师在数据收集与分析过程中的表现、分析参训教师将数据收集与分析研讨中习得的知识和技能在撰写数据结论过程中进行应用和转化的程度，对参训教师的科研行为进行评估，得出数据收集与分析行为层的评估结论。

4. 成果层

通过分析参训教师的研究资料的收集与整理、对比分析参训教师对数据梳理的区别，对参训教师的科研能力进行评估，得出数据收集与分析能力成果层的评估结论。

《科研成果的梳理与呈现》
课程标准

一、课程性质与任务

本课程是"中职教师课题研究能力培养"课程体系中的最后一门课程。课程旨在培养教师撰写结题报告，梳理研究成果，并以多种形式呈现研究成果的能力。

科研成果的梳理和呈现是课题研究的最后环节，是课题研究工作全过程的缩影，是培养教师科研能力完整过程的终点。

二、课程目标

通过专家指导、集体研讨、自学及实践等途径，培养教师能够梳理课题研究全流程、形成研究结论、梳理与呈现多种形式研究成果的能力，以达到以下具体目标。

① 掌握结题报告的结构和撰写要求；

② 掌握科研论文撰写的要素和要求；

③ 了解科研成果的类型和形式；

④ 掌握其他类型研究成果的内容；

⑤ 能够撰写规范的结题报告；

⑥ 能够撰写规范的科研论文；

⑦ 能够梳理其他类型的研究成果；

⑧ 能够通过多种途径直观、全面、客观地呈现研究成果；

⑨ 提升思维能力和表达能力；

⑩ 提升成果意识和推广意识。

三、课程内容与要求

本课程以成人学习理论、721 法则、学习金字塔和柯氏四层评估模型等为理论依据，设计、形成"结题报告的撰写与汇报"和"其他形式研究成果的梳理与呈现"两大模块课程内容。通过专家专题讲座、团队研讨和课题组成员实践等方式培养教师科研成果的梳理与呈现能力。

课程模块		课程内容与要求	课时	课程资源	阶段成果
模块一　结题报告的撰写与汇报	子模块一　教师学习如何撰写结题报告	（1）科研专家做有关结题报告撰写的专题讲座，从研究过程与方法、研究成果与效果、研究成果与效果等方面指导教师如何梳理结题内容	4	（1）北京市教育学院专家靳伟老师讲座《结题报告的撰写》PPT、视频资料	（1）结题报告初稿汇报稿（2）结题报告汇报稿
		（2）专家做有关结题报告的结构、内容、研究成果的呈现方式等方面的专题讲座，指导教师撰写结题报告，并结合参训教师结题报告初稿的内容进行有针对性的指导	4	（2）海淀区教科院专家赵宏玉老师讲座《结题报告 - 结构及其关键点》PPT、视频资料	
		（3）教师阅读科研专著对应章节的内容，学习结题的相关知识，掌握结题的注意事项	4	（3）《教师如何做课题》"第八章　如何撰写结题报告"（4）《实证研究：计划与设计》"第五部分　准备研究报告"	
		（4）课题组教师集体研讨，基于课题研究梳理课题研究过程、研究成果及研究结论，整理课题资料	4*3	（5）《教师做科研——过程、方法与保障》"第四章　结题：成果升华"	
		（5）科研专职人员带领教师针对结题报告中的"研究方法与过程""研究效果与成果""研究具体成果与效果""问题与思考"以及"主要成果"进行多次集体研讨，指导参训教师修改完善结题报告	4*3	（6）学校近年来获得"优秀""良好"结题的结题报告	
		（6）课题组老师依据专家引领、科研专职人员指导和课题组研讨，修改完善结题报告初稿	4*5	（7）校庆课题成果集《砥志研思 - 建校 60 周年课题精选》	
		（7）课题组教师多次修改完善结题报告，形成结题报告汇报稿	4*5		

续表

课程模块		课程内容与要求	课时	课程资源	阶段成果
模块一 结题报告的撰写与汇报	子模块二 教师学习如何汇报结题报告	（1）科研专职领导做《如何进行课题汇报》专题培训，教师学习如何撰写结题报告	4	（1）科研副校长做《如何进行课题汇报》的专题培训视频资料 （2）科研榜样结题汇报示范展示PPT、视频资料	（1）课题组活动记录——修改结题汇报内容与PPT的过程性资料和成果 （2）结题报告终稿和结题汇报PPT
		（2）科研榜样进行结题示范与分享，介绍结题过程中的成功经验和注意事项，教师学习如何进行结题汇报	4		
		（3）科研专职人员带领参训教师多次研讨如何规范撰写结题报告	4*5		
		（4）科研专职人员带领教师进行多次结题内审会、预审会、指导会、彩排会，修改完善结题报告和汇报PPT	4*5		
		（5）老师依据专家意见和建议修改完善结题汇报内容与PPT，形成结题报告和结题汇报PPT终稿	4*5		
模块二 其他形式研究成果的梳理与呈现	子模块一 教师学习其他形式研究成果的类型与形式	（1）专家做有关学术论文撰写的专题讲座，从学术论文的种类、学术论文的结构及各部分内容介绍，以及撰写学术论文应注意的问题几个方面指导参训教师如何撰写科研论文	4	（1）北京师范大学陈彬莉老师做讲座《学术论文撰写》word文档、视频资料 （2）北京教育学院专家靳伟讲座《从经验到论文（案例）：操作流程与策略》PPT、视频资料 （3）学校科研副校长做《其他类型研究成果的形式与内容以及梳理与呈现的注意事项》专题培训视频资料 （4）科研榜样分享《如何梳理课题研究成果》PPT、视频资料 （5）学校教科研室提供的如何撰写科研论文的学习资料	（1）参训教师科研论文框架汇报PPT （2）参训教师其他形式科研成果梳理列表及汇报PPT
		（2）聘请专家做有关论文和案例撰写的专题讲座，从将经验转化为理论学术论文的操作流程与策略、从经验转化为实证论文的操作与策略、从经验到案例的操作流程DONE模式、从经验到案例的操作策略等几方面指导教师如何将实际工作中获得的经验转化为论文和案例，凝练成果	4		
		（3）学校科研专职领导做有关其他类型研究成果类型与形式的专题培训，带领参训教师学习论文、专著、过程性报告、模型、资源、过程性成果等研究成果的内容，呈现方式以及注意事项等	4		
		（4）学校科研骨干教师分享梳理其他形式研究成果的经验及注意事项	4		
		（5）科研专职人员带领参训教师多次研讨其他形式的研究成果的形式与内容，提升课题研究成果的丰富性	4*5		
		（6）课题组在专家指导、科研专职管理人员研讨以及科研榜样的示范后多次研讨，并确定其他形式研究成果的内容和呈现形式	4*6		

课程模块		课程内容与要求	课时	课程资源	阶段成果
模块二 其他形式研究成果的梳理与呈现	子模块二 教师学习如何呈现其他形式的研究成果	（1）学校教科研主任做《如何呈现研究成果》专题讲座	4	（1）科研主任专题培训《如何呈现研究成果》视频资料	参训教师呈现其他形式研究成果的汇总目录及成果具体内容（纸质版和电子版）
		（2）学校科研专职人员针对参训教师的课题研究成果的梳理和呈现方式进行一对一指导，提升研究成果的科学性和规范性	4	（2）科研榜样分享《如何呈现科研成果》PPT、视频资料	
		（3）科研榜样进行有关研究成果呈现方式的示范与展示，帮助参训教师提升成果呈现方式的多样性和直观性	4*3		
		（4）教师进行其他形式研究成果的汇报，科研专职人员带领教师进行研讨，指导研究成果全面、规范地呈现，并逐一打磨	4*5		
		（5）课题组在科研专职人员的指导和科研榜样的帮助下多次研讨、打磨其他类型研究成果的呈现方式，提升成果的科学性和多样性	4*5		
		（6）课题组确定所有其他形式研究成果的呈现方式，并汇总电子版和纸质版研究成果			

四、课程实施

开设本门课程的具体实施建议，包含以下几点。

（一）师资团队

课程实施前，构建三支师资团队。各个团队根据各自的职责对参训教师的选题进行指导。

1.校外科研专家团队

通过专家有关结题报告和科研论文的专题讲座，培养参训教师基于课题研究实践梳理研究方法与过程、形成研究结论和研究成果、撰写结题报告和科研论文、形成并呈现多种形式研究成果的能力；通过专家有关结题报告撰写和科研论文撰写的专题讲座，对参训教师的结题报告进行一对一指导，提升结题报告的科学性和规范性，形成具有推广意义的课题研究成果，并指导参训教师基于课题研究形成凸显中职特色的科研论文。

2.校内科研管理团队

科研管理团队根据项目实施计划，组织参训教师学习与研讨。学校科研室主任做题为《如何呈现研究成果》的专题培训，带领参训教师全面、规范地呈现研究成果，提升教师的成果意识和梳理、呈现成果的能力；科研管理团队分享有关结题报告、科研论文和成果呈现的学习资料和实物样例，提升教师结题报告和论文撰写、研究成果呈现的能力和效果；主管科研工作的副校长对各个结题报告和论文进行专题指导，引领参训教师做好结题报告和论文的修改、完善和定稿工作，提升教师的表达能力。

3. 校内科研"小导师"团队

科研"小导师"代表进行"如何结题"和"研究成果呈现方式"的专题经验分享，并引领参训教师撰写结题报告和梳理、呈现多种形式研究成果的注意事项，提升结题报告和其他形式研究成果的质量。

（二）课程资源

本课程实施中，充分发挥学校的信息化优势，构建"线上＋线下"课程资源。

1. 纸质教材

①《教师如何做课题》"第八章 如何撰写结题报告"；

②《实证研究：计划与设计》"第五部分 准备研究报告"；

③《教师做科研——过程、方法与保障》"第四章 结题：成果升华"。

2. 数字资源

① 中国大学 MOOC《论文撰写与研究方法》课程；

② 科研骨干微信群分享资料：结题报告和科研论文撰写、研究成果梳理与呈现的注意事项等。

3. 培训资源

① 北京市教育学院专家靳伟老师讲座《结题报告的撰写》PPT、视频资料；

② 海淀区教科院专家赵宏玉老师讲座《结题报告－结构及其关键点》PPT、视频资料；

③ 北师大专家陈彬莉老师讲座《学术论文撰写》word 文档、视频资料；

④ 北京教育学院靳伟老师讲座《从经验到论文（案例）：操作流程与策略》PPT、视频资料；

⑤ 科研主任讲座《如何呈现研究成果》PPT、视频资料；

⑥ 科研榜样王秀雅老师分享《如何结题》PPT、视频资料；

⑦ 科研榜样丁沫分享《中职教师如何撰写科研论文》PPT、视频资料；

⑧ 科研榜样任桂玲老师分享《如何呈现科研成果》PPT、视频资料；

⑨ 学校近年来获得结题"优秀""良好"的结题报告；

⑩ 校庆课题成果集《砥志研思——建校 60 周年课题精选》。

（三）评价标准

本课程实施中，依据"柯克帕特里克评估模型"设置反应层、学习层、行为层和成果层四级评估模型，对参训教师的课题确定与表述能力进行评价。

1. 反应层

通过观察参训教师专题讲座与研讨活动的参与情况、开展满意度问卷调查、统计参训教师参加活动的考勤，收集相关数据，并通过数据分析结果对参训教师的出勤率、参与度和满意度进行评估，得出科研成果的梳理与呈现能力反应层的评估结论。

2. 学习层

通过观察和分析参训教师在结题报告撰写与论文撰写专题讲座和汇报结题报告内容、科研论文内容、梳理和呈现研究成果等研讨现场的表现，结题报告撰写、论文撰写、研究成果梳理和呈现的完成情况，结题报告和科研论文撰写质量，以及成果呈现效果等方式，对参训教师的知识、技能方面进行评估；通过教师反思和总结等文本资料分析，对教师态度和信心等方面进行评估；综合得出科研成果的梳理与呈现能力学习层的评估结论。

3. 行为层

通过观察和记录参训教师在梳理结题报告内容、撰写修改结题报告内容、撰写完善科研论文内容、梳理与呈现研究成果过程中的表现，分析参训教师将结题报告与论文撰写、成果梳理与呈现相关培训和研讨中习得的知识和技能在结题过程中进行应用和转化的程度，对参训教师的科研行为进行评估，得出结题报告撰写、论文撰写和成果呈现能力科研行为的评估结论；通过对教师科研培训前后教案和教学实施的分析和观察，得出教学行为的评估结论；通过对教师培训前后主题班会等教育活动的观察和分析，得出教育行为的评估结论；综合得出科研成果的梳理与呈现能力学习层的评估结论。

4. 成果层

通过分析参训教师的结题报告与科研论文内容、成果梳理与呈现效果，对比分析参训教师结题报告和科研论文初稿与定稿之间的区别，以及首次进行研究成果呈现和结题评审会上研究成果的呈现效果之间的对比，对参训教师的科研能力进行评估，得出科研成果的梳理与呈现能力成果层的评估结论。

附件 1
文献综述范例

附件 2
开题报告范例

附件 3
中期报告范例

附件 4
调查问卷范例

附件 5
调研分析报告范例

附件 6
访谈提纲范例

附件 7
访谈分析报告范例

附件 8
观察量表范例

附件 9
观察量表分析报告范例

附件 10
结题报告范例

参考文献

[1] 刘勇.中职教师科研现状调查于对策研究——基于四川省某职业技术学校教师科研的分析 [J].职业教育研究，2012（11）.

[2] 叶澜.教育概论 [M].北京：人民教育出版社，1991.

[3] 钱朴.科研——教师专业成长的必由之路 [J].上海教育科研.2008（3）.

[4] 陈艳芳.基于生态位理论的高职院校教师科研能力的培养及优化研究 [D].湖南师范大学，2015.

[5] 魏宏，聚金华宝.变与不变：四种科研理念异同比较 [J].中国教育学刊，2008（10）.

[6] 吴颖惠，严星林.与教师同走科研路 [M].北京：北京教育出版社，2020.

[7] 摩根，罗伯特，麦克.构筑生涯发展规划 [EB/OL].https://zhuanlan.zhihu.com/p/476548246.

[8] 裴娣娜.教育研究方法导论 [M].合肥：安徽教育出版社.1995.

[9] 顾明远.教育大辞典 [M].上海：上海教育出版社，1990.

[10] 陈文娇，俞文.教师科研素养的结构解析与实证检验 [J].教育研究与实验，2019（4）.

[11] 董素静.国外中小学教师校本教育科研能力的培养——教师专业化发展的重要途径之一 [J].外国中小学教育，2005（4）.

[12] 卢维兰.成人学习理论对教师培养的启示 [J].继续教育研究，2020（1）.

[13] 耿娟娟.基于成人学习理论的教师培训有效性研究 [J].中国成人教育，2017（5）.

[14] 徐建平.教师胜任力模型与测评研究 [D].北京师范大学，2006.

[15] 吴振利.论自我指导性大学教师发展——以"721"学习法则和自我指导性学习过程为基础 [J].黑龙江高教研究，2012（9）.

[16] 王文良.新课程教师教育科研和创新能力培养与训练 [M].北京：人民教育出版社，2004（8）.

[17] 张晶晶.基于诺尔斯成人教育学模型的教师培训优化研究 [J].西北成人教育学院学报，2019（4）.

[18] 张莉，王晓诚.教育研究方法专题 [M].北京：教育科学出版社，2018.

[19] 齐建芳.学科教育心理学 [M].北京：北京师范大学出版社，2012.

[20] 劳伦斯·马奇，布伦达·麦克伊沃.怎样做文献综述：六步走向成功 [M].上海：上海教育出版社，2011.

[21] 姜大源.职业教育要义 [M].北京：北京师范大学出版社，2020.

[22] 罗素.西方哲学史（下卷）.[M].马元德，译.北京：商务印书馆，1976.

[23] 李冲锋.教师如何做课题 [M].上海：华东师范大学出版社，2013.

[24] 威廉·维尔斯马，斯蒂芬·G.于尔斯.教育研究方法导论 [M].北京：教育科学出版社，1997.

[25] 郑金州.教师如何做研究 [M].上海：华东师范大学出版社，2012.

[26] 李秉德.教育科学研究方法 [M].北京：人民教育出版社，2001.

[27] 孟亚玲，魏继宗.教育科学研究方法 [M].北京：清华大学出版社，2021.

[28] 阿琳·芬克.如何做好文献综述 [M].重庆：重庆大学出版社，2014.

[29] 徐世贵，李淑红.做个研究型教师：微课题研究实施指南 [M].上海：华东师范大学出版社，2019.

[30] 艾伦·C.奥尔斯坦，莱文·丹尼尔.教育基础 [M].杨树兵，等译，南京：江苏教育出版社，2003.

[31] 单中惠.西方教育思想史 [M].北京：中国人民大学出版社，2007.

[32] 傅松桥.教育教学理论创新与发展 [M].北京：中国原子能出版社，2023.

[33] Paul D. Leedy，Jeanne Ellis Ormrod. 实证研究 [M].吴瑞林，史晓晨，译.北京：机械工业出版社，2015.

[34] 李臣之.教师做科研：过程、方法与保障 [M].深圳：海天出版社，2010.

[35] 费岭峰.怎么做课题研究：给教师的 40 个教育科研建议 [M].上海：华东师范大学出版社，2021.

[36] 段振富.一线教师这样做课题研究 [M].福州：福建教育出版社，2025.

[37] 荣泰生.SPSS 与研究方法 [M].辽宁：东北财经大学出版社，2012.

[38] 陈向明.质的研究方法与社会科学研究 [M].北京：教育科学出版社，2000.

[39] 马秀麟，邬彤.SPSS 数据分析及定量研究 [M].北京：北京师范大学出版社，2020.

[40] 杜晓新.心理与教育研究中的实验设计与 SPSS 数据处理 [M].北京：北京师范出版社，2013.

[41] 陈岩.中小学课题研究 [M].北京：北京师范大学出版社，2013.

[42] Dale E. Audio-Visual Methods in Teaching[M]. The Dryden Press，1946.

[43] Andrea M. Babkie，Mary C. Provost. Teachers as Researchers[J]. Intervention in School and Clinic，2004，39（5）.

[44] Jennifer Esposito，Shayla Smith. From Reluctant Teacher to Empowered Teacher-researcher：One Educator's Journey toward Action Research [J]. Teacher Education Quarterly，Summer，2006.